Berlin
schland
Prag
Tschech.R.
München
Wien
Slowak.R.
Ukraine
Moldawien
Österreich
Ungarn
Slowenien
Zagreb
Rumänien
Venedig
Kroatien
Bosnien-Herz.
Florenz
Italien
Adria
Jugoslawien
Bulgarien
Schwarzes Meer
Rom
Neapel
Albanien
Mazedonien
Istanbul
Ankara
Türkei
Griechenland
Ionisches Meer
Palermo
Athen
Izmir
Denizli
Antalya
Patras
Catania
Sizilien
Syrien
Rhodos
Iraklion
Kreta
Zypern
Libanon
Haifa
Mittelmeer
Tel Aviv
Israel
Jerusalem
Libyen
Jordanien
Kairo
Ägypten
1
2
3
4
5
6
7
8
9
10
11
12
13
14
15
16
17
18
19
20
21

Oliver Guenay

Die schönsten Fluggebiete rund um das Mittelmeer

für Gleitschirm- und Drachenflieger

Oliver Guenay

Die schönsten Fluggebiete rund um das Mittelmeer

für Gleitschirm- und Drachenflieger

Israel • Türkei • Griechenland • Kroatien • Italien • Sardinien
Korsika • Andalusien • Balearen • Kanarische Inseln • Marokko

J. Berg bei Bruckmann

Inhalt

Für Annette Schneider

Umschlag-Titel:
Ansicht von Positano.

Innentitel:
Fliegen in den Sonnenuntergang hinein. Am Strand von Legzira unweit Sidi Ifni in Marokko.

Eine Produktion des Bruckmann-Teams, München

Lektorat: Jutta Hemminger
Layout und Herstellung: Ina Hesse
Umschlaggestaltung: Uwe Richter

Bildnachweis:

Bildagentur Mauritius (Foto: Hellwig), Mittenwald: Einband/Titel; Maurizio Armani: 64; Mario Arqué: 120; Piero Baglia: 76; Gilles Baldessari: 87, 88/89, 91, 94, 96; Berettoli: 93; Gerhard Brenner: 81; Ernst Büttner: 101; Francesco Cubeddu: 79, 83; Tony Darder: 103, 105; Helmut Dumler: 62/63; Hans Ettlin: 140, 141, 143; Michel Ferrer: 52/53; Shai Ginott: 8/9; Kaspar Greber: 139; Gert Hirner: 97; Volkmar E. Janicke: 37; Notker Ledergerber: 130, 132, 148, 150; Knut Liese: 17, 55, 107; Joaquin Merida: 56; Eike Mittelbach: 24/25; Bildagentur Montanus/Klaus Wolfsperger: 92; Walter Neser: 10/11, 13; Claudio Papa: 61; Matthias Pinn: 145, 147, 153; Gerhard Platajs: 21; Roland Schürch: 135, 137

Alle anderen Aufnahmen stammen von Oliver Guenay.

Die Kartenskizzen zu den Touren und die Übersichtskarten wurden von Pegasus & Partner, Füssen, erstellt.

Alle Angaben dieses Werkes wurden vom Autor sorgfältig recherchiert und auf den aktuellen Stand gebracht sowie vom Verlag auf Stimmigkeit überprüft. Für die Richtigkeit der Angaben kann jedoch keine Haftung übernommen werden. Für Hinweise und Anregungen sind wir jederzeit dankbar. Bitte richten Sie diese an den Bruckmann Verlag, Lektorat,Nymphenburger Straße 86, 80636 München.

Gedruckt auf chlorfrei gebleichtem Papier

Die Deutsche Bibliothek – CIP-Einheitsaufnahme

Guenay, Oliver:
Die schönsten Fluggebiete rund um das Mittelmeer für Gleitschirm- und Drachenflieger: Israel, Türkei, Griechenland, Kroatien, Italien, Sardinien, Korsika, Andalusien, Balearen, Kanarische Inseln, Marokko/ Oliver Guenay. – München: J. Berg bei Bruckmann, 1997 (Outdoor-Führer)
ISBN 3-7654-2996-1

Gesamtherstellung: Bruckmann, München
Printed in Germany
ISBN 3-7654-2996-1

Kartenlegende:

Startrichtung

Landeplatz mit Windsack

Startplatz

Piste, befahrbar

Piste zu Fuß

Vorwort

Hallo, liebe Freunde und Piloten! Mit diesem neuen Auswahlführer möchte ich Eure Frage beantworten: »Wohin in den Winterurlaub?«, also dann, wenn bei uns im Alpenraum die Saison vorüber ist oder noch nicht angefangen hat.
Ihr habt lange auf die Veröffentlichung warten müssen, denn eine ungeheure Menge an Details, gesammelt auf 26 Reisen durch den Mittelmeerraum und die angrenzende Atlantikküste, war am Schreibtisch auszuwerten.
Ausdrücklich möchte ich mich bei meinen vielen Freunden und Helfern im In- und Ausland bedanken. Ohne ihre Hilfe wäre ein Buch mit diesem Themenumfang innerhalb eines Jahres sicher nicht zu schaffen gewesen.
Das eine oder andere Mal bin ich an meine psychischen und physischen Grenzen geraten; stets waren jedoch die Inspiration und der Wille stärker. Selbst da, wo die fliegerische Thermik fehlte, gab es Auftrieb durch die Faszination, die so viele verschiedene Länder, Kulturen und Naturräume ausstrahlen.
Die vorgestellten 65 Ziele bilden eine subjektive Auswahl. Die darin enthaltenen Tips, Adressen und Hinweise garantieren Euch die maximale Hintergrundinformation. Änderungen können sich jederzeit ergeben.
Ich habe auch an den Familienurlaub gedacht. So findet sich unter der neuen Rubrik »Sonstiges« Reizvolles für Nicht-Flieger bzw. das »Danach« oder für jene Momente, in denen das Wetter zu anderen Aktivitäten zwingt.
Mit einem Quentchen Instinkt und Einfühlungsvermögen wird es Euch gelingen, andere Mentalitäten zu verstehen und sich diesen anzupassen.
In diesem Sinne wünsche ich allen Sonne, Wind und Wolken, fröhlichen Urlaub und friedliches Miteinander-Fliegen.

Euer Oliver Guenay

Erläuterungen

Die nachfolgenden Fluggebiete wurden nach einem einheitlichen Schema beschrieben und nach Ländern geordnet. Allgemeine Informationen zum Fliegen im jeweiligen Land stehen am Anfang des Länderkapitels.

Land/Region/Gebirge etc.
Im Übersichtskopf zu jeder Gebietsbeschreibung.

D/GS
Drachen bzw. Gleitschirm. Dem Übersichtskopf können Sie entnehmen, für welches Fluggerät das Gelände geeignet ist.

Allgemeines
Hier ist das Fluggebiet im Überblick beschrieben. Besonders Wissenswertes oder charakteristische Eigenheiten werden hier genannt.

Start

Alle möglichen Startplätze des Fluggeländes werden beschrieben. Die Startplätze sind in Schwierigkeitsgrade eingeteilt:

- leicht: Das Gelände ist für Anfänger gut geeignet und besitzt keine Tücken.
- mittel: Ein Startplatz für geübte Piloten. Für Anfänger nicht mehr geeignet.
- schwierig: Hier können selbst gute Piloten nur bei optimalen Windverhältnissen ohne Gefahr/Risiko starten.

Landeplatz

Alle in Frage kommenden offiziellen Landemöglichkeiten sind aufgeführt. Gibt es keine oder sind sie problematisch, wird dies gesondert angegeben.
Wenn Drachen und Gleitschirme unterschiedliche Landeplätze haben, wird dies erwähnt. Bei manchen Fluggeländen wird auf Notlandemöglichkeiten hingewiesen.

HU

Der Höhenunterschied wird hier angegeben.
Bei mehreren Höhenangaben von Start- und Landeplätzen werden nur kleinster und größter Höhenunterschied genannt, z.B. »zwischen 940 m und 1270 m«.
Die Gleitzahlen werden nur dort erwähnt, wo sie an der Grenze aktueller Gleitschirme liegen und/oder durch ein besonderes Relief eine wichtige Rolle spielen.

Flug

Das Relief des Berges und die üblichen idealen Flugrouten bzw. Thermikquellen/Soaringmöglichkeiten werden hier beschrieben.

Schwierigkeiten/Gefahren

Hinweise auf gelände- und/oder wind- und wetterbedingte Gefahrenquellen.

Streckenmöglichkeiten

Es wird, sofern bekannt, ein Kurzüberblick über mögliche Strecken bzw. bereits geflogene Strecken eines Fluggebietes gegeben.

Allgemeine Eckdaten und nützliche Informationen
Für den Gastpiloten sind unter Anreise, Club/Treffpunkt, Flugschule, Unterkunft/Camping, Wetterauskunft (lokaler Wetterdienst) und Karte praktische Infos zu finden.

Seite 6: Landung am Strand von Sidi Ifni.

Diese Daten können sich im Laufe der Zeit ändern. Alle Piloten werden daher gebeten mitzuhelfen, durch Hinweise die Adressen und Tips zu aktualisieren.

Alternativen
Es werden zu jedem Fluggebiet eine Reihe von Ausweichzielen im näheren Umkreis aufgelistet. Sofern bekannt, sind dazu die Telefonnummern der lokalen Informanten erwähnt.
Talorte und Startrichtungen sind jeweils angegeben.

Erste Hilfe/Notfälle
Nicht immer kann man sich auf die lokalen Notrufnummern verlassen. In jedem Falle aber sollte vor dem Fliegen gecheckt werden: eine Notfallfunkfrequenz und eine Notfalltelefonnummer.
Darüber, wo man sich gerade befindet, sollte man immer am Ausgangspunkt Bescheid geben. Und nicht zuletzt sollte man stets mit den Einheimischen zusammen fliegen gehen. Wenn etwas passiert, sind sie es, die am schnellsten helfen können oder Hilfe organisieren.
Über die eigene Kranken- und Unfallversicherung hinaus empfehle ich dringend die Mitgliedschaft beim Rettungsflugdienst (in Deutschland z. B. DRF, eine günstige und unbürokratische Hilfe gegen eine kleine Spende) und zusätzlich eine Reisekrankenversicherung für die Dauer des Aufenthalts im Ausland.
In keinem Fall ist mit einem Rettungssystem und Ambulanz-/Hospitalbehandlung mitteleuropäischen Niveaus in den Fluggebieten folgender Länder zu rechnen: Türkei, Marokko.

Danksagung
Mein besonderer Dank gilt den Firmen *Comet Paragliders, Swing, Vonblon* und *Aircotec* für ihre verständnisvolle Unterstützung meiner Arbeit.

Israel

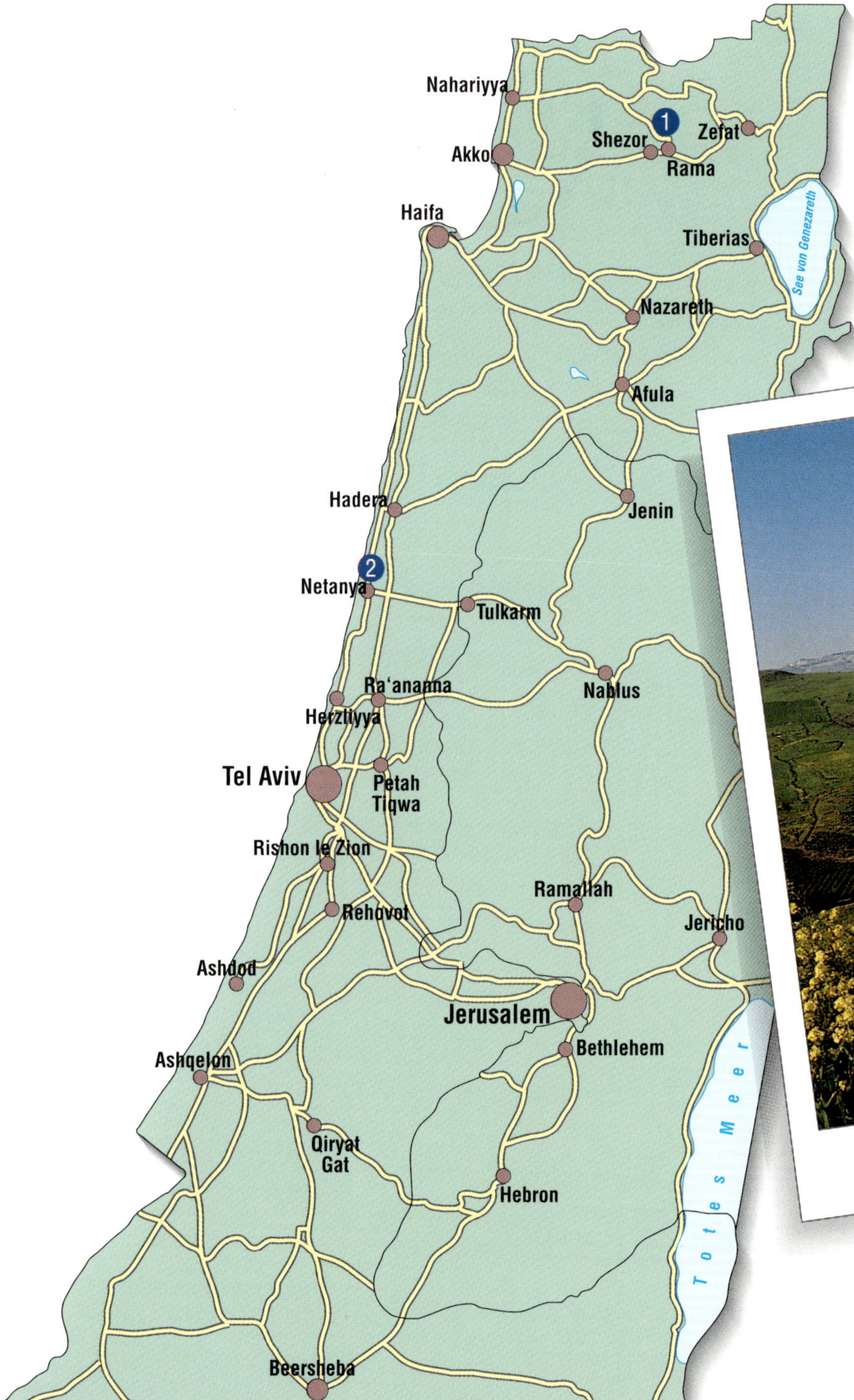
Nahariyya
Shezor
Zefat
Akko
Rama
Haifa
Tiberias
See von Genezareth
Nazareth
Afula
Hadera
Jenin
Netanya
Tulkarm
Ra'anana
Nablus
Herzliyya
Tel Aviv
Petah
Tiqwa
Rishon le Zion
Ramallah
Rehovot
Jericho
Ashdod
Jerusalem
Bethlehem
Ashqelon
Qiryat
Gat
Hebron
Totes Meer
Beersheba

Blick auf den See Genezareth.

Israel besitzt trotz seiner geringen Fläche einige ausgezeichnete Flugmöglichkeiten und – als hauptsächlichen Vorteil – ein absolut beständiges und vorhersagbares Wetter. Praktisch kann man das ganze Jahr über hier fliegen. Ein anderer Vorteil liegt in der Nähe der Fluggebiete zueinander und gleichzeitig zu den Zentren von Tourismus und Stadtleben. Streckenflüge sind natürlich durch die Größe des Landes limitiert sowie durch Flugverbotszonen und besetzte Territorien. Der weiteste Streckenflug mit Gleitschirm gelang von Zichron an der Küste nach Mevo Hama nahe der syrischen Grenze (73 km).
Die beste Jahreszeit zum Fliegen reicht von April bis September, aber auch im Winter kann man brauchbare Bedingungen, insbesondere in Har Arit und Gilboa, antreffen.

Gleitschirmflieger und Drachenflieger werden von verschiedenen Verbänden in Israel verwaltet. Die beiden Verbände halten monatliche Ligawettkämpfe für ihre Mitglieder ab. Auch Gastpiloten sind willkommen dabei. Die Termine werden vorher angekündigt und können erfragt werden (am Samstag morgen vorher jeweils Bestätigung telefonisch). Flugraumbeschränkungen müssen unbedingt bekannt sein und beachtet werden! Manche sind nur unter der Woche gültig (Sonntag – Donnerstag). Eine genaue Vorinformation ist für jeden Gastpiloten bei Flügen in allen Fluggebieten außer Netanya obligatorisch.

Unterkünfte können praktisch in der Nähe aller Fluggebiete gefunden werden.
»Skies of Galilee« organisiert Unterkünfte bis hin zum Kibbuz, Tel. (00972-4) 9802446, (00972-3) 6414722.
»Nimrod Saphir« organisiert Fluggebietsführungen durch Israel und viele andere Sightseeing-Touren, Tel. (00972-52) 935665.

Weitere Kontakttelefone:
»Hanggliding Association«:
Chairman: Amri Shalom,
Tel. (00972-52) 454897.
President: Cobi Rabenu,
Tel. (00972-3) 7512492.
Flugschule »Agur«,
Tel. (00972-3) 5067467.
»Paragliding Association«:
Tel. (00972-3) 5163414;
Fax – 5164588.
Flugschule »Wings«,
Tel. (00972-50) 440338 (Miki).

(Co-Autor dieses Beitrags: ***Walter Neser****)*

1 Har Ha Ari 1030 m / Har Kamoon

Diese beiden Fluggebiete bieten für unterschiedliche Windrichtungen Ausgangspunkte und gehören zu den meistbeflogenen und besten Zonen des Landes. An Wochenenden trifft man hier immer Piloten an. Von Har Ha Ari flog Walter Neser am 26. April 1997 mit seinem Gleitschirm 86 Kilometer weit, die bisher weiteste Strecke in Israel.

Start

① **Har Ha Ari, SE-SW, leicht,** große Startfläche am Gipfel des Kegels. Asphaltstraße, die letzten Meter Piste. Allgemein bekannt. Gastpiloten sollten sich mit den im Überblick angegebenen Organisatoren kurzschließen.

② **Har Kamoon, E, NE, leicht,** jedoch kleine Baumreihe unterhalb des Startplatzes beachten. Zugang über Asphaltstraße bis zum Startplatz.

Landeplätze

① **Ca. 240 m.** Bebaut, aber ohne Probleme, neben Straße und Kibbuz unterhalb des Startplatzes; leicht zu identifizieren.

② **Ca. 200 m,** südlich des Har-Kamoon-Startes am Fuß des Kegels bei einem Kibbuz (siehe Skizze).

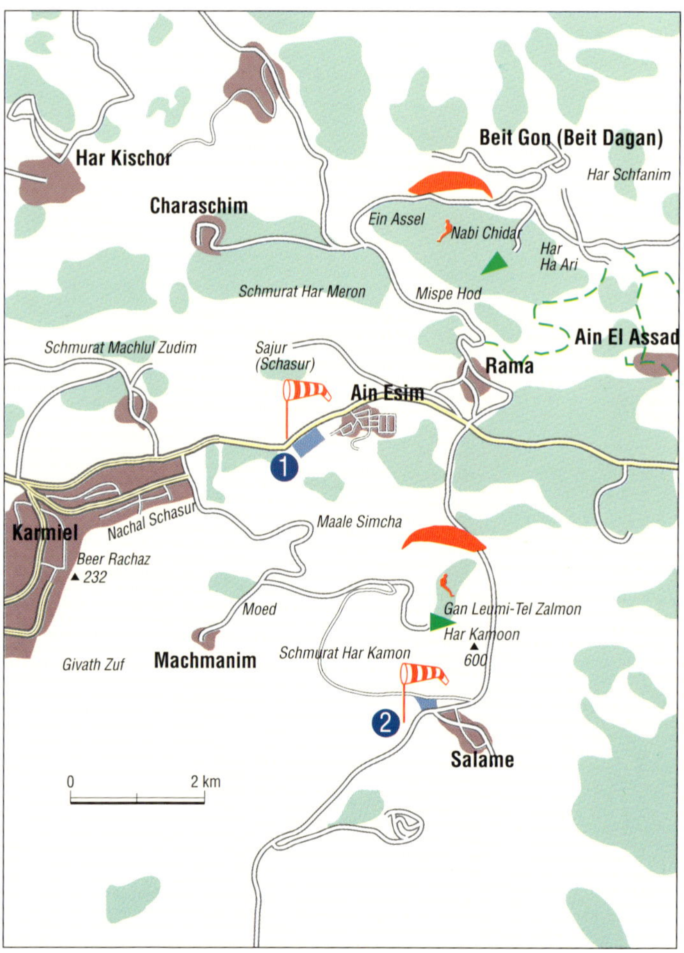

HU

790 m bzw. 400 m.

Flug

Beides sind höhenwindgeschützte Gebiete mit Wolkenbasis um 1500 bis 2000 m, gut auch für Schüler und weniger erfahrene Piloten. Thermik auf Har Ha Ari gegenüber dem Startplatz am besten. Ganzjähriges Fliegen, aber Frühling ist die beste Zeit.

600 m

Luftbild vom Startplatz Har Kamoon.

Schwierigkeiten/Gefahren

Die Landeplätze sind hier nicht, wie in Europa, ausschließlich Piloten vorbehalten, sondern werden von Kibbuzim außerdem als Felder benutzt. Daraus sollte der Gastpilot jedoch keinesfalls ableiten, überall landen zu dürfen.

Streckenmöglichkeiten

Von Har Ha Ari kann man nach Har Kamoon hin- und zurückfliegen, ansonsten werden Flüge nach Westen Richtung Akko unternommen. Nach Osten kommt man bis zum Jordan etwa 15 bis 20 km weit. Danach sollte man nicht weiterfliegen *(restricted area)*.

Talort: Der nächste größere Ort ist Rama.
Anreise: Mit dem Flugzeug nach Tel Aviv, weiter nach Haifa, auf der Schnellstraße bis Akko, dann abbiegen auf die Straße Richtung Tiberias/See von Genezareth. Fahren bis Rama, dann nach Norden bis Har Kamoon bzw. Har Ha Ari.
Club/Treffpunkt: Siehe Übersicht.
Unterkunft: Der Drusenkibbuz Bet'yan in der Nähe bietet Unterkunftsmöglichkeit, ansonsten über eine der beschriebenen Organisationen.
Karte: Israelische Wanderkarte 1:50000 (1997).

Alternativen: Siehe Kontaktadressen in der Israel-Übersicht.

2 Netanya / Carmelhotel 30 m

Das bekannte Küstenfluggebiet für Starkwindsoaring hat nur einen geringen Höhenunterschied, wird aber durchaus ganzjährig beflogen, wobei die Hotelflanken als Aufwindzonen benutzt werden.

Start

W, leicht.
① **Gleitschirm:** Startfläche 50 m nördlich des Carmelhotels.
② **Delta:** Rampe etwa 20 m südlich vom Hotel, etwa 37 m.

Landeplatz

Direkt am Strand; je weiter man nach Norden fliegt, desto enger wird er.

HU

Maximal 37 m.

Flug

Bei mindestens 10 bis 15 km/h sollte das Gelände soarbar sein, weniger Wind rentiert nicht. Beste Zeit: April bis Oktober.

Schwierigkeiten/Gefahren

Die Hindernisse sind durch die Gebäude und deren Antennen bedingt, aber auch durch die Verengung des Strandes nach Norden.

Streckenmöglichkeiten

Man fliegt in der Regel nach Norden etwa 8 km bis zum Restaurant Bet' yar nay, wo die Klippe endet, kann dort toplanden, einkehren oder direkt zurückfliegen.

Talort: Netanya, nördlich von Tel Aviv.
Anreise: Mit dem Flugzeug nach Tel Aviv. Man folgt der Küstenstraße von dort nach Norden hinein nach Netanya zum Hotel »Carmel«. Siehe Planskizze unten. Relativ leicht zu finden. Man parkt in unmittelbarer Nähe des Hotels.
Flugschule: »Wings«, erreichbar über Internet Homepage Wings http://www.members.tripod.com./wingsdg.
Club/Treffpunkt: Siehe Übersicht Israel.
Unterkunft: Jede Menge Hotels und andere Unterkünfte in unmittelbarer Nähe; ansonsten siehe Übersicht.
Karte: Es gibt nur eine Karte 1:250 000 in Hebräisch.

Alternativen: Es gibt eine Internet Homepage: http://www. geocities. com./colosseum/field/9422.

Lift gefällig? Mit Wind geht es auch hoch am Carmel-Hotel. Im Hintergrund Netanya.

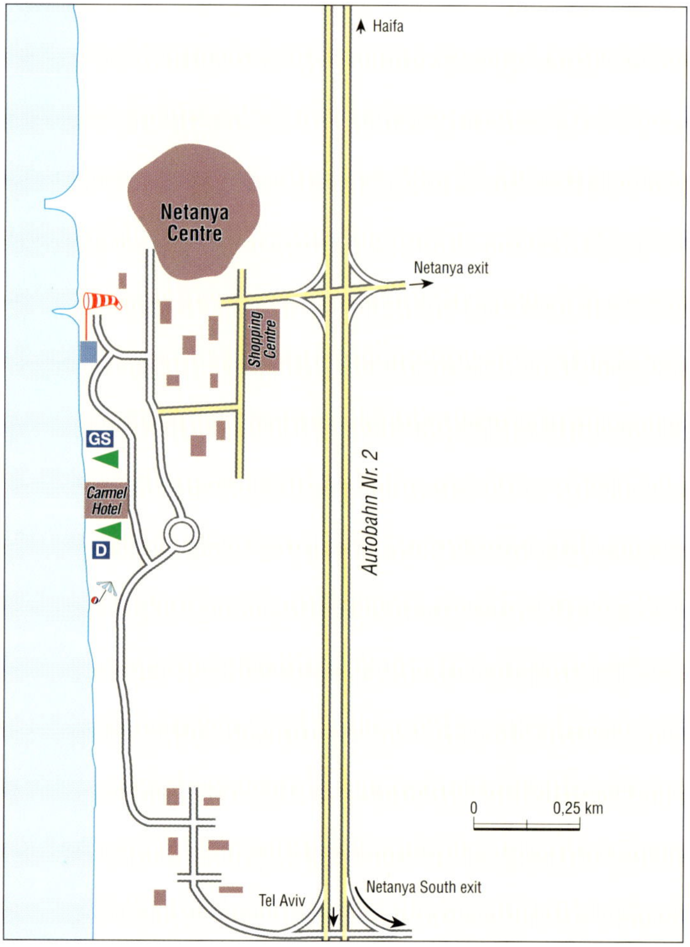

Carmel

Türkei

Die riesige Landmasse des westlichen Kleinasien gehört mit 817 000 Quadratkilometer zur Türkei. Ungeheuer vielgestaltig ist der Landschaftsraum, in dem wir uns hier bewegen: Tausende von Buchten, Klippen und Meerengen, im Hinterland weite Ebenen und riesige Gebirgskämme, die im Taurus, Kaçkar, Cilosat und Agridaği Höhen zwischen 3000 und 5000 Meter erreichen.
Für uns motorlose Piloten sind das praktisch unerschlossene Weiten voll landschaftlicher Schönheit, gespickt mit Geschichte, wohin auch immer man sich bewegt. Türkei zwischen Orient und Europa, zwischen Wollen und Können, Visionen und Realitäten.

Die ersten Piloten unserer Sportart sind gegen Mitte der achtziger Jahre aufgetaucht – es waren zunächst Franzosen und Engländer. Anfang der neunziger Jahre begannen sich einige türkische Flieger, die teils in Westeuropa aufgewachsen waren, um Izmir, Ankara, Istanbul und Antalya zu formieren. Wie viele Piloten es inzwischen wirklich gibt, ist schwer einzuschätzen. Das Hauptfluggebiet, weil touristisch erschlossen, dürfte an der Südküste sein.

Es gibt einen türkischen Luftsportverband (»Türk Hava Kurumu«) in Ankara und vermutlich zwei bis drei Flugschulen. Allein in Olüdeniz fliegen etwa 10 Tandempiloten mit Gästen aus aller Welt. Ich schätze die Zahl der türkischen Piloten auf ca. 150 bis 200 Gleitschirmflieger und etwa 30 bis 40 Drachenflieger. Ausbildungsniveau und Organisationsgrad der Fluggebiete haben nichts mit unseren Vorstellungen zu tun. Ähnlich wie in Marokko gibt es in den meisten Fällen sowieso keine »offiziellen« Start- und Landeplätze (von Stränden einmal abgesehen), es gibt auch keine Pilotenlizenzen, wie sie bei uns vorgeschrieben sind. In Izmir wird Werbung gemacht, daß man in vier

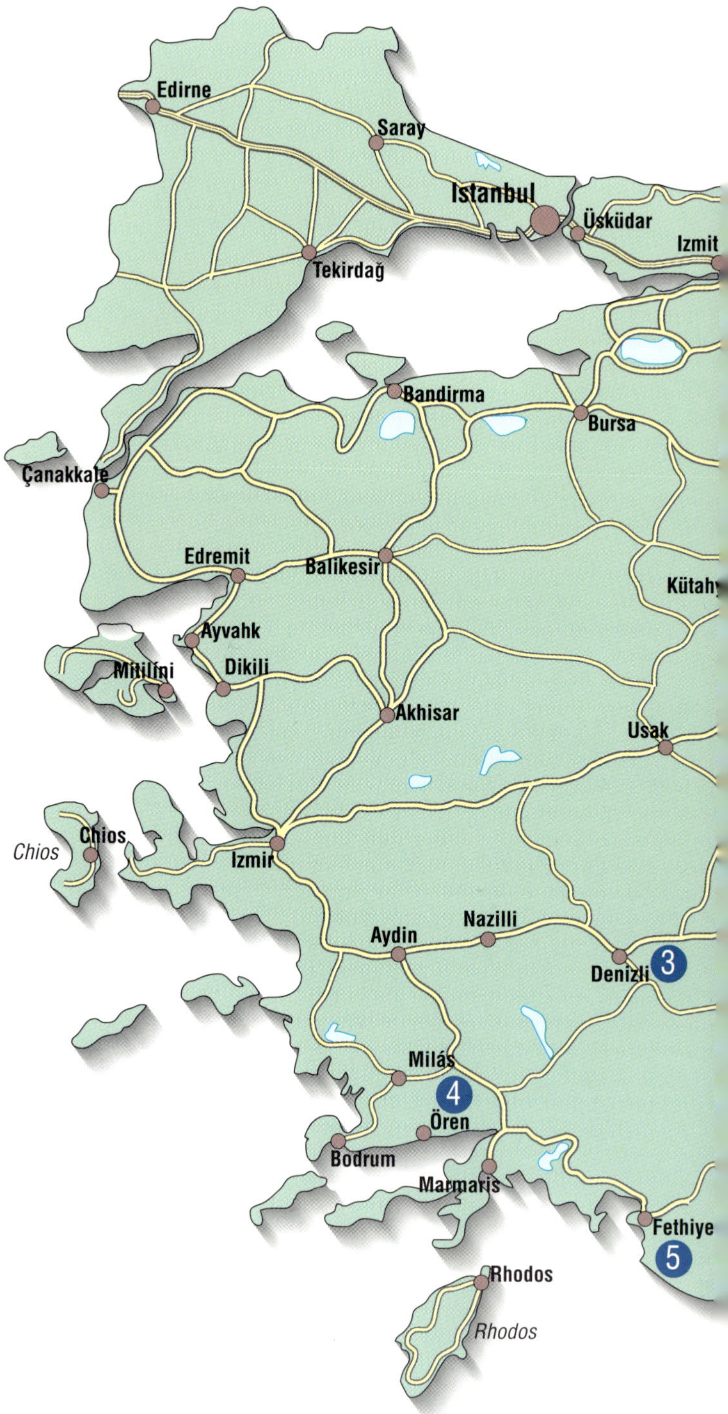

Ufer bei Bodrum an der türkischen Westküste.

Tagen Fliegen lernt. So ähnlich war es auch bei uns mal, hat einige das Leben gekostet...
Im Herbst 1996 habe ich für türkische und deutsche Auftraggeber ein neues Fluggebiet erschlossen und ihm »europäische Maßstäbe« verpaßt. Damit es keine Mogelpackung wird, müssen diejenigen, in deren Verantwortung alles weitere liegt, die empfohlenen Grundlagen für freies und sicheres Fliegen berücksichtigen.

Zuletzt ein paar Hinweise: Wetterbericht, Unfallhilfe, Topokarten und andere Logistikunterstützung vergißt man am besten: Fliegen, vor allem auf Strecke und im Landesinneren, bleibt ein Abenteuer mit Expeditionscharakter. Zumindest das Küstenfliegen läßt sich einigermaßen übersichtlich gestalten – es gibt Infrastrukturen. Allerdings mit Abstrichen, man wird es in Olüdeniz schnell merken!
Eine internationale Luftrettungsversicherung, komplette Impfungen, Funk und gut gecheckte Ausrüstung sind daher meine Empfehlung. Und Fluganfänger: Finger weg von der Türkei!

Einige Adressen:
»Turkish Aeronautical Association«:
Lütfü Yüzüak und Kivanc Kartal (sprechen englisch)
Atatürk Bulvari Nr. 33
TR-06100 Opera, Ankara
Tel. (00 90-312) 27 80 74 02 77, Fax – 309 44 73.
»Red Star« – Türkische Luftrettung
Izmir: 18 Ziya Gökalp Bulvari
TR-35220 Alsancak, Izmir
Tel. (00 90-232) 464 52 12, – 463 33 22, Fax – 422 33 19.
Albatros Yamac Parasüti Dernegi
Tel. (00 90-216) 418 79 59.
Ikarus Sportif Havacilik
Tel. (00 90-232) 463 57 86.

3 Honaz Daği 2528 m

Dieses bisher nur wenigen Drachenfliegern bekannte Gebiet erhielt seine Aufwertung durch die erste Drachen- und Gleitschirmmeisterschaft im September 1996 und bildet im September 1997 den Austragungsort der World Air Games.
Mount Honaz ist ein sehr hoch gelegenes Fluggebiet mit fast schon alpinen Dimensionen und damit eines der wenigen in diesem Buch vorgestellten Gebiete, die im Hochsommer (Juni – August) ideale Bedingungen erlauben. Großzügiges Fliegen, tagsüber Profis vorbehalten, mit großem, kaum exploriertem Streckenpotential.

Start

N, NW, leicht, hochalpine Windbedingungen! Start am Ende der Honaz-Piste.
Zwei weitere Startplätze liegen auf ca. 2300 m Höhe. Die Startplätze werden zu den World Air Games 97 präpariert.
Zufahrt: Von Denizli Richtung Antalya nach Süden bis zum Picknickplatz im Wald. Dort zweigt die Piste ab (26 km lang). Es wird geraten, dieses Fluggelände nur unter professioneller Betreuung zu besuchen (Rückholung, Funk, Einweisung).

Landeplatz

Es gibt keinen offiziellen Landeplatz. Verschiedene Felder liegen in Straßennähe am Fuß des Berges, ca. 400 bis 500 m hoch. Dort kann gelandet werden. Auf Talwind achten!

HU

Maximal 2100 m.

Flug

Für Genußflieger in den Sommermonaten nur am Morgen oder Abend. Tagsüber starke Thermik, Talwind, Turbulenzen.
Mount Honaz ist ein ausgezeichneter Drachenflugberg. Windrichtungen aus West bis Nord in der Höhe, aus West bis Süd am Boden (Tal). Thermisch aktiv die Ebene um Denizli am Nachmittag.

Schwierigkeiten/Gefahren

Piloten sind darauf angewiesen, als organisierte Gruppe mit Erste-Hilfe-Ausrüstung auf Unfälle vorbereitet zu sein. Von Juni bis September sehr starke Winde und Turbulenzen (Talwinde um 40 km/h). Funk wird dringend empfohlen!
Achtung: Honaz Daği ist ein Naturschutzgebiet. Bitte Auflagen erfragen und respektieren!

Streckenmöglichkeiten

Die Ebene um Denizli kann mit genügend Ausgangshöhe nach Norden Richtung Pamukkale/Mount Cökelez überflogen werden. Auch nach Westen Richtung Mount Cakiroluk und nach NE Richtung Acigöl-See und Dinar (etwa 50 km) gibt es Möglichkeiten. Interessante Dreiecke und Zielrückflüge möglich (rund um Denizli). Beste Zeit für Strecken ist im August.

Talort: Denizli, ca. 360 m.
Anreise: Flüge mit Charter (z. B. Airalfa) und Linie (Turkish Airlines) nach Izmir, Dalaman, Antalya und Milas (neuer Flughafen in Planung). Von dort jeweils Busverbindungen nach Denizli.
Busbahnhöfe: Denizli: Tel. (00 90-2 58) 2 61 10 88; Izmir: Tel. (00 90-2 32) 4 86 22 65; Antalya: Tel. (00 90-2 12) 6 58 05 05. Oder mit Mietwagen (an den jeweiligen Airports). Denizli liegt auf halber Strecke der Hauptverbindung Izmir – Antalya (je 245 km nach Denizli bzw. 4 Std. Bus). In Denizli kann man mit Taxifahrern eventuell die Auffahrt zum Berg chartern. Nur als Gruppe zu empfehlen!
Weitere Anreisemöglichkeiten: Per **Fähre** von Griechenland: Hauptfährverbindungen von Athen-Piräus bzw. Thessaloniki über Rhodos nach Marmaris, Kos nach Bodrum oder Chios nach Cesme (umsteigen auf den genannten Inseln).
Club/Treffpunkt: Es gibt keinerlei Unterstützung oder lokale Piloten. Die einzige Kontaktadresse sind Lütfü Yüzüak (D) und Kivanc Kartal (GS) in Ankara: siehe Türkei Übersicht, Seite 15.
Der nächstgelegene Treffpunkt ist

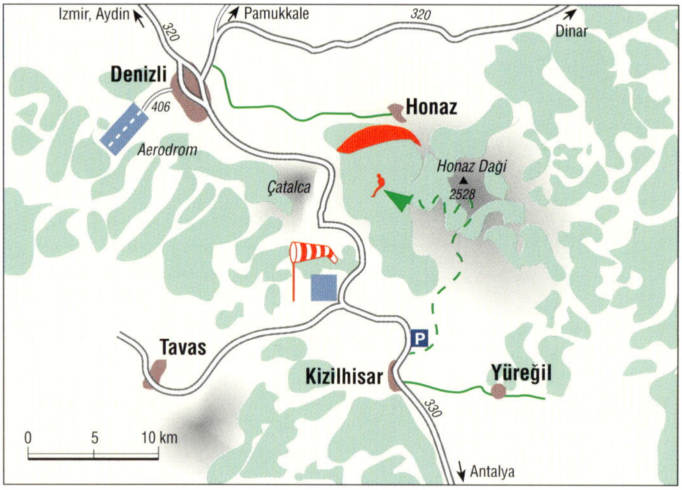

das Hotel »Alnata« in Ören (siehe Seite 18), Tel. / Fax (0090-252) 5322813.
Flugschule: Eine türkische Flugschule aus Izmir schult ab und zu in Pamukkale: »Ikarus«, Atatürk Ca. Dalyan Gümrük Ishani Nr. 398 D, TR-0621 Alsancak, Izmir, Tel. / Fax (0090-232) 4635786.
Unterkunft/Camping: Verschiedene Hotels und Unterkünfte in Denizli und Pamukkale, z. B. Hotel Polat/Karahayit, Tel. (0090-258) 2714110, Fax – 2714092. Zusätzliche Informationen gibt: Tourist Information Denizli, Tel. (0090-258) 2632804, Fax – 2613804.

Organisation von Gruppen:
Sunflight Sportreisen organisiert ab Deutschland bzw. ab Ören die Gebietsbetreuung auf Nachfrage für Gruppen: Sunflight Reisen, Gerhard Platajs, Von-Brandl-Straße 42, D-83410 Laufen/Salzach, Tel. (08682) 9917, Fax – 95940.
Karte: Es gibt keine topografischen Karten. Die beste Karte ist noch die zuständige Aeronautical Chart 1:500000 (erhältlich in Fachbuchhandlungen).

Alternativen:
- **Mount Cökelez** (S, SE, mittel); niedrig, häufig starker Wind im Frühjahr/Sommer.
- **Pamukkale**: Trotz des niedrigen HU von 40 m kann hier mit Talwind an Sommernachmittagen gesoart werden.
- **Cakiroluk** (südlich über Denizli).
- **Ören** (siehe Seite 18).

Sonstiges:
- Besuch der Sinterterrassen von Pamukkale
- Trekking und MTB im Naturpark Honaz
- Besuch verschiedener Ruinen (z. B. Hierapolis).

Die berühmten Sinterterrassen von Pamukkale.

4 Koçatepe 600 m (Ören)

Als ich von einem nackten Felsen in die einzige schwache Brise sprang, die für meinen Schirm und mich einen neuen Flug statt Absturz bedeutete, habe ich nicht gedacht, daß daraus ein neues Fluggebiet entstehen würde – mit vereinten Kräften! (Danke an Tarik Namuk, Gerhard, Bürgermeister Kasim und die Gemeindearbeiter!) Das war damals im August 1996. Inzwischen ist ein Fluggebiet mit betonierten Startpisten, Windsack und Infotafel entstanden, einmalig für die Türkei! Ja, der Plan ging darüber hinaus. Wir wollten eine komplette »Outdoor-Station« bauen, etwas für die Zukunft: ein neues Hotel, klein, aber fein, am Landeplatz, ein Klettergarten, Wanderwege und Mountainbikepisten, ein Motorsegler für Ausflüge in den kleinen Golf – Aktivitäten statt Masse!

Start

① **SW, einfach, 590 m,** Hauptstartplatz, 50 m leicht abwärts von der Gipfelstation.
② **S, mittel, 570 m,** Nebenstartplatz, etwas weiter rechts.
Beide Startplätze befinden sich über Felsabbrüchen und einer großen thermisch aktiven Rinne. Bei ruhiger Wetterlage thermisch aktiv ab 11 Uhr bis etwa 16 Uhr. Davor und danach windstill. Für Gelegenheitsflieger nur mit Einweisung. Drachenflieger: Geräteaufbau vor der Sendestation!
Zufahrt: Piste von Ören über Bergdorf Alatepe zur kleinen Radiostation am Gipfel. Achtung: Transport ab dem Hotel »Alnata«. Kein Privatzugang erlaubt (außer mit Mountainbike)! Verschiedene Wanderwege zum Gipfel ca. 1½ Stunden.

Landeplatz

Strand vor dem Hotel »Alnata« bzw. Feld daneben (Windsäcke). Ausweichlandeplatz direkt vor dem Hafen am unteren Ende des Strandes. Beim Steg im mittleren Strandabschnitt darf nur in der Nachsaison (Oktober – Mai) gelandet werden!

HU

590 m.

Flug

Sehr schöner Flug über dem Meer und dem kleinen Golf, aber Start über einer senkrechten Felswand. Bei mehreren Piloten in der Luft sind die Ausweichregeln streng einzuhalten wegen des Unfallrisikos! Erlaubt die Thermik kein weiträumiges Fliegen, so wird die Zahl der hangsoarenden Piloten vom Startleiter begrenzt (aus Sicherheitsgründen). Man kann über dem südlich vorgelagerten kleinen Kamm ebenfalls soaren. Kein Toplanden erlaubt am Startplatz (gefährliche Turbulenzen).

Schwierigkeiten/Gefahren

Gelegenheitsflieger nur bei Gegenwind und nur nach Einweisung fliegen. Bei Nord- und Ostwind herrscht generelles Flugverbot! Felsenthermik mit Turbulenzen. Man kann diese vermeiden durch einen Sicherheitsabstand!

Streckenmöglichkeiten

Die beste Zeit für Strecke sind einzelne Tage im Herbst und Frühling (Oktober – Mai). Im Sommer ist es in der Regel zu warm, es bildet sich nur ein schwacher Gradient.
Zum Hangsoaren bitte nur 2 km maximal nach Osten folgen (wegen dann fehlender Notlandemöglichkeiten), dafür kann der gesamte Felsgrat bis Ören-Dorf (3 km nach Nordwesten) und weiter verfolgt werden. Achtung: Hochspannungsleitung des Kohlekraftwerks nach 5 km!
Das Hinterland nach Norden ist auch möglich: riesige Kiefernwälder auf flachen Plateaus wechseln mit Schluchten. Für ambitionierte Piloten ist eine Ausgangshöhe von 1200 m notwendig, um fortzufliegen (selten). Eine mögliche Strecke ist Richtung Gökova (nur Hanglandung im Notfall) nach Osten (50 km), Richtung Milas nach Norden.

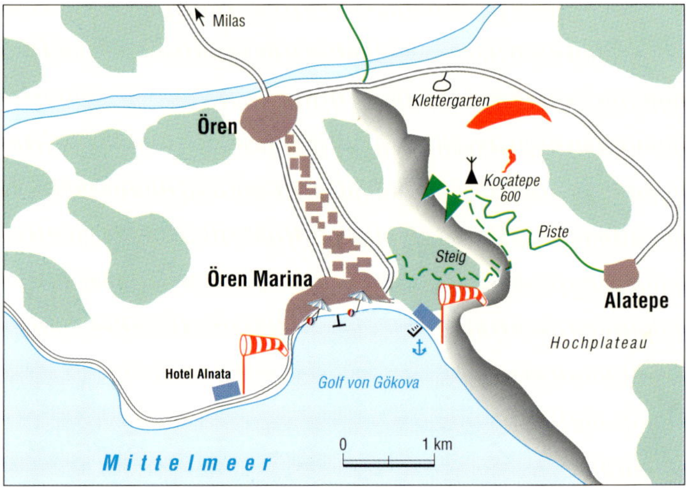

„Luftikus"
Eugens Flugschule
Stuttgart - Hofen
Tel: 0711 - 537928

Landeplatz vor dem Hotel »Alnata«. Es ist ganz auf Flieger und ihre Familien, auf Sport und Freizeit, eingerichtet.

Talort: Ören-Milas (Keramos).
Anreise:
Per Flugzeug: Der Flughafen Milas bietet sich seit April 1997 an (Anschlußflüge mit Turkish Airlines oder Istanbul Airlines ab Istanbul). Ansonsten per Flugzeug nach Dalaman oder besser Izmir. Weiter mit Bus oder Mietwagen über die N550: von Dalaman über Mugla – Yatagan – Milas nach Ören. Von Izmir über Söke – Milas.
Busverbindungen: Busterminal Izmir: Tel. (0090-232) 4862265; Dalaman: Tel. (0090-252) 6925103.
Per **Fähre** von Griechenland nur mit Umsteigen auf den Inseln Kos, Chios oder Rhodos (Korrespondenzfähren mit Cesme/Izmir, Marmaris oder Bodrum).
Eine Abholung durch das Hotel »Alnata« in Ören von den Flughafen ist nach Voranmeldung möglich.
Club/Treffpunkt: Man trifft sich in Ören im Outdoorzentrum Hotel »Alnata« bzw. am Strand in den netten Fischrestaurants und kleinen Cafés sowie natürlich im Sporthotel Alnata, TR-48200 Ören-Milas, Tel. / Fax (0090-252) 5322813.
Organisation/Flugschule: Sunflight Reisen, Gerhard Platajs, Von-Brandl-Straße 42, D-83410 Laufen/Salzach. Tel. (08682) 9917, Fax – 95940. Die Buchungen für Hotel »Alnata« laufen über diese Adresse (Stand: Juli 1997).
Karte: Es gibt keine Topokarte. International Aeronautical Charts 1:500000 sind die einzige Hilfe.

Alternativen:
- **Sivri Küres** (SE, leicht), über Cökertme; wird vom Hotel »Alnata« aus organisiert. Startplatz noch nicht ausgebaut
- **Bodrum,** Amphitheater (S, SE, schwierig); Soaringflug bei dynamischem Wind, nur mit Hang- bzw. Toplandung.
- **Gökova** (S, SW, schwierig bis mittel), Start vom Parkplatz am Straßenrand der Paßstraße oder Gipfel. Vorsicht: In der Mittagszeit starker Talwind von Westen. Nur für Erfahrene!
- Verschiedene neue Flugmöglichkeiten um **Milas:** in Verbindung mit GS-Touren über Alnata-Outdoorzentrum.
- **Güzelbahse** bei Izmir. Kontakt: Flugschule »Ikarus«, Tel. / Fax (0090-232) 4635786.

Sonstiges:
- Fischessen bei Familie Baß am Strand von Ören (Restaurant Çorum'lu).
- Antike karische Ruinen von Keramos, Friedhof von Ören.
- Ausflug nach Bodrum (Festung, Altstadt, Nightlife, Ruinen von Halikarnassos).
- Trips mit dem Alnata-Motorsegler nach Gökova, zur Kleopatra-Insel, auf die Halbinsel Yarimadasi zum Grillen, Baden, MTB, Fliegen etc.
- Klettergarten Ören mit abgesicherten Routen von III bis VIII (4b – 6c).
- Wanderung auf den Koçatepe oder ins Hinterland.
- Tauchen, Rafting, Canyoning bieten in Bodrum diverse Agenturen.

5 Baba Dağ 1969 m (Olüdeniz)

Der faszinierende Flug nahezu 2000 m über Buchten und Halbinseln hinab zum Strand des Badeortes Olüdeniz ist eines der unvergeßlichen Erlebnisse des Fliegens am Mittelmeer.
Leider hat unser Sport dort auch seine Schattenseiten: das Gerangel um Kundschaft und Tourismuseinnahmen! Die Schönheit zu verkaufen, hat eine ganze Reihe mehr oder weniger »kompetenter« in- und ausländischer Anbieter auf den Geschmack gebracht. Engländer, Holländer, Deutsche und andere zuhauf. 14 Tandempiloten mit teils zweifelhaften Qualifikationen. Unfälle mit stümperhafter medizinischer Versorgung bzw. Transport. Man meint, die Szene führe im europäischen Winter dort ihren Stellvertreterkrieg um einen Platz an der Sonne und eine Mark im Geldbeutel. Im türkischen »Monaco« sollte man lieber dafür sorgen, daß Sicherheit, Professionalität und Flugspaß in die richtigen Bahnen gelenkt werden, um unserer Sportart nicht noch weiteren Schaden zuzufügen.

Start

① **S, N, leicht, ca. 1700 m,** direkt neben der Piste.
② **S, leicht, N, mittel, ca. 1900 m,** neben der Piste, Hauptstartplatz.
Es wurden diverse Nebenstartplätze weiter unten in Betrieb genommen, die jedoch für Thermikfliegen bedeutungslos bleiben. Ebenfalls unsinnige Startmöglichkeiten nach Osten und Westen existieren nicht in ausgebautem Zustand.
Zufahrt: Piste von Olüdeniz. Mautgebühr an die Forstbehörde und Transportgebühr an die Anbieter für die Auffahrt.

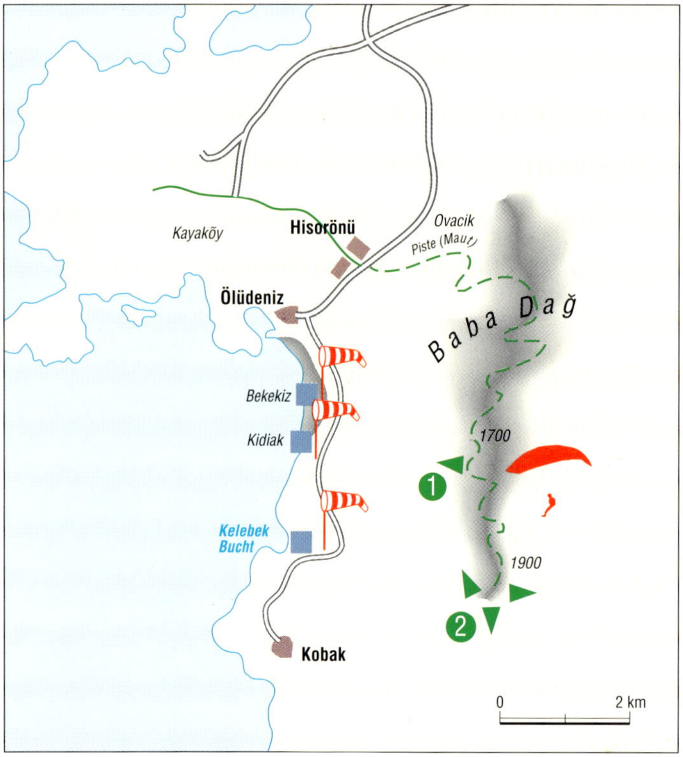

Landeplatz

Strand unterhalb Olüdeniz.

HU

Bis 1900 m.

Flug

Hochalpiner Flug, für Gelegenheitspiloten nur nach professioneller Einweisung, starke Thermik auf den Südflanken, denen man durch einen ruhigen Flug übers Meer auskneift. Wer nach Norden startet, sollte GZ 6 haben. Von Oktober bis April gute Steigwerte.

Schwierigkeiten/Gefahren

Hochalpin, Kollisionsgefahr bei zuviel Andrang (Tage mit bis zu 300 Piloten im Herbst und Winter), starke Thermik auf den Südseiten möglich, höhenwindexponiert (man kann als Unerfahrener leicht abgetrieben werden).
Vorsicht: schnelle Wolkenbildung!

Streckenmöglichkeiten

Es wurden bereits bis zu 70 km anläßlich eines Wettbewerbes im Oktober 1996 zurückgelegt (Richtung Norden, auch Zielrückflüge möglich).

Talort: Olüdeniz, ca. 300 m, Fethiye.
Anreise: Charterflughafen Dalaman in 50 km Entfernung. Busverbindungen von Antalya und Izmir (siehe auch Honaz und Ören). Fährverbindungen von Griechenland über Rhodos, dort umsteigen nach Marmaris und Bus/Auto bis Fethiye/Olüdeniz.
Mietwagen: z. B. Turtles, Erkan Kyiran, Olüdeniz, Fethiye,

Es ist viel los am Baba Dağ von Oktober bis April.

Tel. (00 90-2 52) 6 16 61 87; Light Tour Rent-a-Car, Tel. (00 90-2 52) 6 14 47 57, 6 14 71 61, Fax – 6 14 51 43.
Club/Treffpunkt: Man trifft sich in Strandnähe in den zahlreichen Bars und Restaurants sowie bei den Transport- und Tandemflug-anbietern:
»Aladdin« (Erol und Uli Vural, sprechen deutsch und englisch), Tel. / Fax (00 90-2 52) 6 16 64 24; eventuell auch »Flying Dutchman«, Paul Lebbink, Tel. / Fax (00 90-2 52) 6 17 04 41.
Am Abend: »Underground Disco«, Tokgöz Shopping Centre, Olüdeniz; »Yes Bar«, Fethiye.
Flugschule: »Aventura«, Nähe Strand, Tel. / Fax (00 90-2 52) 6 17 03 05.

Unterkunft/Camping:
- Fethiye Tourist Information, Tel. (00 90-2 52) 6 14 15 27
- Hotel »Montana Pine Resort«, Olüdeniz (etwas gehoben, sehr ruhig, abseits vom Trubel), Tel. (00 90-2 52) 6 16 63 66-68, Fax – 6 16 64 51
- »Belcekiz Beach«, Bungalow-anlage, Fliegertreff am Strand, eng, laut, Tel. (00 90-2 52) 6 17 03 77, 6 17 03 23
- Pension »Ülgen«, Tel.(00 90-2 52) 6 14 34 91
- Hotel »Tulip«, Tel. (00 90-2 52) 6 17 00 74, Fax – 6 17 02 21.

Karte: Es gibt keine Topokarten.

Alternativen:
- **Kaş** (Fluggebiet über diesem Ort, Infrastruktur unbekannt).
- **Ören** (siehe Seite 18).
- **Gökova** (S, SW, schwierig bis mittel), Start vom Parkplatz am Straßenrand der Paßstraße. Vorsicht: In der Mittagszeit starker Talwind von Westen. Nur für Erfahrene!
- Weitere Alternativen bei »Aventura« erfragen: siehe Flugschule.

Sonstiges:
Ein reichhaltiges Angebot an Zeitvertreib:
- Tauchen: Diving Centre, Tel. (00 90-2 52) 6 14 97 71
- Ausflüge zu den »12 Inseln«
- Antike Ruinen von Patara, Pinara, Sidyma, Tlos, Letoon
- Saklikent-Canyon
- Butterfly Valley
- MTB, Klettern, Canyoning, Rafting, etc.: siehe bei den zahlreichen Anbietern von Touren in Olüdeniz.

Griechenland

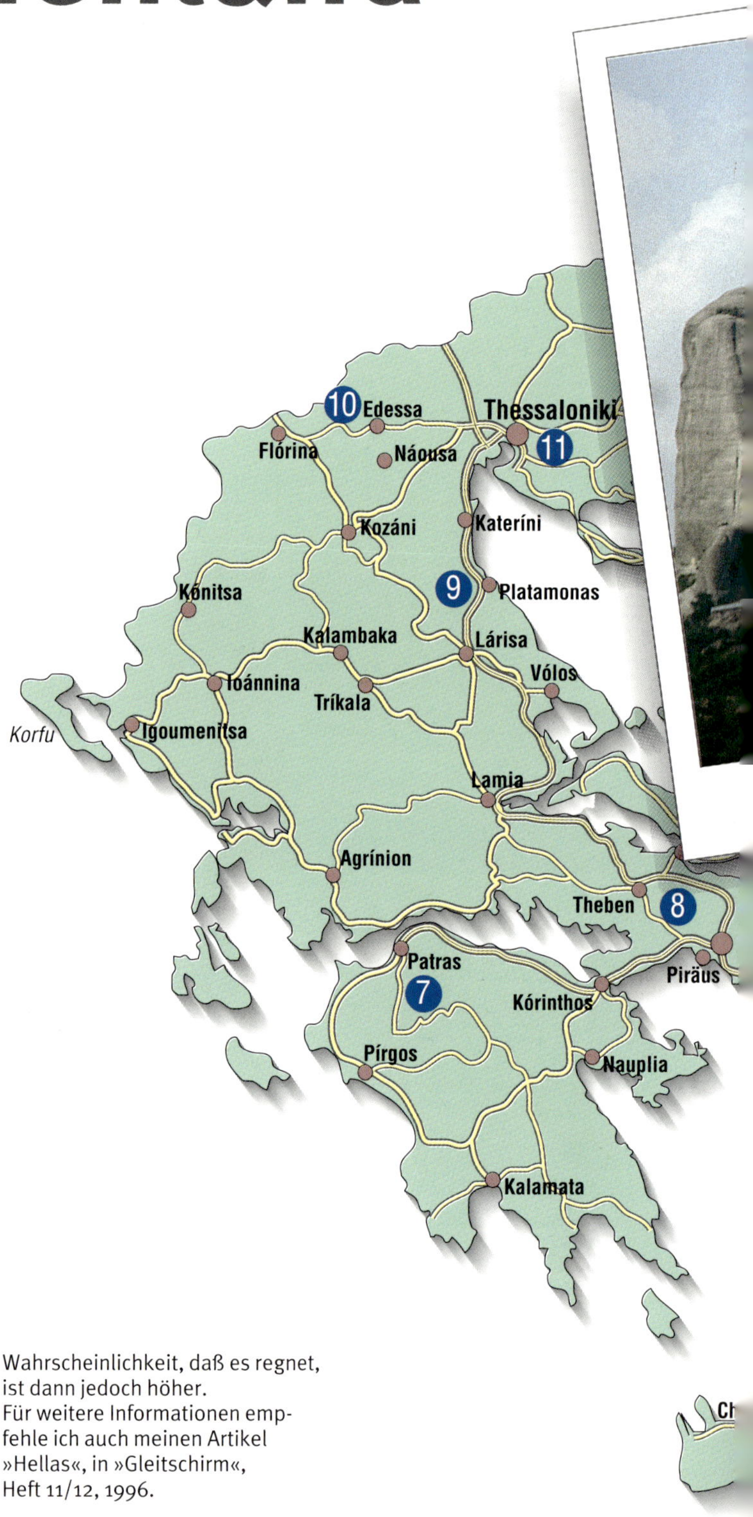

Das Land und seine Inseln waren lange Zeit eines der begehrtesten Ziele der mitteleuropäischen Urlauber. Seine antiken Traditionen, Sonne, Segeln und »Austoben« galten als ideale Sommermischung. Rücksichtsloser Umgang mit Naturräumen ebenso wie die oft interesselose Behandlung von Touristen und die mangelhafte Qualität der Speisen und Unterkünfte sorgten generell jedoch für einen Rückgang des Interesses in den letzten Jahren. Ein Umdenken bei denjenigen, die sich für Natursportarten einsetzen, läßt sich allerdings feststellen.
Die auf Griechenland ausgewählten Fluggebiete bieten alle harmonische Infrastrukuren und freundliche Aufnahme von Gastpiloten durch die Einheimischen. Bewußt wählte ich Kontakte, von denen ich weiß, daß Natur und Sport, Tourismus und Urlaub hier in Einklang gebracht werden.

In »Hellas« gibt es etwa 1000 Gleitschirm- und Drachenflieger. Regelmäßige Wettbewerbe finden z. B. am Kitherona, bei Santomerion oder Kerasies statt.
Die größte Vielfalt an Fluggebieten ist zweifellos rund um den Olymp in Makedonien zu finden. Dort bemüht sich Stelios Makrovasilis von »Olympic Wings« um die authentische Vermittlung seines Sports und seiner Heimat an Gastpiloten.
Andere Zentren befinden sich am Kitherona (bei Stavros Avramoglou) und auf dem Peloponnes bzw. auf Kreta.
Die beste Jahreszeit zum Fliegen ist in der Regel von Februar bis Mitte Juni. Die Sommer sind, inbesondere im Norden, heiß, gewittrig und windschwach, im Süden und auf den Inseln heiß, trocken und windstark (der Meltemi weht von Juni bis September bei Hochdruck aus Nordosten).
Im Herbst und Winter, wenn die Hitze vorüber ist, kann man auch schöne Flugtage erleben – die Wahrscheinlichkeit, daß es regnet, ist dann jedoch höher.
Für weitere Informationen empfehle ich auch meinen Artikel »Hellas«, in »Gleitschirm«, Heft 11/12, 1996.

Die Felsen über Kalambaka mit den berühmten Meteora-Klöstern auf ihrer Spitze.

Anreise: Am besten mit dem Flugzeug nach Athen oder Thessaloniki oder per Auto via Brindisi mit der Fähre nach Igoumenitsa oder Patras und Weiterfahrt zum Zielgebiet. Auch über den Balkan (Zagreb – Belgrad – Skopje) wieder Anreise möglich.

Organisation von Fliegerurlaub:
- Z. B. Sunflight Reisen, Gerhard Platajs, Von-Brandl-Straße 42, D-83410 Laufen/Salzach, Tel. (08682) 9917, Fax – 95940.

Wetterbericht: Tel. (0030-1) 169 (Bandinfo auf griechisch).

Kontaktadressen:
Athen:
- Panagiotis Kaniamos, 41 Drosivi, GR-16673 Voula-Athina, Greece, Tel. (01) 8990703, Fax – 4828740. Spricht englisch und kennt sich gut aus; unterrichtet Gleitschirmpiloten.
- Eike Mittelbach: Sein Vater lebt in Athen. Eike selbst ist häufig in Griechenland und kennt die Fluggebiete bestens: Tel. (01) 9655560, Fax – 9626116, Handy (0049-0171) 4580260.

Kitherona:
Siehe Tour 8, Seite 28.

Panteleimonas:
Siehe Tour 9, Seite 30.

Thessaloniki:
Siehe Touren 10 und 11, Seiten 34 und 36.

Edessa:
Siehe Tour 10, Seite 34.

Olymp:
Kostas Zolotas (Bergführer); i. Olympiou 2, 60200 Litochoro, Tel. / Fax (0352) 81329, Hütte: Tel. (0352) 81800; Bergführer Kostas Zolotas spricht deutsch und englisch.
Mal was anderes. Kostas bewirtschaftet mit seiner deutschen Frau die A-Hütte am Weg zu Griechenlands höchstem Punkt und kann dort Rat und Führung geben.

Patras/Peloponnes:
- Aeroclub, Tel. (061) 621494 (20.30–22 Uhr)
- Demetris Dassukis, Tel. (061) 621494, priv. (061) 276968.

Fluggebiete Epirus:
- Stavros Postulas (Asprangeli, Hanopulo), Tel. (0683) 23152, 22153 (Filipiada) und Tel. (0651) 44579 (Ioannina)
- Costas Gernas (Agrinion), Tel. (0641) 58850, 45635.

Kerkyra (Korfu):
- Giannis Chimarios, Tel.(0661) 35222, 35068.

Zypern/Nikosia:
- Pandelas Vassas, Tel.(00357-2) 352159.

Thrakien:
- Anestis Paliotsos, Tel. (031) 777080; Büro: (031) 600827, Fax – 240107.

Verria:
- Antonis Akrivopoulos und Vassilis Pantelidis, Tel. (0331) 21759, 68158.

Kreta:
- Flycenter Kreta, Zacharia Konstantaki, Tel. / Fax (081) 761415.
- Aeroclub: Grigoris Thomakakis; Gournes Pediados, 71500 Iraklion, Tel. / Fax (081) 762068. Grigoris ist ein leidenschaftlicher Flieger und organisiert Unterkunft und Touren zu den Fluggebieten Kretas; er spricht englisch.

6 Avdou 500 m

Das Hauptfluggebiet der großen Insel Kreta liegt am Nordrand der Lassithi-Hochebene und bietet das ganze Jahr über interessantes Fliegen. Thermik und Dynamik wechseln sich hier ab. Das Gelände ist zerklüftet und sollte nur nach Voreinweisung durch Gebietskenner beflogen werden. Es kann zu völlig verschiedenen Bedingungen noch fliegbar sein, darf aber keinesfalls unterschätzt werden. Streckenflüge sind auf jeden Fall durchführbar und sehr interessant.

Start

N, einfach, neu angelegter Startplatz. Fahrpiste von der großen Kirche in Avdou. Hangstartplatz (der Bergrücken dahinter – Louloudaki, 1107 m – überragt die Lassithi-Ebene). Der alte Startplatz befindet sich ca. 500 m weiter westlich auf derselben Höhe.

Landeplatz

Ca. 250 m. Befindet sich etwa 200 m südlich der großen Kirche von Avdou in einem Feld (ausgeschildert).

HU

Ca. 250 m.

Flug

Ab Mittag interessant, im Sommer sehr turbulent und dann erst ab dem Spätnachmittag fliegbar (für GS).
Man fliegt im Bereich der beiden Startplätze hin und her und überhöht bei der ersten zentrierbaren Thermik auf den Rücken dahinter.
Im östlich gelegenen runden Kessel mit Eingang zum Lassithi-Plateau erhöhte Vorsicht: hier herrschen starke Thermik, Turbulenzen und Winddüsen! Nur mit großer Höhe (1000 m) überfliegen!

Schwierigkeiten/Gefahren

Gelegenheitsflieger nur nach Einweisung! Beherrschung des Rückwärtsstarts notwendig!
Bei Starkwind (Meltemi) an der Küste kann hier noch geflogen werden. Man darf nicht zu hoch kommen (Limit bei ca. 700 m!). Bei Südwind (selten) ist Fliegen nicht möglich (absolutes Lee). Am Landeplatz herrschen tagsüber im Sommer starke thermische Ablösungen (der beste Aufwind steht nämlich hier).

Streckenmöglichkeiten

Sehr gut geeignet für Dreiecksflüge (z. B. Avdou – Küste bei Malia – Stalida – zurück).

Talort: Avdou bzw. an der Küste die Orte Malia, Stalida.
Anreise:
Mit dem Flugzeug: Flüge nach Iraklion mit Charter und Linie. Dort gibt es auch relativ günstig Mietwagen und Geländefahrzeuge. Die Anbieter überschlagen sich fast.
Mit eigenem Wagen: Ab Athen-

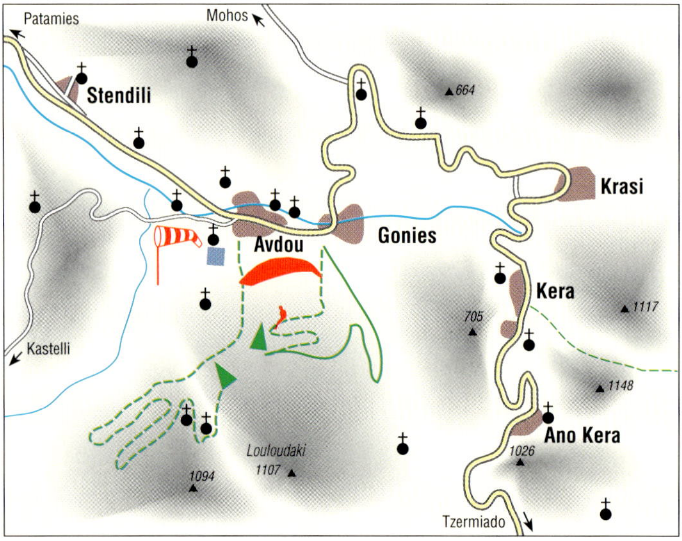

Piräus mit der Fähre ca. 12 Uhr (nachts), Deckpassage plus Mittelklassewagen einfach ca. DM 150,–. Es gibt auch Komplettangebote nach Kreta (Flug, Mietwagen, Unterkunft mit Halb- und Vollpension etc.) Oft günstiger als Individualreise, aber rechtzeitig buchen!

Club/Treffpunkt:

- Grigoris Thomakakis, Gournes Pediados, GR-71500 Iraklion, Tel./Fax (081) 762068.
- Flycenter Kreta, Zacharia Konstantakis, Eike Mittelbach (Mai – November), Tel./Fax (081) 761514, mobil (093) 251860.

Beide Ansprechadressen organisieren Betreuung, Transport, Schulung, Unterkunft und Ausflüge sowie andere Sportarten und Aktivitäten für alle Interessen.

Unterkunft/Camping: Unterkünfte und Zeltplätze in dieser Gegend fast ausschließlich an der Küste, sonst einzelne, einfache Privatzimmer in den Dörfern erfragen oder sich über die Clubkontakte Unterkunft vermitteln lassen.

Karte: Touristikkarte Kreta 1:80000, Harms ic Verlag, Blatt 4/Agios Nikolaos. Keine 1:50000 erhältlich.

Alternativen:

- **Stalida** (N, schwierig), Küstenflug von der Straße beim gleichnamigen Ort.
- **Gonies/Radaranlage** (NW-W, leicht).
- **Neapoli/Radar** (S, SE, schwierig).

Es gibt jede Menge anderer Flugmöglichkeiten auf Kreta, sie sind in keinem Fall als Fluggebiete in unserem (mitteleuropäischen) Sinn zu bewerten. Meist ist man allein, Infrastrukturen fehlen. Drachen wird nur sehr wenig geflogen (siehe Artikel in »Fly & Glide«, Ausgabe 7/96). Fliegen bitte grundsätzlich erst nach Kontaktaufnahme!

Sonstiges:

- Baden, MTB, Wandern
- Jeepsafaris
- Samaria-Schlucht
- Höhlen auf der Lassithi-Ebene
- Palast von Knossos
- Palmenstrand von Vai
- Nachtleben in Agios Nikolaos
- Bergsteigen (Ida, Psiloritis etc.).

Schweben über dem kretischen Dikti-Gebirge.

7 Skollis 960 m (Santomerion)

Südlich von Patras liegt auf der Peloponnes-Halbinsel deren Hauptfluggebiet beim Dorf Santomerion, ein Nord-Süd gerichteter Grat zum Soaren und Thermikfliegen. Das Ambiente erinnert an Südfrankreich – die Stille über den Weizenfeldern an eine viel ältere Landschaft, deren verborgene Rätsel man gerne aus der Luft entdecken möchte.
Nettes Freizeitzentrum der Flieger und Sportler direkt oberhalb des Startplatzes.

Start

W, leicht, ca. 430 m. Liegt 600 m nördlich vom Dorf Santomerion am Grat unterhalb der Felsen, etwa 50 m unterhalb der Bungalows des Sportzentrums (Abzweigung vor dem Ortseingang).

Landeplatz

Es kann mit Schirm auf der flachen und breiten Piste 100 m unterhalb vom Startplatz (ca. 380 m) gelandet werden.
Ansonsten gibt es ein Feld gegenüber im Tal in Fallinie vom Startplatz, ca. 300 m. Es liegt westlich der Straße nach Santomerion, etwa 400 m einwärts (Fußweg).

HU

130 m.

Flug

Wegen der westlichen Exposition ist das Fluggebiet etwa ab dem frühen Nachmittag interessant, sobald Gegenwind entsteht. Vorher muß meistens mit nördlichen bzw. südlichen Seitenwinden gerechnet werden. Thermodynamisches Fliegen mit teils starkem Wind. Man ist in wenigen Augenblicken über dem Startplatz auf Grathöhe und kann den ganzen Skollis-Grat nach Süden verfolgen und zurück. Achten auf Windstärke, um nicht ins Lee geblasen zu werden. Rückwärtsstart und schnelle Schirme sind im Frühjahr und Sommer angebracht.

Schwierigkeiten/Gefahren

Leerotorenbildung, Starkwind.

Streckenmöglichkeiten

Skollis-Grat, Flüge nach SE Richtung Erimanthosberge. Die weitesten Flüge wurden nach Kalavrita gemacht (Richtung E, ca. 50 km).

Talort: Patras, Santomerion.
Anreise: Per Flugzeug nach Athen, Busverbindungen nach Patras.
Per Auto über Italien: Fähre Brindisi – Patras (17 Stunden). Von Patras-Zentrum auf der alten N9 Richtung Kato Achäo bis zur Abzweigung der kleinen Straße nach Santomerion (35 km von Patras).
Club/Treffpunkt: Jeden Tag treffen sich nachmittags die Flieger in Patras in einem Cafeneion, genannt »Bar«, kurz unterhalb der Auffahrt zum berühmten Achaia-Claus-Weingut (10 Minuten vom Startplatz Oblos).
Ein weiterer Kontakt ist Demetris Dassukis, Tel. (061) 276968.
Unterkunft/Camping: Zelten und Übernachten im Bungalow (Bett, Duschen) beim Startplatz möglich. Hotels und Pensionen in Patras.
Karte: Eine Regionalkarte ist über den Aeroclub verfügbar (Adresse siehe Übersicht Griechenland).

Alternativen:
- **Saravalion** (S, SW, mittel) über Patras. Info siehe Aeroclub.
- **Kalavrita**: Auskunft Aeroclub; sehr schön.
- **Kalamata** (W, SW, einfach): an der Südküste; sehr interessant.

Sonstiges:
- Kletterfelsen direkt über dem Startplatz; Mountainbiken
- Stadtzentrum von Patras.

Der Skollis-Grat über Santomerion auf dem Peloponnes bietet Soaren und Thermikfliegen.

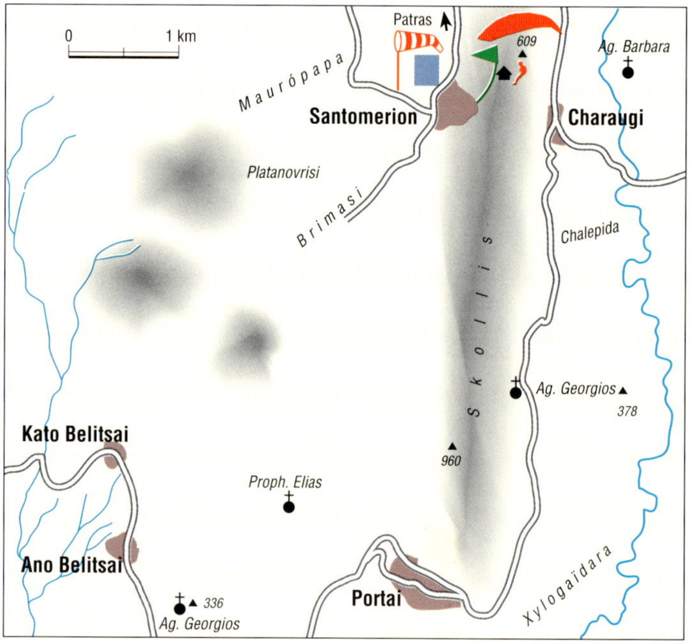

8 Kitherona 400 m / Gipfel 1400 m

Der langgestreckte Grat des Kitherona über Platees ist eines der Hauptfluggebiete im Großraum Athen und bekannt für Austragungen nationaler wie internationaler Wettkämpfe. Die starke Nordwindexposition (vorherrschender Wind) macht es zu einem bevorzugten Fluggebiet für Drachen und Gleitschirm. Geht es dort nicht zum Fliegen, trifft man sich weiter südlich am Kandili zwischen Mandra und Peramos bei Seebrise und Thermik.

Start

① **N, NE, leicht, ca. 400 m.** Großzügiges Startgelände, schnell erreichbar über die neu asphaltierte Straße von Platees aus.
② **Gipfel, ca. 1400 m, S, mittel:** lohnt nicht, ihn anzufahren, da fast ausschließlich von Drachen genutzt und ca. 40 km Straße von Platees aus, um dorthin zu kommen. Genauso einfach fährt man bei Südwind gleich nach Kandili.

Landeplatz

① **Platees, ca. 140 m.** Landefeld, klein und leicht geneigt, etwa 50 m oberhalb Villa Angelina, unterhalb des Dorfes Platees.
② **Landefeld, ca. 130 m,** etwa 400 m westlich Villa Angelina (neben Fahrweg, der auch an Villa Angelina vorbeiführt).
③ **Weiterer Drachenlandeplatz** an der Hauptstraße hinter der Kirche, nördlich von Platees, ca. 120 m (im Flachland).
Landeplätze sind aus der Luft klar zu erkennen (Windsäcke).

HU

Maximal 280 m.

Flug

Ganzjahresfluggebiet, thermisch sehr aktiv. Es ist möglich, das Flachland zu nutzen. Abendsoaring bei Nordwind.

Schwierigkeiten/Gefahren

Zu starker Meltemi-Einfluß (Starkwind tagsüber aus NE), Westwind gefährlich – kein Fliegen möglich!

Streckenmöglichkeiten

Entlang des gesamten 22 km langen Kitherona-Grates in West-Ost-Richtung bzw. nach Erithres weiter (Richtung Osten) oder in Südrichtung über den Grat nach Kandili. Mit Gleitschirm betrug die bisher weiteste Strecke ca. 40 km.

Talort: Platees.
Anreise: Nach Athen per Flugzeug bzw. Auto auf Fähre nach Patras (siehe allgemeine Information Griechenland), Mietwagen am Flughafen. Auch kann man mit lokalen Piloten ins Fluggebiet fahren.
Mit dem Auto: Von Athen-Zentrum nach Platees sind es ca. 70 km. Athen – Autobahn Richtung Korinthos, Ausfahrt Thiva, weiter

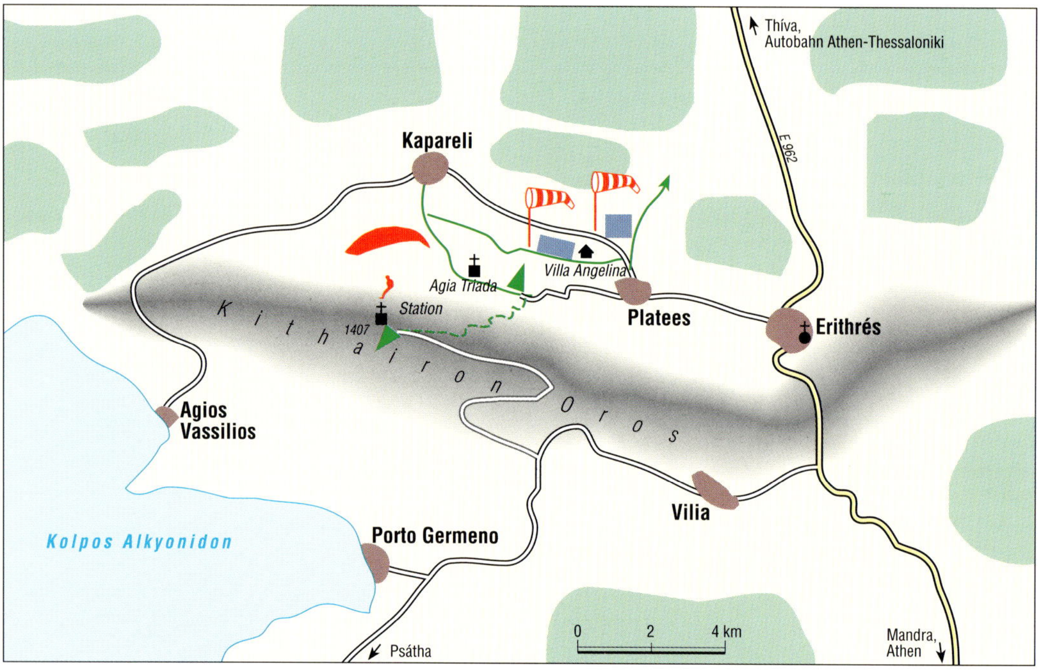

nach Erythres und abzweigen nach Platees.
Club/Treffpunkt: Die Athener Piloten fliegen, wann immer es geht, am Kitherona (und Kandili). So ist es relativ einfach, dort am Startplatz Leute kennenzulernen. Ansonsten:
- Stergios Carapoulios (spricht deutsch); Tel. (00 30-1) 2 79 61 90, Handy (00 30-93) 28 94 47.
- Eike Mittelbach, Tel. / Fax (00 30-1) 9 65 55 60.
- Panagiotis Kaniamos, 41 Drosivi, GR-16673 Voula-Athina, Greece, Handy: (00 30-93) 23 79 35; Tel. (00 30-1) 8 99 07 03, Fax – 4 82 87 40.

Unterkunft/Camping:
- »Villa Angelina«, Stavros Avramoglou, beim Landeplatz in Platees, Tel. (00 30-2 62) 9 74 96, Fax – 7 01 71 04.

Adresse Stavros Avramoglou: 3, Theofrastou, GR-35000 Athina, Greece, Tel. (01) 7 01 83 30.
Karte: Keine Karte erhältlich.

Alternativen:
- **Kandili** (S, leicht), auch Schulungsgelände, 50 km westlich von Athen unweit Mandra, ideales Fluggelände.
- **Chalkis** (N, NE, mittel), Radar über Chalkis.
- **Schimatari** (W, SW, leicht), direkt an der Autobahn Athen – Lamia.
- **Anavissos** (SE-SW, leicht), an der Küste südöstlich von Athen (Richtung Kap Sunion).
- **Keratea** (N, S, SE, leicht), Asphaltstraße von Keratea zum Radar.
- **Voula/Glifada** (W, SW, S, E, schwierig), Start von der Straße, Auffahrt in Voula zum Friedhof, weiter bis Gipfel (695 m). Nach Westen: absolut tabu, nach der ersten Häuserreihe weiterzufliegen (Flughafen Athen)!

Sonstiges:
- Bergwandern am Kitherona
- Ausflug nach Delphi
- Schwimmen in Porto Germeno und Nachbarstrand am Ende des Kitherona (15 Autominuten von Platees)
- Nachtleben von Athen (im Sommer erträgt man Athen nur nachts!).

Mit dem Meltemi soart man am Kitherona bis weit in die Dämmerung.

9 Paleo Panteleimonas 590 m /

Die Flugmöglichkeiten am Ost- und Südrand des Olymp bieten alles, was das Fliegerherz begehrt. Der ideale Ausgangspunkt liegt wenige Minuten vom Agäisstrand im Dorf Panteleimonas beim Flugzentrum »Olympic Wings«. Insbesondere wegen der Sprachprobleme ist der ausländische Fluggast bei Stelios Makrovasilis doppelt versichert: man spricht englisch und deutsch. Nicht nur Unterkunft und Flugbetreuung, sondern alles darüber hinaus wird hier in freundschaftlicher Atmosphäre angeboten.

Start

Panteleimonas, Prophetis Elias, 590 m:
NE, N, mittel. Startschneise neben der Kapelle über dem malerischen alten Bergdorf Paleo Panteleimonas.
Zufahrt: Straße von Panteleimonas über Paleo Panteleimonas Richtung Kallipefki (wird zur Zeit asphaltiert) zur Kapelle Prophetis Elias.
Stavros, 944 m:
① **NE, E, mittel** (flach, aber Rotorenbildung wegen ab Mittag von Süden einsetzender Leethermik möglich!).
② **S, schwierig.** Direkt in das Couloir. GZ 7 bis 8 nötig sowie ausreichende Aufwindbildung, da man sonst in den Bäumen hängt! Die Startkuppe befindet sich 20 m oberhalb der Stavroshütte (Parkplatz, bewirtschaftet). Man folgt vom Ortszentrum Litochoro hinab über die Brücke und dann in Kehren der Mautstraße zum Olymp bis zur Stavroshütte (kurz danach wird sie unasphaltiert).
③ **E, leicht** (ca. 550 m), klein, aber ausreichend. Dieser Startplatz von »Olympic Wings« liegt über einer Kehre der Mautstraße. Bei Benutzung bitte die Flugschule vorher kontaktieren!

Landeplätze

Panteleimonas:
Der Flug vom Prophetis Elias bietet drei verschiedene Landemöglichkeiten. Der Anflug ist für Gelegenheitspiloten nur nach Einweisung durch die Flugschule empfehlenswert.
① **Feld, ca. 140 m,** oberhalb einer Piste, die von Panteleimonas am Sportplatz vorbei bergwärts führt (beim Anflug auf Hochspannungsleitung achten!), etwa 2,5 km vom nördlichen Ortsrand (Sportplatz) von Panteleimonas. Dieser Landeplatz ist einfach und für alle Schirme und Drachen – insbesondere bei einsetzendem Meltemi (NE) – erreichbar.
② **Sportplatz Panteleimonas**, ca. 110 m. Dieser Platz ist klein und für

gute Piloten ein Ausweichlandeplatz zurück zur Flugschule bzw. wenn sie den Strand nicht erreichen; 10 Minuten zur Flugschule.
③ **Camping Castle/Strand von Platamonas.** Man trifft sich im Sommer an der »Schiffbar« (in Form eines Schiffes), die zum Camping Castle gehört. Der Strand davor dient zum Landen. GZ 6,5 nötig (ohne Gegenwind oder Thermik).
Stavros:
Ca. 320 m. Gelandet wird auf einem Feld, westlich oberhalb der Straße zum Olymp/Stavros, etwa 2 km außerhalb von Litochoro. Ein Fahrweg führt durch Gebüsch nach etwa 400 m zum Landefeld. Bitte

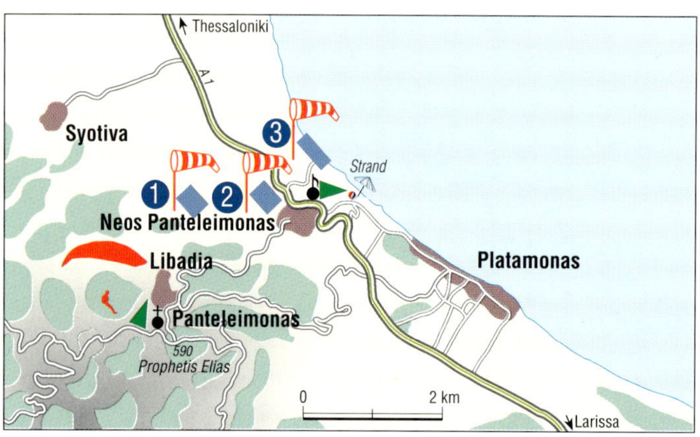

Stavros 944 m (Olymp)

Am Startplatz »Prophetis Elias« über Panteleimonas.

vorher Flugschule »Olympic Wings« kontaktieren (siehe »Flugschule«).

HU

Panteleimonas: zwischen 590 m und 450 m.
Stavros: zwischen 620 m und 230 m.

Flug

Am Prophetis Elias können unterschiedliche Windbedingungen während des Tages herrschen – generell aber ist der Flug von 10 Uhr bis 13 Uhr am besten, es sei denn, es herrscht Nordwind – dann kann bis in den Abend gesoart werden. Bei genügend Startüberhöhung erreicht man die Leethermik von Süden und kann bis zum Olymp aufdrehen. Entscheidend für die Flugbedingungen am Südrand des Olymp sind die Wetterentwicklungen im Frühjahr. Im Hochsommer ist die Thermik durch den geringen Gradienten (Inversion) und/oder durch Meltemi gestört. Der Flug vom Stavros ist ideal um die Mittagszeit, wenn die Seebrise einsetzt und die ostseitigen Hänge bereits genügend Sonne erhalten haben. Am Nachmittag können die Verhältnisse sehr wechselhaft zum Starten sein.

Schwierigkeiten/Gefahren

Die relativ komplexen und schwer vorhersagbaren Windverhältnisse am Olymp, der eine bedeutende Klimascheide bildet und ein ausgeprägtes Mikroklima erzeugt, können vom Gastpiloten kaum eingeschätzt werden. Es wird daher dringend angeraten, eine ▷

9 Paleo Panteleimonas 590 m /

Stavros 944 m (Olymp)

einheimische Flugbetreuung anzunehmen, um das sorgenfreie Gelingen der Flüge zu garantieren. Im Hochsommer muß generell mit Gewitterneigung und starkem Einfall von Nordostwind gerechnet werden.

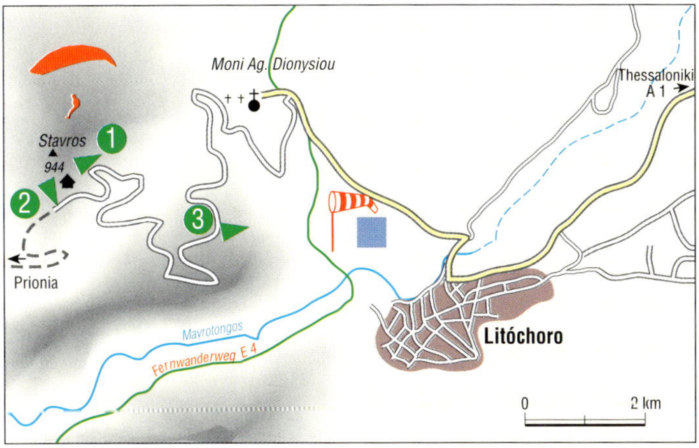

Streckenmöglichkeiten

Bei einem nicht zu feucht und zu spät einsetzenden Frühjahr garantieren die Flanken und Felskessel des Olymp für außerordentlich starke Aufwinde und Leethermiken mit Basishöhen zwischen 2600 m und 3300 m (selten). Die Hauptstrecken bilden Flüge von Kallipefki nach Panteleimonas oder zum Strand, von Panteleimonas (Prophetis Elias) nach Litochoro und zurück bzw. umgekehrt.
Interessant sind Flüge nach Westen auf die »Rückseite« des Olymp, wo die Thermik vom Wind nicht gestört wird und viel stärker ist (Pieria-Kette).

Talort: Panteleimonas, 110 m oder Litochoro, 300 m.
Anreise: Per Flugzeug nach Thessaloniki. Dort Mietwagen oder organisiert mit »Olympic Wings« zum Fluggebiet.
Mit dem Auto: Über Italien oder Kroatien: Fährverbindungen von Rijeka und Brindisi nach Igoumenitsa. Weiter über Ioannina, Trikala, Larissa ins Fluggebiet.
Beste Jahreszeit: Makedonien hat weniger starke Sommerwinde als der Süden Griechenlands, aber dafür mehr Hitzeinversionen und Gewitterbildung. Die beste Zeit für Thermik und Strecke reicht von März bis Juni. Einzelne Phasen im Herbst und Winter können brauchbar sein. Juli/August herrscht sehr starke Hitzeinversion – gut für Badeurlaub, gut für Gelegenheitspiloten, da die Windbedingungen schwach sind.
Wetterbericht: Band 12 75 50 (2 Meter) oder Tel. 169 lokal (auf griechisch).
Club/Treffpunkt: Man trifft sich bei »Olympic Wings« in Panteleimonas oder am Camping Castle am Strand (Platamonas).
Diverse Kneipen und Restaurants laden in Platamonas und Panteleimonas zum Ausgehen ein.
Flugschule:
• »Olympic Wings«, Stelios Makrovasilis, Neos Panteleimonas, GR-60065 Pierias, Tel. / Fax (00 30-352) 417 41, Handy (00 30-93) 215 980. Die Flugschule bietet Unterkunft mit Frühstück in DZ/Dusche, Transport, Flugbetreuung, Abholung vom Flughafen. Stelios ist der beste Experte für Flüge in Nordgriechenland.
Unterkunft/Camping:
• Siehe Flugschule.
• Camping »Castle«, Platamonas (im Juli/August sehr voll).
• Diverse Hotels, Pensionen und Campings rund um Platamonas, Panteleimonas und Litochoro.
Außerhalb Juli/August problemlos individuell zu besorgen.
Karte: Olympus 1:50 000 des Greek Alpine Club Acharnes, erhältlich in Litochoro.

Alternativen:
• **Platamonas Castle** (SE, schwierig, nur für Könner); kleine Soaringmöglichkeit bei östlicher Seebrise mit Südtendenz.
• **Kallipefki-Vousia**: mehrere Startplätze: SE, S bzw. N, leicht, toplandbar oder Goni (Sportplatz); Fluggebiet wird von »Olympic Wings« organisiert.
• **Krania** (drei Startplätze nach SE, S, leicht); Landung bei Pirgetos.
• **Kisavos** im Ossagebirge (W, SW, leicht), Flug nach Sykurion; Piste.
• **Risomatta**/Pieria (SE, S, leicht): extreme Leethermik, gut für Cross.

Sonstiges:
• Nacht- und Strandleben in Platamonas.
• Besteigung des Olymp über Litochoro und A-Hütte (Spilios-Agapitos-Hütte), Tel. (00 30-352) 818 00, – 813 29; Bergführer Kostas Zolotas spricht deutsch und englisch.
• Ausflüge nach Kalambaka (Meteoraklöster).
• Klettern und Mountainbiken am Olymp und über Paleo Panteleimonas (herrliche Kastanienwälder).

In der Thermik Nordgriechenlands: Flug von Kallipefki aus.

10 Kerasies 1500 m /

Im nördlichsten Teil Makedoniens, an der Grenze zur Republik Mazedonien, liegt der Kamm des Voras-Gebirges, der beim Skigebiet Kajmakčalan bis über 2500 Meter emporreicht.
Thermische Inlandswinde und Seebrise von Nordosten stoßen zusammen und bringen hier im Sommer regelmäßige und frühe Überentwicklungen, im Frühjahr und Herbst aber sehr ergiebige Aufwinde. Sie machen das Gebiet zu einem der besten Streckenflugzentren Griechenlands.

Start

① **Kerasies**, SE-SW, leicht, toplandbar. Große Wiese unterhalb der Piste (5 Minuten), ca. 1500 m. Windfahnen.
② **Agios Anastasios**, NE, E, mittel. ca. 1150 m. Ausweichstartplatz bei nördlichen und östlichen Winden, oder wenn im Sommer über Kerasies schon Wolken drohen. Toplandbares Feld mit Büschen.
Zufahrt: Piste von Panagitza bergwärts Richtung Skigebiet Kalmakcalan. Bei der Gabelung geht es links hoch zum Dorf Agios Anastasios, das man auf die linke Kuppe zu quert. Wenige Meter zu Fuß über die ebene Fläche bis zu deren Rand, um dort zu starten. Rechts geht man dagegen nach der Gabelung in einigen Kehren am Hang empor bis zu einer längeren Geraden, an deren Mitte etwas unterhalb der Wiesenabsatz liegt, wo gestartet wird.

Landeplatz

620 m. Segelflug-Airport unterhalb Panagitza. Von Panagitza dem Schild zum Airport folgen.

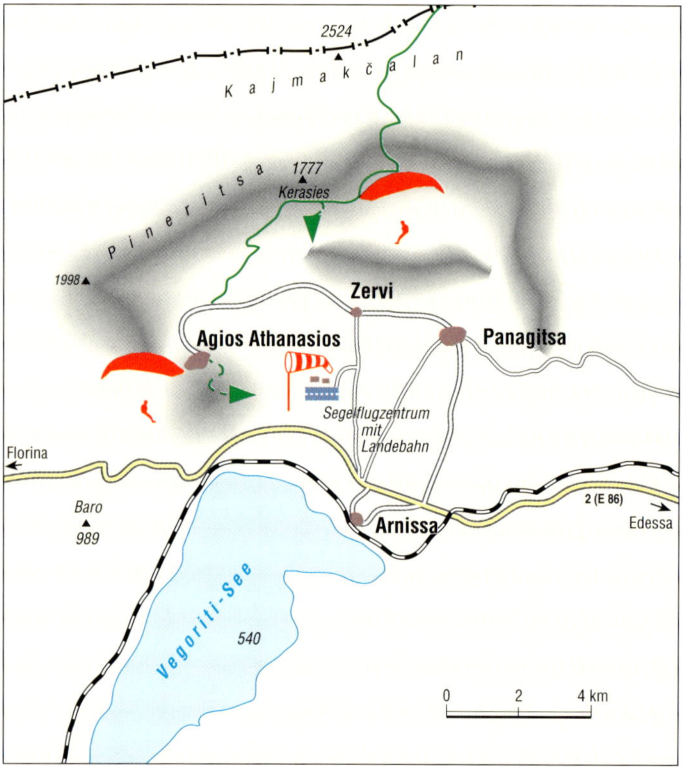

HU

Zwischen 530 m und 880 m.

Flug

Sehr thermische Flüge auf Kerasies, weil der Kessel darunter ab dem späten Vormittag aufheizt. Für den Flug zum Landeplatz GZ 5 als Minimum nötig. Gegenwind und Seitenwind aus östlicher Richtung einkalkulieren (Seebrise, Meltemi-Einfluß – insbesondere im Sommer). Wem der Wind zu stark ist, der fliegt ins Flachland hinaus.
Von Agios Anastasios kann ab dem Morgen gestartet werden und auch bei östlicher Windrichtung. Es ist einfach, im Kessel hinüber zur Kerasiesflanke am Nachmittag Höhe zu machen. GZ 6 Minimum zum Landeplatz! Im Sommer (Juni – September) sehr früh fliegen, wegen der Überentwicklungen – oft ab 12 Uhr schon Cumulonimbus möglich!

Schwierigkeiten/Gefahren

Ganzjahresfluggebiet mit manchmal heftigen Sommerwinden und regelmäßigen Überentwicklungen. Stärkste Thermik von März bis Juni. Empfehlenswert für Gebietsfremde ist eine Einweisung durch die Flugschule »Olympic Wings« (Stelios Makrovasilis, siehe Rubrik).

Streckenmöglichkeiten

Nach Norden über die Grenze verboten! Es kann das ganze Flachlandareal nördlich des Vegoritis-Sees abgeflogen werden (nach Süden, Osten, Westen) und entlang des Vermion, z. B. Richtung Veria und Risomatta, geflogen werden.

Talort: Der nächste größere Ort ist Edessa, 430 m, 27 km vom Landeplatz bei Panagitza.

Agios Anastasios 1150 m

Am Startplatz Agios Anastasios im Fluggebiet Kerasies.

Anreise: Mit dem Flugzeug nach Thessaloniki. Von dort weiter nach Edessa und auf der S 2 nach Florina bis Abzweigung Panagitza. Zum Startplatz wie beschrieben.
Club/Treffpunkt: Die lokalen Piloten treffen sich an den Wochenenden am Segelflugplatz, dem Landeplatz oder in Edessa.
Die Profis Dimitris Daskalakis, Tel. (00 30-3 81) 2 85 10, spricht englisch, und Tasos Privatisanis, Tel. (00 30-3 81) 2 05 34, sind sehr hilfsbereit. Beide sind sehr gute Streckenpiloten und kennen die Gegend hervorragend.
Unterkunft/Camping: Am Segelflugplatz kann jederzeit gecampt werden. Hristoforos und Elena Giavanidis betreuen darüber hinaus die Herberge: am Wochenende ist offen, und das Ehepaar kocht dort auch auf Wunsch; einfache Unterkunft (mit Duschen). Wer Montag bis Freitag dort übernachten will, sollte Hristoforos (er spricht deutsch und englisch) vorinformieren – wegen Schlüssel: Tel. (00 30-3 81) 3 43 84. Adresse: Melenikou 3, 58200 Edessa, Tel. (03 81) 2 54 08 (ab 16 Uhr). Ansonsten gibt es in Edessa Hotels und Pensionen.
Flugschulen:
- Die nächste ist »Olympic Wings«, Savas Kakulidis, Tel. (00 30-31) 43 56 40 (spricht englisch); Aeroclub Thessaloniki, Tel. (00 30-31) 47 37 47, 10–16 Uhr. Oder
- »Olympic Wings«, Stelios Makrovasilis, Tel. / Fax (00 30-3 52) 4 17 41, der auch Ausflüge nach Kerasies organisiert (siehe Fluggebiet Panteleimonas und Rubrik.)

Karte: Es gibt keine Topokarte.

Alternativen:
- **Vorinon** (Info: Aeroclub Thessaloniki)
- **Kalo Gerico** (siehe Seite 36)
- **Panagias Sumela** (SE, S, mittel) an der Strecke Veria – Kosani
- **Kalamata** (SE, leicht) bei Kosani
- **Kruzevo** und **Ohrid** (W, SW, E, SE); beide in Mazedonien. Kontakt: Antonio Popovic (Drachenflieger; spricht englisch); Tel. (00 389-91) 24 89 93.

Sonstiges:
- Gut essen in der Taverne am Bahnhof von Arnissa
- Wasserfälle von Edessa
- Bars und Nightlife in Edessa
- Ausflug nach Mazedonien.

11 Kalo Gerico 905 m

Die Hügelkette südöstlich von Thessaloniki bietet für die dortigen Piloten ein Hauptbetätigungsfeld.
Schöne Flüge über sanften Ebenen mit Weizenfeldern vor der Chalkidiki-Halbinsel.

Start

S, SE, E, leicht. Große Startflächen, über dem Kloster Agia Anastasia unweit des Bergdorfes Livadi gelegen.
Zufahrt: Von der Straße Thessaloniki – Polygiros Abzweigung nach Agia Anastasia, vorbei am Landeplatz 1 und 2, emporfahren. Man läßt das Kloster links liegen.

Landeplatz

Feld neben der Strecke Thessaloniki – Polygiros am Beginn der Abzweigung zum Kloster Agia Anastasia, ca. 190 m.
Eine weitere Landemöglichkeit befindet sich weiter oberhalb links dieser Straße bergwärts hinter der kleinen Siedlung, ca. 230 m.

HU

Maximal 715 m.

Flug

Oft Soaringflüge am Abend und Thermodynamik tagsüber. Die mit Seewind durchsetzte Thermik ist tagsüber im Frühjahr und Sommer oft sehr stark für Gleitschirme.

Schwierigkeiten/Gefahren

Auf Leitungen achten. Starkwind tagsüber.

Streckenmöglichkeiten

Nordrand der Chalkidiki nach Osten Richtung Olympias.

Talort: Thessaloniki, etwa 22 km entfernt.
Anreise:
Mit dem Flugzeug: Charter- und Linienflüge ab den mitteleuropäischen Flughäfen nach Thessaloniki.
Mit dem Auto: Am besten über Italien bis Brindisi oder Kroatien bis Rijeka und Fähre nach Igoumenitsa. Weiter über Ioannina – Trikala nach Thessaloniki.
Club/Treffpunkt:
- »Olympic Wings Thessaloniki«, Savas Kakulidis, Tel. (00 30-31) 43 56 40, Handy (00 30-94) 51 95 79
- Manos Papadakis, Tel. (00 30-31) 32 59 66.
- Aeroclub Thessaloniki, Tel. (0 31) 47 37 47 (10–16 Uhr).

Große Startflächen über dem Kloster Agia Anastasia in den Hügeln südöstlich von Thessaloniki.

Unterkunft/Camping:
• Der Aeroclub kann Unterkünfte organisieren. Ansonsten gibt es in Thessaloniki eine große Auswahl an Unterkünften.
• Wer organisiert die Fluggebiete besuchen will, wendet sich an »Olympic Wings«, Stelios Makrovasilis (siehe Flugschule).
Flugschule:
»Olympic Wings«, Stelios Makrovasilis in Panteleimonas, etwa 90 km südlich von Thessaloniki: er organisiert Flugwochen und Betreuung sowie Unterkunft/Abholung vom Flughafen, Tel. / Fax (00 30-3 52) 4 17 41. Bei Vorlage dieses Buches gibt es Prozente!
Beste Jahreszeit: Ganzjährig befliegbar; interessant sind Februar bis Juni.
Karte: Es gibt Militärkarten. Diese sind allerdings kaum erhältlich.

Alternativen:
• **Efkarpia** (S, leicht); Soaringhügel am Stadtrand von Thessaloniki: eine gute Möglichkeit, am frühen Abend einheimische Piloten zu treffen!

Der »Weiße Turm«, das Wahrzeichen von Thessaloniki, war einst Teil der venezianischen Hafenbefestigungen.

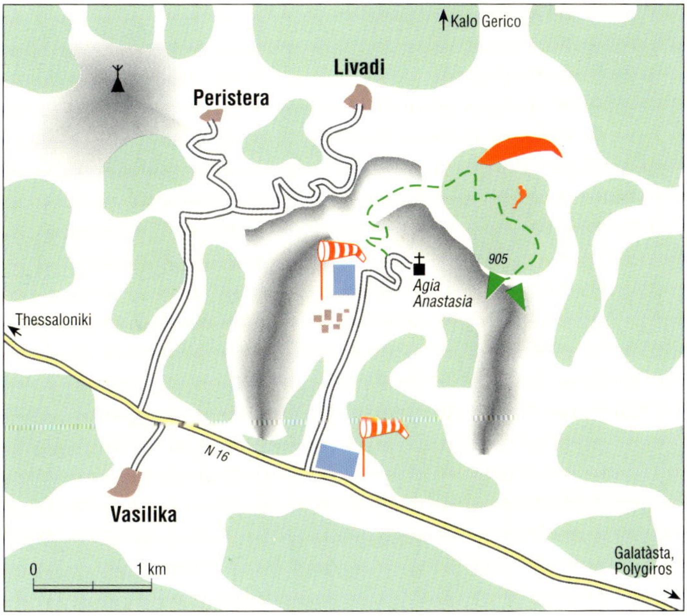

• Verschiedene Flugmöglichkeiten südlich auf der Chalkidiki-Halbinsel: bei **Polygiros** und am **Kalavros.**
• Bei **Serrä, Mikropolis, Drama** und **Messoroni** gibt es in Thrakien Fluggebiete: Kontaktmann ist hierfür Anestis Paliotsos in Thessaloniki, Tel. Büro (00 30-31) 77 70 80 sowie 60 08 27, Fax – 24 01 07.

Sonstiges:
• Zentrum von Thessaloniki: Markt, Schmuckkauf, Kneipen, Nachtleben, Flirts, Museum
• Mönchsrepublik Athos auf der Chalkidiki (nur für Männer erlaubt)
• Ausflug zum Olymp.
Aufstieg von Litochoro (siehe Seite 30).

Kroatien

Kroatien ist die Perle der Adria mit seinen unzähligen Schönheiten, dem reinsten Wasser des Mittelmeers, seinen Inselträumen und hohen Bergen, seinen Steindörfern, Kunstschätzen und netten Menschen.
Das seit 1992 unabhängige Land war im früheren Jugoslawien von einigen Drachenfliegern besucht worden (insbesondere Učka auf Istrien) und besitzt im Norden somit einige ältere Fluggebiete. Gleitschirmfliegen wurde genau in der Zeit, als es hätte Einzug halten können, durch den Bürgerkrieg ausgebremst.
So ist es relativ neu und unbekannt, und alle Gebiete sind erst in jüngster Zeit im Aufbau befindlich. Das gilt für eine ganze Reihe schöner und interessanter Flecken in Dalmatien und auf den Inseln. Berücksichtigt daher als Piloten, daß alles erst hergerichtet werden muß, und, wo es noch nicht soweit ist, habt Verständnis dafür!
Es gibt etwa 30 selbständige Gleitschirmflieger, einige Schüler und eine Handvoll Drachenflieger, die mit sehr bescheidenen Mitteln ein Nischendasein fristen. Zwei Flugschulen in Zagreb (Danko Petrin und Juritza Zitko) bemühen sich um Nachwuchs.
Seit Sommer 1996 versuchen wir, zusammen mit den Interessenten des Tourismusverbandes für einen neuen Individualtourismus, unter anderem Sportarten wie Gleitschirmfliegen populär zu machen. Dabei geht es um einen behutsamen und professionellen Aufbau, um Entwicklung, ohne Schäden anzurichten, und Fundamente für die Zukunft solcher Sportarten zu schaffen.
Die vielfältigen und großartigen Landschaften Kroatiens gehören mit zu den wahren Denkmälern Europas. Sie aus der Luft studieren zu können, ist ein wunderbares Erlebnis!

Allgemeine Informationen und Hauptkontaktstelle:
Frau Ronji von der kroatischen Zentrale für Tourismus in Frankfurt ist ein freundlicher und kompetenter Ratgeber: Tel. (069) 25 20 45, Fax – 25 20 54, Karlsruher Str. 18, D-60329 Frankfurt am Main.

Anreise:
Mit dem Flugzeug: Croatian Airlines fliegt nach Zagreb, Split, Dubrovnik sowie im Sommer zu verschiedenen Inseln ab vielen Flughäfen: Frankfurt, München, Zürich, Wien etc. Info-Tel. in Frankfurt: (069) 9 20 05 20 (Croatian Airlines).
Mit dem Schiff: Jadrolinija, die nationale Fährlinie, verbindet die wichtigsten Küstenstädte Dalmatiens miteinander sowie mit Igoumenitsa in Griechenland und Bari bzw. Ancona in Italien. Außerdem tägliche Verbindungen zu den Inseln (Hauptsaison).

Mit dem Auto: München – Salzburg – Tauernautobahn, Ausfahrt Villach. Dann entweder nach Istrien über Autobahn Tarvisio – Udine – Trieste oder direkt über Maribor oder Ljubljana nach Zagreb. Von dort Küstenstraße nach Dalmatien. Bei der Einreise keine grüne Versicherungskarte mehr nötig.

Guten Morgen –	Dobro jutro
Guten Tag –	Dobar dan
Guten Abend –	Dobra vecer
Auf Wiedersehen –	Do videnja
Ja –	Da
Nein –	Ne
Bitte –	Molim
Danke –	Hvala
Sprechen Sie deutsch? –	Govorite li njemacki?
Sprechen Sie englisch? –	Govorite li engleski?
Wo gibt es eine gute Wirtschaft ? –	Gdje je jedna dobra konoba ili restaurant?

Kleines Wörterbuch Kroatisch:
Gleitschirm: Man sagt eher »paraglider«, weil die kroatische Sprache keinen klaren Begriff hat; am nächsten kommt noch: padobransko jedrenje.

(Co-Autor dieses Beitrags: ***Ivo Validžić****)*

Der Hafen von Komiža auf der Insel Vis.

12 Sveti Jure 1762 m / Vošac 1320 m /

Die gewaltigen Wände des Biokovo über der Makarska-Riviera suchen ihresgleichen. Es handelt sich tatsächlich um den größten Küstenabbruch des europäischen Mittelmeeres. Ein neues Fluggebiet wurde hier 1996 begonnen und ist weiter in Bearbeitung. Flieger sind herzlich willkommen, sollten sich aber vorher alle Möglichkeiten genau anschauen, um Unfälle zu vermeiden. Ein absolut unvergeßlicher Flug für sehr gute Piloten, der ganzjährig machbar ist!

Start

① **Sveti Jure, NE, E, mittel,** in Bearbeitung, 1762 m, unterhalb des Gipfelsenders neben der Kapelle ein steiler Hang (Vormittagsflug oder bei schwachem Wind aus dieser Richtung – nie bei Bora!)
Zufahrt: Straße und Fußweg. Von Makarska Richtung Podgora und nach wenigen Kilometern Abzweigung der Mautstraße zum Biokovo.
② **Vošac, 1320 m, SW, leicht,** aber auf Reliefturbulenzen achtgeben!
Zufahrt: Straße zum Sveti Jure bis Abzweigung Vošac-Hütte und Picknickplatz. Durch Wald zum Grat und hinab zum unterhalb von Felsen liegenden Startfeld, ca. 20 Minuten.

Über der kroatischen Makarska-Riviera.

Prženovac 1363 m (Biokovo)

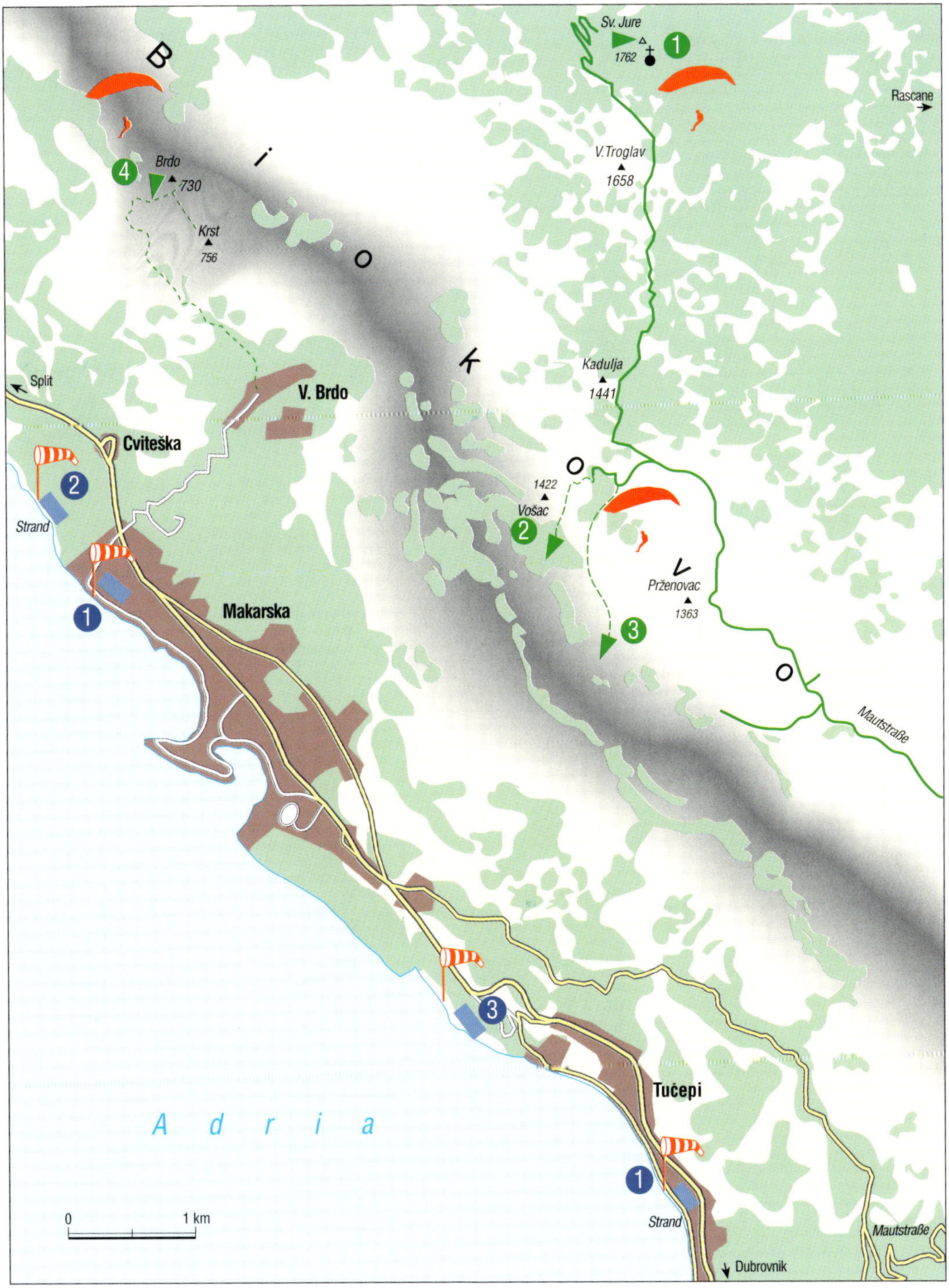

12 Sveti Jure 1762 m / Vošac 1320 m /

③ **Prženovac, 1363 m, SW, W, leicht.** Der Kopf südlich oberhalb von Startplatz 2 bietet ideale Startflächen.
Zufahrt: Wie 2, nur vor dem Grat nach Süden empor zum Kopf, 20 Minuten.
④ **Brdo, 730 m, S, SW, mittel.** Steiler Hang über einer Piste, die vom Dorf Brdo auf den gleichnamigen Rücken führt. GZ 6 Minimum!

Landeplätze

① **Strände von Makarska** (beim Hotel »Riviera«: vorher besichtigen).
Baška Voda und **Tučepi** (alle vorher besichtigen); nicht im Juli/August wegen Badeurlaubern und nicht für Gelegenheitspiloten, da sehr klein.
② **Cviteška**, Feld nördlich von Makarska oberhalb des Strands, 15 m.
③ **Sportfeld Tučepi,** 20 m.
④ **Rascane**, 180 m. Landung bei diesem Dorf im Hinterland nach einem Flug vom Sveti-Jure-Gipfel.
Hinweis: Toplandeversuche sollten ernsthaft bedacht werden: Felslandschaft, starke Turbulenzen im Frühling und Sommer!

HU

Zwischen 730 m und 1580 m; je nach Start- und Landeplatz.

Flug

Der Sveti-Jure-Flug darf nur am Vormittag oder an windstillen Tagen oder bei schwachem Wind aus nördlicher bis östlicher Richtung unternommen werden, sonst ist man im Lee bzw. zu starken Strömungen ausgesetzt.
Der spektakuläre Flug zum Meer darf nur nach genauer Einsicht der Landeplätze und der Startgelände

Prženovac 1363 m (Biokovo)

von erfahrenen, selbständigen Piloten unternommen werden.
Im Sommer herrschen tagsüber bei Maestrale (Meerbrise) enorme Aufwinde. Die Felsen heizen sich ab 11 Uhr auf, und an ihrer Oberkante können sich Wolken bilden. Dann muß hinausgeflogen werden. Vorsicht wegen thermischer Turbulenzen. Die Strandlandeplätze sind riskant bei Wind und Badegästen.

Schwierigkeiten/Gefahren

Hochalpin. Relief und Wind beachten. Landeplätze!

Streckenmöglichkeiten

Enormes, bisher ungenutztes Potential für Flüge entlang des Biokovo nach Norden und Süden.

Talort: Makarska an der Adria; 23 km südlich von Split.
Anreise:
Mit dem Flugzeug: Flug mit Croatian Airlines nach Split. Am Flughafen gibt es auch Mietautos, Tel. Flughafen, (00385-21) 203555. Info-Tel. in Frankfurt: (069) 92 00 05 20.
Mit dem eigenen Auto: über Zagreb oder Triest/Rijeka und Küstenstrecke nach Split (anstrengend).
Wetter: Kroatisches Hydrometeorologisches Institut in Split: Wetterfax und Wetterauskunft (auch deutsch/englisch) Tel. (00385-21) 591033.

Hoch über den Häusern von Makarska bleibt man nach einem Start vom Biokovo noch lange.

Club/Treffpunkt: Es gibt eine Handvoll einheimischer Piloten mit bescheidener Ausrüstung rund um Makarska.
Makarska besitzt verschiedene Cafés, Bars und Diskotheken. In der Sommersaison viele junge Leute. Das Zentrum um den Hafen ist der Treffpunkt nach dem Fliegen.
Es gibt jedoch keinerlei professionelle Organisation, was das Fliegen betrifft: hier ist man immer noch einem Abenteuer ausgesetzt und sollte Flugwetter und Gelände sehr sorgfältig begutachten!
Unterkunft/Camping:
Es gibt diverse Campingmöglichkeiten und zahlreiche Privatunterkünfte.
• Auskunft erteilt der Tourismusverband in Makarska: Trg. Tina Ujevića, 1, HR-21300 Makarska, Tel. / Fax (00385-21) 612002.
• Außerdem Touristbüro, Obala Kralja Tomislava, 2, HR-21300 Makarska, Tel. (00385-21) 611688, Fax – 615352.
• Camping »Riviera«, Tel. (00385-21) 612059, Fax – 612073.
Karte: Vorläufig sind topographische Karten nicht erhältlich. Informationen über Fluggebiete bei Touristbüro, Obala Kralja Tomislava, 2, HR-21300 Makarska, Tel. (00385-21) 611688, Fax – 615352.

Alternativen:
• **Srd** (S, mittel) über Dubrovnik, mit Zahnradbahn erreichbar
• **Vidova Gora** (SE, schwierig); auf der Insel Brač; Fähre von Split (siehe Seite 46).
• **Hum/Vis** (siehe Seite 44).

Sonstiges:
• Im Biokovo Klettern, Wandern, MTB, Höhlen
• Baden und Segeln um Makarska
• Highlife im Sommer in Makarska
• Besuch von Split: Altstadt (Diokletianspalast)
• Zahlreiche Inseln (Korčula, Lastovo, Brač, Vis etc.).

13 Hum 587 m

Dieser schöne Flug auf der ruhigen und abgelegenen Insel ist etwas für Genießer, die das Neue suchen, aber auch das Abseitssein, denen Beschaulichkeit und Individualität noch wichtig sind. Das Fluggebiet wurde im Herbst 1996 eröffnet.

Start

① **W, SW, mittel, ca. 560 m,** kurz vor der Kapelle Sveti Duh Richtung Komiža.
② **E, S, W, mittel, ca. 580 m.** Nur mit Sondergenehmigung, da militärisches Sperrgebiet.
Zufahrt: Von Vis oder Komiža Richtung Podhumlje, Abzweigung zum Hum bis zum Sattel unterhalb Gipfel (militärische Anlage), rechts zweigt eine steile Piste ab zum Sveti Duh (Startplatz), 100 m, am besten zu Fuß.

Landeplatz

35 m. Feld rechts (orographisch) unterhalb der Straßengabelung vor Komiza. Leitung vor der Straßengabelung beachten. Man folgt beim Anlanden der rechten Hangflanke oberhalb der Straße.

HU

Maximal 545 m.

Flug

Schöner Flug: entweder als abendlicher Soaringflug am Hum oder als mittäglicher Thermikflug. Ideal bei schwachem Maestrale, nicht bei Bora und Schirokko. Basis kann sehr hoch sein: bis 2000 m, dann ist man weit über der Insel!

Schwierigkeiten/Gefahren

Kleines Landegelände, nur für solide »Anlander« geeignet. Es sollte unbedingt eingehalten werden.
Da das Fluggebiet neu ist und eine Solidarität mit der Bevölkerung aufgebaut wurde, sollte diese nicht verscherzt werden. Respekt und Zurückhaltung – der Sport wird es euch danken!

Streckenmöglichkeit

Ganze Insel und mee(h)r? (Schwimmweste nicht vergessen...)

Talort: Komiža auf der Insel Vis.
Anreise:
Mit dem Flugzeug: Flug nach Split mit Croatian Airlines. Mietwagen am Flughafen, Tel. Flughafen (00385-21) 203555. Info-Tel. in Frankfurt: (069) 9200520.
Mit der Fähre: In Split Fähre nach Vis, in der Saison täglich; ansonsten drei- bis viermal wöchentlich, mit der nationalen Fährlinie Jadrolinija, Tel. (00385-21) 355399.
Mit dem Auto: über Zagreb nach Split.
Club/Treffpunkt:
Es gibt keine professionelle Organisation für Piloten. Sogenannte Fluglehrer aus Zagreb sind mit höchster Vorsicht zu genießen (diverse Unfälle)!
Abends trifft man sich an den Uferpromenaden von Vis und Komiža, wo die netten kleinen Bars und Restaurants die jungen Leute versammeln!
Unterkunft/Camping:
- Touristbüro Vis, Setalište Stare Istre B.B., HR-21480 Vis, Tel. (00385-21) 711144
- Touristbüro Komiža, Riva B.B., HR-21485 Komiža, Tel. / Fax (00385-21) 713455
- Apartment Batuda/Vis: Pepe Ante Bozanic in Komiža, 21485 Komiža, Nähe Landeplatz, Tel. (00385-21) 713044, spricht italienisch und englisch; sehr preiswert bei netter Familie! Privatunterkunft für Gruppen bis zu 20 Personen.

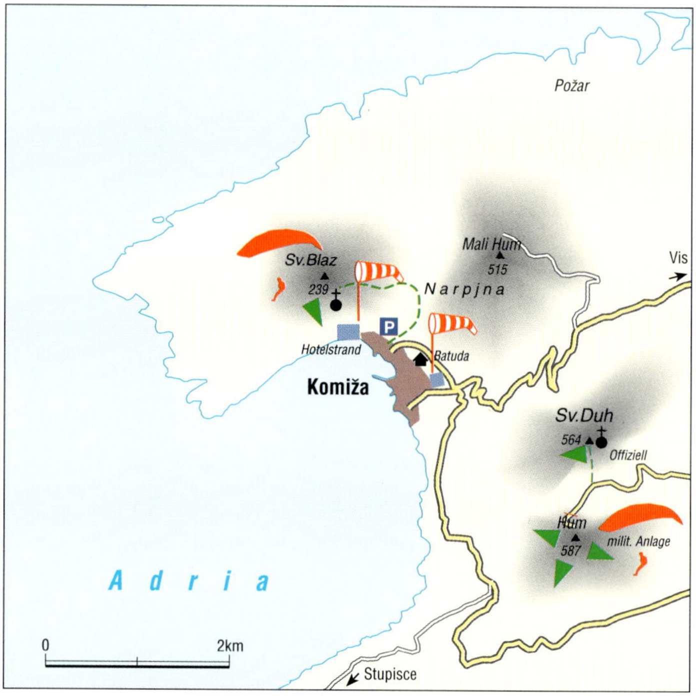

• Hotel »Biševo«, HR-21485 Komiža, Tel. (00385-21) 713144, Fax – 713098.
Karte: Offiziell nur schwer erhältlich, Touristbüro in Vis fragen!
Wetter: Hydrometeorologisches Institut Split, gibt auf deutsch und englisch auch Wetterauskunft und Wetterfax: Tel. (00385-21) 591033.

Alternativen:
• **Velington** (W, NW, mittel), über der Bucht von Vis; nur Hanglandung möglich; Auskunft eventuell über Juritza Zitko, Petrinjska 73, 10000-Zagreb, Tel. / Fax (00385-1) 434443; Soaringflug.
• **Sveti Blaz** (S, SE, mittel), über Komiža, zu Fuß in 3/4 Stunde; Info: Pepe Bozanic (siehe Unterkunft); Landung am Strand von Komiža.

Sonstiges:
• Inselmuseum in Vis (Schlacht von Issa, griechische Relikte etc.).
• Inselfriedhof in Vis.
• Treffpunkt »Bar-Restaurant Lambik« in Vis; Tel. (00385-21) 711575.
• Ausflüge nach Biševo (Inselchen vor Vis) zur größten »Blauen Grotte« des Mittelmeeres, schöner als die berühmte von Capri.
• Probiert mit Senko Karuza kroatische traditionelle Fischküche und Kochkurse, Tel. (00385-21) 713050.
• Unbedingt probieren: Wein von Vis. Vorsicht! Sehr stark! Man schläft, bevor man betrunken ist!
• Inselwanderungen mit Pepe Bozanic.
• Mountainbiketouren.
• Klettern: zahllose, unerschlossene Felsen in bestem Kalk.

Die Insel Vis wurde von uns fliegerisch entdeckt. Es lohnt sich!

14 Vidova Gora 780 m

Wunderschöner Flug über dem höchsten Abbruch der kroatischen Inseln. Zur Zeit in Bearbeitung. Der erste Gleitschirmflug wurde vom Autor im Dezember 1996 unternommen. Bereits früher von Drachen beflogen worden. Die Landung am berühmten »Goldenen Horn«, dem bugförmigen Strand, ist ebenfalls ein Ereignis.

Start

SE, schwierig, 770 m, etwa 400 m östlich der Gipfelstation Fläche mit Drachenstartplatz über Felsen. Zur Zeit für GS in Bearbeitung.
Zufahrt: Straßenverbindung Supetar-Sumartin; Abzweigung Vidova Gora, Parken beim Startplatz wenige hundert Meter vor dem Sender.

Landeplatz

Goldenes Horn (Zlatni Rat); jedoch nicht im Juli/August wegen starkem Badebetrieb. Ansonsten Feld neben der Straße nach Bol, ca. 40 m.

HU

Maximal 770 m.

Flug

Bei Maestrale kann bereits an den Wänden am Startplatz Höhe gemacht werden (Vorsicht: oft niedrige Wolkenbasis). Man fliegt sonst nach Osten aus dem Kessel vor dem Startplatz heraus zum vorgelagerten Grat, der bis in den Spätnachmittag gut trägt.

Flug über dem weltbekannten »Goldenen Horn« auf der Insel Brač.

Schwierigkeiten/Gefahren

Starker Maestrale im Sommer. Dann kann nur spät geflogen werden.
Achtung auf Flugbetrieb vom Aerodrom aus (im Sommer kleine Chartermaschinen möglich). Flüge dann anmelden und absprechen!
Ansonsten ein Ganzjahresfluggebiet, das auch im Winter brauchbare und ruhige Thermikflüge ermöglicht.

Streckenmöglichkeit

Brač nach Osten und zurück. Nicht exploriert.

Talort: Bol, Insel Brač.
Anreise:
Mit dem Flugzeug: Flug mit Croatian Airlines von allen größeren Städten nach Split (umsteigen in Zagreb). Am Flughafen gibt es Mietautos, Tel. Flughafen (00385-21) 203555. Info-Tel. in Frankfurt: (069) 9200520.
Mit dem Auto: Nach Split oder Makarska. Von dort Fährverbindungen mit der kroatischen Schiffahrtslinie Jadrolinija nach Supetar bzw. Sumartin auf Brač. Tel. Jadrolinija, Split: (00385-21) 355399.
Club/Treffpunkt: Keinerlei Personen bekannt.
Karte: Nautische Karte 1:100000 des Hidrografski Institut, eventuell größere Karten unterschiedlicher Anbieter.
Unterkunft/Camping:
- Diverse Privatunterkünfte und Hotels in Bol, Supetar, Sumartin auf Brač.
- Touristbüro Bol, Porat bolskih Pomoraca B.B., HR-21420 Bol, Tel. (00385-21) 635122, Fax – 635638.
- Camping »Supetar«, 21400-Supetar (Brač), Tel. (00385-21) 631066, Fax – 630022.

Alternativen:
- **Biokovo** (S; SW, NE) über Makarska (siehe Seite 40)
- **Hum** (W) auf der Insel Vis (siehe Seite 44).

Sonstiges:
- Besuch von antiken Fundstellen
- Baden am Goldenen Horn
- Besuch der vielen kleinen Fischerdörfer und schönen Badebuchten
- MTB, wandern, diverse Möglichkeiten
- Besuch der Insel Hvar.

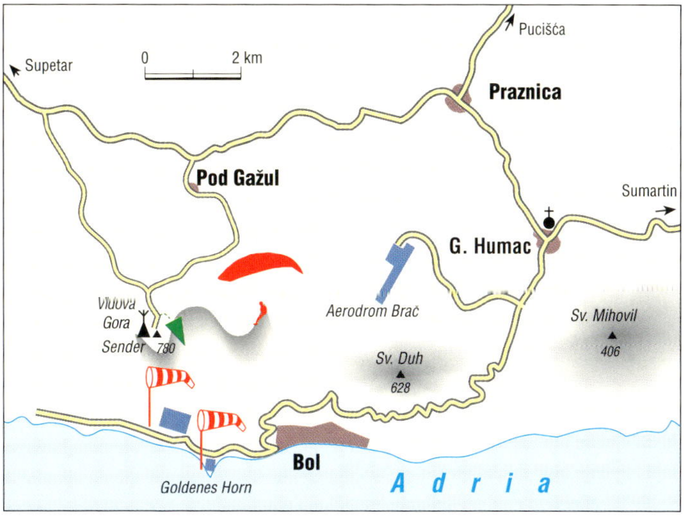

15 Zebar 890 m / Njivina 660 m /

Die weiten Wiesenhänge des Tribalj-Rückens bieten eine imposante Schau auf die Insel Krk und das Südende des Kvarner Golfes. Sie sind ein Muß für den Piloten, der Kroatien zum erstenmal besucht, wegen ihrer Schönheit, Einfachheit und Weite.

Start

① **Njivina, 660 m,** Wiesenhang, SW, einfach.
Zufahrt: Piste vom Dorf Tribalj über Blaskovici oder Baretici. Nur für Jeep geeignet. Oder Anstieg zu Fuß ab den Dörfern in 3/4 Stunde.
② **Zebar, 890 m,** Wiesenrücken W-S, einfach. Von der Tribaljstraße zum Rücken in 5 Minuten ansteigen. GS-Hauptstart.
③ **D-Rampe Tribalj, ca. 780 m.** 100 Hm unterhalb des Zebar-Starts am Rande der Hochfläche. Von der Straße direkt nach SW (bei Berghütte) in 5 Minuten zur Rampe.
④ **Medvidak, 1028 m, W-S, leicht,** gute GZ nötig, vom höchsten Punkt. Einfach von der Straße in wenigen Minuten erreichbar.
Zufahrt: Von der Küstenstraße (N 2) Kraljevica – Crikvenica Richtung Fusine abzweigen und über Hreljin Richtung Zlobin bis zur Abzweigung der Tribaljstraße.

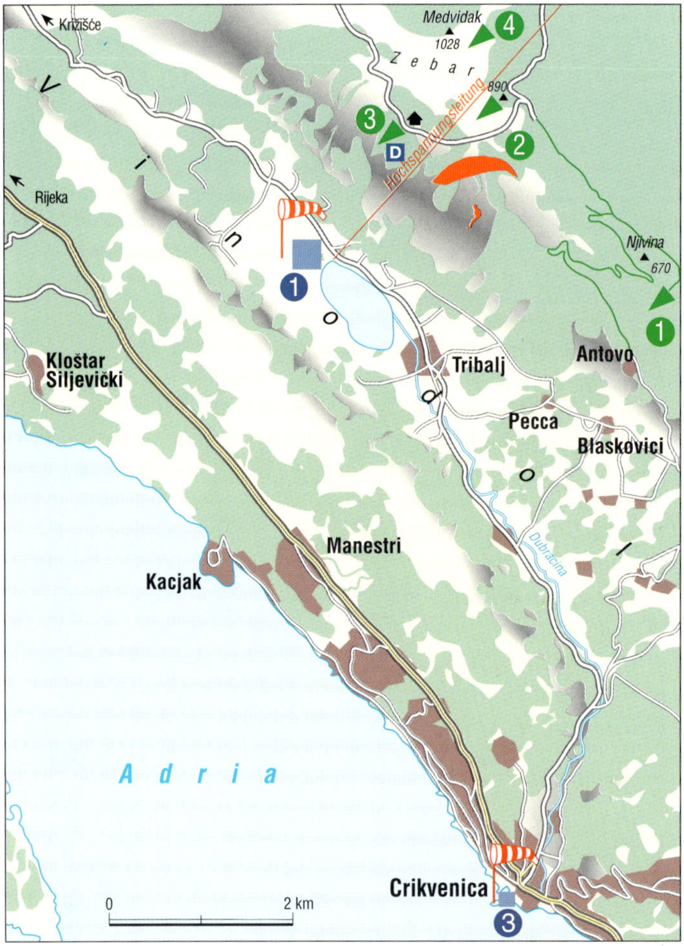

Landeplätze

① **Tribalj (Dorf).** Man landet NW vom See, ca. 70 m. Von Crikvenica, Straße.
② **Toplandemöglichkeiten.**
③ **Strand von Crikvenica** bei genügend Überhöhung (nicht im Hochsommer).

HU

Zwischen 590 m und 958 m.

Flug

Lange Soaring- und Thermikflüge möglich (Februar bis September), toplandbar, die Felsen unterhalb der Wiesenhänge liefern genügend Aufwind. Mit ausreichender Überhöhung kann am Strand von Crikvenica gelandet und bei sportlicher Ambition bis nach Krk hinübergeflogen werden.

Schwierigkeiten/Gefahren

Bei NE-Wind kein Fliegen möglich Große Leitungen unterhalb und in der Nähe der Startplätze beachten! Turbulenzen im Tälchen beim Landeplatz bei stärkerem Seewind möglich.

Streckenmöglichkeiten

Entlang der Bergkette, eventuell nach NE ins Hinterland, kaum exploriert.

Talort: Crikvenica.
Anreise: Über Rijeka Küstenstraße nach Crikvenica. Von der Schnellstraße je nach Startplatz/Landeplatz abbiegen.
Club/Treffpunkt: Im Sommer 1997 findet ein Gleitschirmwettbewerb am Tribalj und auf Krk statt. Zum erstenmal werden sich viele kroatische Piloten treffen. Was »professionelle« Kontakte

Medvidak 1027 m (Tribalj)

betrifft, kann ich leider für niemanden garantieren!

Unterkunft/Camping:

- Touristbüro Diamalj, Gajevo Setalište, 48, HR-51260 Crikvenica, Tel. / Fax (00385-51) 786363.
- Touristbüro Jadranovo, Ivani bb, HR-51264 Jadranovo, Tel. / Fax (00385-51) 246160.
- Camping »Kaćjak«, HR-51260 Kacjak-Crikvenica, Tel. / Fax (00385-51) 242262.

Karte: Topografska Karta 1:25 000, Delnice 3–2 Crikvenica (368).

Alternativen:

- **Baška** (Insel Krk); an zwei Bergen namens Hlam bzw. Veli Hlam über dem Ort Baška im Süden von Krk; nach S, SE und N, NE, jeweils beide Startplätze schwierig, teilweise zu Fuß, ca. 25 Minuten ab Piste.
- **Bielolasica** (NW-NE, mittel).
- **Lubenice** (Insel Cres), W, SW, Geröllhang unweit des Dorfes, mittel, Landung am Strand oder der Hochfläche.
- **Učka**: Hauptfluggebiet auf Istrien mit Startrichtung W, einfach. Eine Straße führt zum Sender am Gipfel, neben dem gestartet wird. Landeplatz Boljunsko Polje, 218 m oder ein Wiesenhang auf 400 Hm.

Talort: Lovran.

Nebenfluggebiete: Buzet (S, SW, einfach); sehr gut für alle Piloten, und **Vojak** (W, Nachmittagsfluggebiet – tiefer als Učka gelegen). Die Flugmöglichkeit **Zbevnica** (N, NE und S, SE, leicht) liegt gegenüber Buzet.

Sonstiges:

- Baden und MTB; diverse Pisten im Tribalj-Massiv
- Besuch der Insel Krk
- Ausflüge zu den sehenswerten Küstenorten Novo Vinodolski und Senj
- Plitwitzer Seen (Plitvićka Jezera) und Velebit (Klettern).

Über dem Kvarner Golf startet man von der Hochfläche des Tribalji.

Italien

Bozen
Trient
Udine
Como
Mailand
Verona
Venedig
Turin
Piacenza
Mantova
Modena
Bologna
Genua
Savona
LaSpezia
Monaco
22
23
30
21
Cannes
Lucca
Pisa
Livorno
Florenz
Rimini
Ancona
Siena
Perugia
Assisi
24
25
Piombino
20
Norcia
Ascoli
I. d'Elba
Grosseto
Terni
Korsika
L'Aquila
Civitavecchia
Rom
18
Frosinone
Foggia
19
Benevento
Bari
Neapel
Salerno
17
Brindisi
Taranto
Sardinien
Cosenza
Messina
Palermo
Reggio di Calabria
Trapani
16
Taormina
M. Etna
Marsala
Caltanissetta
Catania
Agrigento
Siracusa
Ragusa
Sizilien

Luftsprünge an der Blumenriviera: Am Capo Mele über Laigueglia.

Bella Italia – was wäre das Fliegen in den häufig verregneten und verschneiten Alpen für eine Tristesse, wenn nicht die Aussicht auf südlichere, sonnigere Gefilde dahinter locken würde!
So habe ich ganz bewußt keine eigentlich alpinen Fluggebiete in Italien beschrieben, sondern bin den Stiefel hinabgewandert und habe mich zum »Dolce Vita« hinübergleiten lassen auf seine vom Meer umgebenen Inseln.

Die Fluggebiete liegen in verschiedenen Regionen: Im Norden die Seealpen und Ligurischen Alpen, gefolgt vom toskanischen Apennin und den Abruzzen. Bei den Inseln bilden Sardinien, Elba und Sizilien die Schwerpunkte.

Es handelt sich teils um Ganzjahres-, teils um Sommer- und teils um Frühjahrs- und Winterfluggebiete mit jeweils völlig unterschiedlichem Charakter.
Die Vielseitigkeit seiner Fluggebiete wie seiner Regionen macht ja Italien so ansprechend, und dabei ist es von Mitteleuropa so schnell erreichbar: 650 km vom Brenner bis nach Elba, 850 km bis nach Castelluccio und 1550 km nach Taormina am Ätna.

Die dominanten Winde entlang des Stiefels heißen *Maestrale* (nordwestliche Seebrise, auch Schönwetter-Hochdruckwind), *Schirokko* oder Scirocco (südöstlicher Wind, vor und am Rande eines Tiefs), *Libeccio* (SW), typischer Rückseitenwind und bei Wechsel der Hochdruckzone nach Süden, *Tramontana* (NE), wenn es in Mitteleuropa und dem Norden Italiens sowie der Adria eine Tiefdruckrinne hat, verbunden mit starken und böigen, föhnähnlichen Tendenzen, zum Fliegen kaum geeignet.

Einige wenige Fluggebiete sind durch ihr Mikroklima auch bei ungünstigem Wetter ergiebig bzw. schneller wieder befliegbar als der Rest: Dazu gehören Elba, Sardinien und Sizilien, aber auch die Tramontana-geschützten Gebiete Ospedaletti, Alassio und Diecimo.
Die angegebenen Kontaktadressen sind ernstzunehmen, d.h. um Schwierigkeiten jedweder Art zu vermeiden, wende man sich bitte in jedem Fall an diese Leute.
Im Süden Italiens gilt: Wenn man zum Fliegen geht und das Auto parken muß: **Nichts im Auto lassen!** Eventuell ein Fenster offenlassen, damit ein möglicher Dieb keine Scheibe einschlagen muß!

In Italien gibt es etwa 3000 bis 4000 Piloten, 120 größere Fluggebiete und etwa zwei Dutzend Flugschulen (Schätzungen).
Dante Porta bei der Edizione Albatros in Lecco betreut die italienische Zeitschrift »Delta & Parapendio«, Tel. (0039-341) 550332, Fax – 210255.
Eine zweite Zeitschrift ist »Hobby Volo« für alle Flugsportarten inklusive Gleitschirm und Drachen, herausgegeben in Rom.

16 Monte Veneretta 884 m

Eines der schönsten Fluggebiete Italiens liegt über Taormina an der Ostküste Siziliens. Es bietet für versierte Piloten zu Füßen des Ätna sehr interessante Thermik- und Streckenflüge fast das ganze Jahr (außer Hochsommer). Das Flugzentrum von Angelo d'Arrigo offeriert ausländischen Piloten Betreuung und Unterkunft und organisiert auch die Transporte.

Start

NE-SW, leicht, ca. 810 m. Startfläche neben der Panoramastraße (Windfahnen) unterhalb des Gipfels. Vorsicht: bei West bis Nordwind können Rotoren entstehen und am Start Aufwind vortäuschen!
Zufahrt: Von Taormina Richtung Castelmola und vor dem Dorf rechts abbiegen, dem Schild Monte Venere folgen (Panoramastraße).

Landeplatz

Strand von Letoianni Hauptlandeplatz mit Windsack. Alternativ am Südstrand von Taormina.

HU

810 m.

Flug

Man folgt dem Grat Richtung Castelmola und überfliegt sodann kurz vorher am Monte Ziretto vorbei das mit Leitungen gespickte Tal Richtung Letoianni-Strand. Achtung: Flugneulinge und Gelegenheitsflieger sollten vorher mit Angelo d'Arrigo Kontakt aufnehmen (siehe Flugschule).

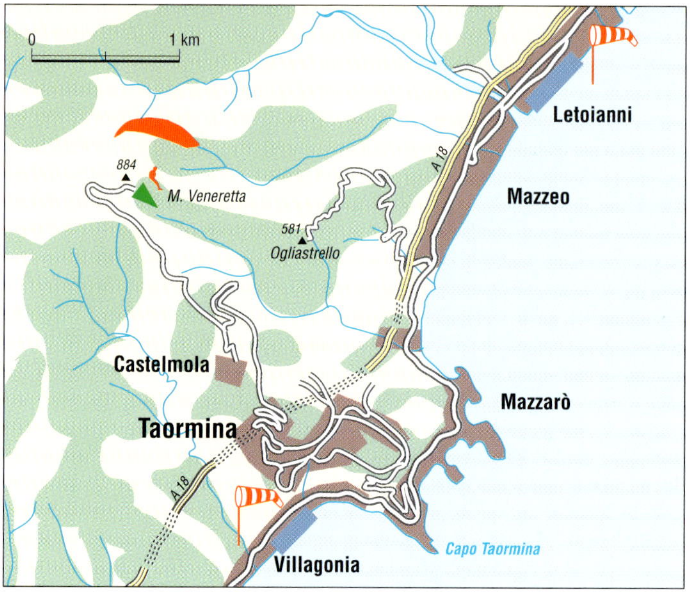

Schwierigkeiten/Gefahren

Starkwinde aus Nord bis West sind absolut gefährlich. Starke Thermik an den Felsen kann von April bis

Zwischen Ätna und Mittelmeer: der Flug vom Monte Veneretta ist unvergeßlich.

Juni herrschen. Der Flug erfordert Orientierung und (am besten) vorherige Einweisung.

Streckenmöglichkeiten

Enormes Potential, am besten von Februar bis Juni: nach Nordosten wurden die Monti Peloritani erreicht (Zielrückflug 110 km), nach Westen Zielrückflüge (140 km) in die Alcantara-Kette; beides mit GS!

Talort: Taormina, 204 m.
Anreise: Flüge nach Catania. Mit dem Auto folgt man dem Stiefel und setzt bei Messina über, um auf der Küstenstraße nach Taormina bzw. Letoianni zu fahren.
Club/Treffpunkt:
• In Catania: Club »Etna Delta Para«, Via Caronda 290, Catania, Tel. / Fax (00 39-95) 44 63 00. Internet: http: //www. totobit. it. /eolo/offlimit. htm.
Flugschule:
• »Etna Fly School«, Angelo d'Arrigo, Via Montegrappa 1, Letoianni (ME), Tel. / Fax (00 39-95) 72 124 47, – 38 73 13, Handy (00 39-336) 92 35 92.
Angelo bittet alle ausländischen Gastpiloten vor dem Flug um Kontaktaufnahme wegen Flugeinweisung! Das Fluggebiet ist sehr anfällig für Unfälle und Störungen.
Unterkunft/Camping:
• Camping »Euro«, Tel. (00 39-942) 36 676
• Camping »Paradise«, Tel. (00 39-942) 36 306
• Pensione »Peppe«, Tel. (00 39-942) 36 843
• Hotel »Lido Caparena«, Tel. (00 39-942) 65 20 33.

Karte: IGM 1:50 000, Blatt 613 (Taormina).

Alternativen:
• **Etna-Nord**: Pizzi Deneri (NE, leicht); Zugang von Linguaglossa.
• **Etna-Süd**: Nicolosi-Skistation (F, S, SW, leicht): die höchsten Flüge am Mittelmeer (2600 m HU zum Strand von Riposto). Für gute Piloten!
• Madonna dell'Alto und Piana degli Albanesi bei Castellana Sicula. Kontakt: Adriano, Handy (00 39-360) 76 34 40.

Sonstiges:
• Besichtigung von Ruinen und Stadtzentren (Taormina)
• Besteigung des Ätna.

17 M. di Capaccio Vecchio 355 m

Ein sehr junges Fluggebiet (seit 1995) über den antiken Ruinen von Paestum und dem Ausblick auf den Golf von Salerno. Man startet am niedrigen, westlichen Ende einer langgezogenen, immer höher ansteigenden Gratkette, die für ganzjährige Soaring- und Streckenflüge sorgt.

Start

① **SW, einfach, D/GS, 180 m,** neben dem Fahrweg nach Madonna del Granato.
② **SW, S, einfach, GS, 290 m,** 15 Minuten Fußmarsch darüber, knapp östlich unterhalb des höchsten Punktes am Monte Capaccio.
Zufahrt: Fahrstraße nach Capaccio (Abzweigung von der SS 166 von Laura nach Volparo/Roccadaspide). Abzweigung des Fahrweges nach Madonna del Granato.

Landeplatz

Cortigliano Macchia d'Olmo (Ebene von Paestum), 23 m, Wiesenfeld westlich der kleinen, von der SS 166 nach Süden abbiegenden Straße Richtung Varco Gilentano, etwa 800 m nach der Kreuzung. Für D und GS.

Flug

Dynamische und – besonders im Frühling und Herbst – thermische Bedingungen, ab dem Mittag interessant. Es kann nach Osten Richtung Monte Soprano entlanggesoart werden. Exzellente Restitutionsflüge an Frühlingsabenden.

Schwierigkeiten/Gefahren

Im Frühling ab März stärkere Thermodynamik; an windstarken Tagen mit GS spät starten.

Streckenmöglichkeiten

Der gesamte Grat nach Osten bis zum Monte Vesole und zurück (ca. 22 km), aber auch Flüge Richtung Meer bei genügender Thermik und nur schwacher Meerbrise sind interessant. Vor allem für echte Profis bietet sich im Frühjahr (Februar – Mai) das gesamte Hinterland an (kaum exploriert).

Talorte: Capaccio, Paestum, Battipaglia.
Anreise: Autobahn A 3 Napoli/Salerno Richtung Cosenza/Reggio bis Ausfahrt Battipaglia, dann Schnellstraße S 18 Richtung Paestum, Abfahrt Capaccio, dann 4 km Richtung Roccadaspide folgen bis Abzweigung Capaccio. Weiter wie bei Start beschrieben. An der Abzweigung Via Pietrale Nr. 5 (bei der Tankstelle ERG) ist die Bar Rosy, Treffpunkt des Fliegerclubs.
Club/Treffpunkt:
• Parapendio Club Valle del Sele; Kontaktperson: Aurelio Perillo, Tel. (00 39-8 28) 4 42 15, Handy (00 39-3 68) 3 49 12 10, Raimondo, Tel. (00 39-89) 33 88 23.
• Bar Rosy, Tel. (00 39-8 28) 72 52 67. Transportfahrzeug für Piloten zum Startplatz vorhanden; bitte telefonisch voranmelden!
Unterkunft/Camping:
Es gibt in Paestum und Agropoli genügend Campingplätze und Hotels bzw. Privatunterkünfte:
• Pro Loco Agropoli Turistico, Tel. (00 39-974) 82 73 41, Fax – 82 31 43 (Auskünfte und Reservierungen)
• »Hotel delle Rose«, Paestum, Tel. (00 39-8 28) 81 10 70
• Hotel »Sogaris«, Paestum, Tel. (00 39-8 28) 81 10 61
• Camping »Apollo«, Paestum, Tel. (00 39-8 28) 81 11 78.
Karte: IGM 1:50 000, Blatt 487 (Roccadaspide) und Blatt 503 (Valle della Lucania), Serie 50, Ausgabe 1988 bzw. 1986.

Alternativen:
• **Positano** (W-S, mittel), Traumflug für Profis, etwa 640 m HU, nur von Oktober bis Mai am großen Strand landen. Kontakt: Luigi Ercolino, Tel. Handy (0039-338) 8167211.
• **Monte Faito** (N-W) über Castellammare di Stabia (Seilbahn).
• **Monte Stella** (SW-NW, N, mittel) über Castellabate.
• **Praia a Mare** (SW, W) am Golfo di Policastro.

Sonstiges:
• Griechische Ruinen von Paestum
• Baden, Wandern, MTB
• Besuch der Amalfiküste und Neapels (Auto: nichts im Wagen lassen!)
• Capri ist sehenswert
• Vesuv besteigen oder bestaunen
• Ins Hinterland: Beschaulichkeit und kleine Dörfer.

Blick auf den Monte di Capaccio Vecchio vom Bahnhof Paestum aus.

Italien
Kampanien
Cilento

18 San Donato 1130 m – 1430 m

Sehr schönes und wenig bekanntes Fluggebiet in einer herrlichen Umgebung – dem Abruzzen-Nationalpark. Ausgangspunkt faszinierender Streckenflüge. Hat man sich erst einmal durch Frosinone und Sora gestaut, erreicht man die Beschaulichkeit kleiner Bergdörfer und die thermisch aktiven Südflanken der Abruzzen.

Start

① **Drachen:** 1130 m, S.
Zufahrt: Er liegt neben der Straße zum Colle Forca d'Acero, etwa 4 km nach der Abzweigung von der Straße Sora – San Donato (SS 666). Parkmöglichkeit.
② **GS-Start:** 1430 m, S, SW, leicht, an der Schulter von Il Colaturo.
Zufahrt: Etwa 1 km vor dem Drachenstartplatz führt die Straße über eine Brücke neben einer Park- und Wendestraße im Wald. Von hier zieht eine Piste in Kehren durch die bewaldete Rinne empor. Entweder zu Fuß die 300 Hm ansteigen oder per Jeep. Nach etwa zwei Kehren quert man von der Piste nach links (SW) zum Grat und weiter zum Startplatz (Windfahne, etwa ½ Stunde). Man kann auch weiter oben (ca. 1540 m) starten – etwas steinig!

HU

Zwischen 700 m und 1000 m.

Landeplatz

Campo Guerrano, 430 m, liegt neben der Straße auf halbem Weg zwischen Alvito und San Donato.

Einsam und großartig ist der Südrand der milden Abruzzen. Thermikflüge sind auch im Winter garantiert.

Flug

Gute Thermik über dem vorgelagerten Hügel Castellone und am Mancino – einem bewaldeten Kopf – westlich des GS-Starts. Bereits im Februar stundenlange Flüge möglich. In der besten Zeit ab März reicht die Thermik dann für Streckenflüge.

Schwierigkeiten/Gefahren

Wenige Piloten. Man sollte Nachricht hinterlassen, wo man sich befindet. Großzügige Thermik im Frühjahr, nichts für Gelegenheitsflieger!

Streckenmöglichkeiten

Gesamtes Abruzzen-Massiv; Flüge nach NW bis Avezzano oder entlang dem Val Roveto.

Talort: San Donato (Val di Comino), 650 m, oder Sora oder Pescasseroli.
Anreise: Autobahn A1 Roma – Napoli, Ausfahrt Frosinone. Weiter durch Frosinone Richtung Sora/Avezzano SS 82. Durch Sora mit Abzweigung SS 666 (braunes Schild: »Parco Nazionale d'Abruzzo«) Richtung Pescasseroli. Nach 6 km Abzweigung der SS 509 nach Forca d'Acero.
Club/Treffpunkt:
- Man trifft sich im Ristorante »Agria« etwa 1 km vom Landeplatz Richtung San Donato. Tel. (00 39-863) 910038.
- Ein Kontakt ist auch: Mario Boggia in Pescasseroli, Tel. (00 39-863) 910077.

Flugschule: Die nächste ist »Unione Fly« in Rom, Marco Reca, Tel. (00 39-6) 5059004.
Unterkunft/Camping: Am schönsten im Nationalpark bei Pescasseroli; viele Unterkünfte.
Tel. Touristenbüro (00 39-863) 910461 (Azienda di Soggiorno e Turismo).
Karte: IGM 1:25 000, Blatt Alvito (erhältlich in Sora).

Alternativen:
- **Cassino/Montecassino** (W, SW), nur mit Bus zugänglich (kein Privatverkehr). Kontakt: Stefano Paore, Tel. (00 39-3 36) 765834.
- **Il Redentore/Formia** (W, SW, leicht), 1000 m HU!

Sonstiges:
- Wanderungen im Nationalpark; Klettern.

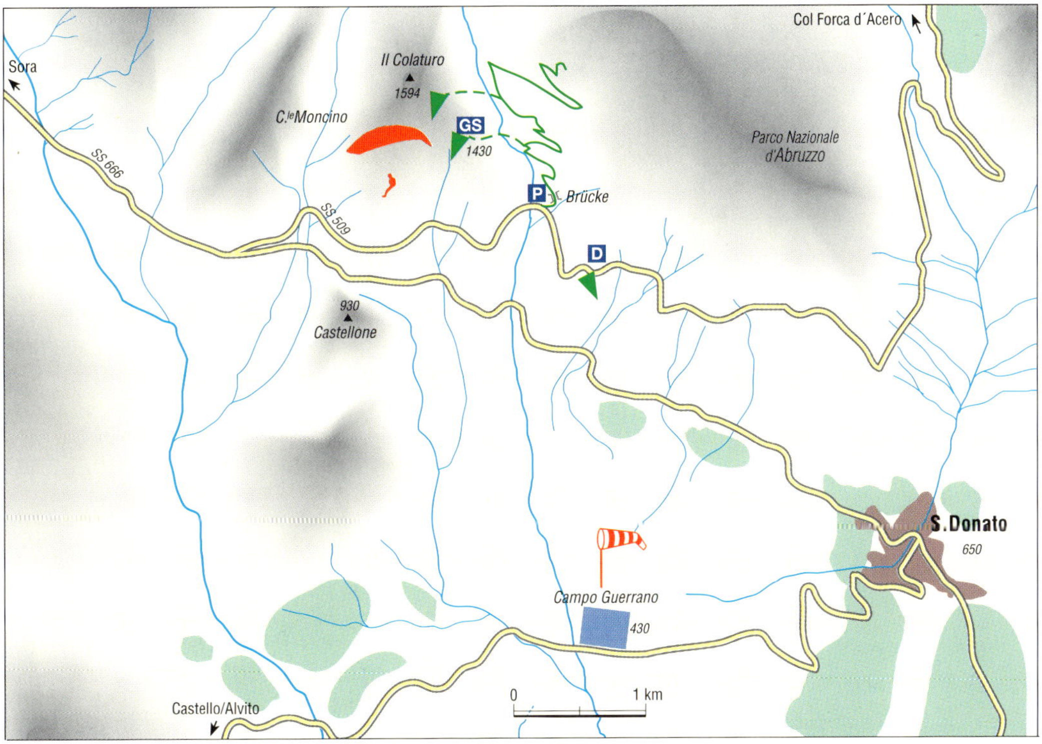

19 Roccasecca dei Volsci 630 m

In Latium, dem Herzen Altitaliens, liegen südlich und östlich von Rom eine ganze Reihe interessanter Fluggebiete. Roccasecca ist nur eines davon. Es ist leicht zugänglich und ein typisches Winterfluggebiet: im Sommer ist tagsüber die Thermodynamik zu stark, und im Winter sind die höhergelegenen Flugmöglichkeiten ungünstig.

Auf der Roccasecca dei Volsci treffen sich die Flugschüler aus Rom und Umgebung.

Start

Cava dei Sassi, ca. 630 m, W, SW, mittel (ohne Wind ungünstiger Anlauf), steiniges Feld und Drachenstart.
Zufahrt: Von Priverno Richtung Roccasecca (am Berg oben gelegen – gut sichtbar), vorbei am Drachenlandeplatz, und hinauf in den Ort. Dort dem Schild »Strada Panoramica« ganz auf den Berg folgen und auf dem Rücken bis zum großen Sattel. Dort parken neben dem Startplatz.

Landeplatz

① **Drachenlandeplatz** im Pantano delle Mole, 30 m. Liegt links (nördlich) neben der Straße Priverno-Roccasecca, kurz vor der Brücke über den Amaseno. Windfahnen. Mit Gleitschirm ist GZ 7 bis 8 nötig (oder Startüberhöhung).
② **GS-Landeplatz:** Liegt auf einem Feld in Fallinie des Startplatzes am Fuß des Berges, ca. 40 m.
Auskunft über Flugschule »Unione Fly«, Marco Reca (siehe Club/Flugschule).

HU

600 m.

Flug

Thermik und Dynamik (Meerbrise). Gutes Höherkommen am südlichen Kopf des Monte Matavello. Hangsoaring am Nachmittag. Im Sommer starker Wind, Fliegen für GS nur am Morgen und Abend. Häufig Inversionen. Toplanding relativ unfallträchtig wegen Steinen!

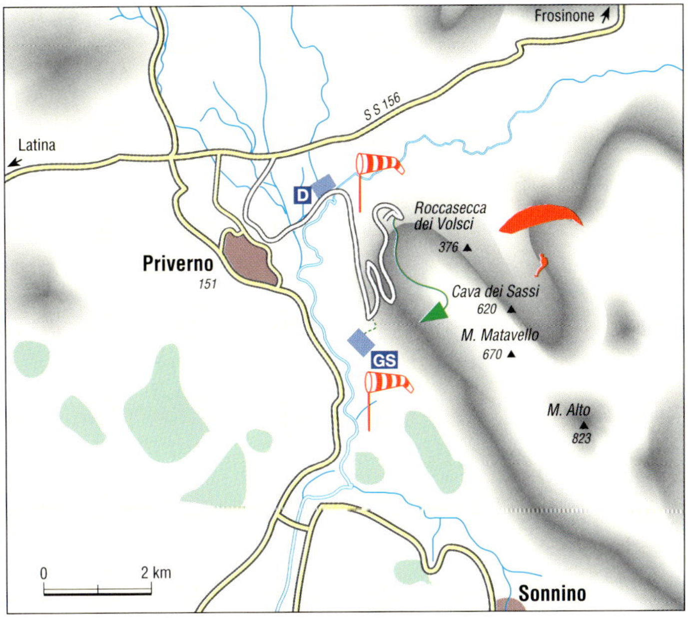

Schwierigkeiten/Gefahren

Außer Starkwind keine.

Streckenmöglichkeiten

Richtung Norma nach NW entlang der Bergkette; begrenzt durch Täler und geringe Basis.

Talort: Priverno.
Anreise:
Mit dem Flugzeug: Nächster Flughafen ist Rom. Tägliche Linienflüge mit Alitalia, günstige Charter mit Debonair.
Mit dem Auto: Von der Autobahn A 1 Roma – Napoli, Ausfahrt Frosinone und SS 156 Richtung Latina bis Priverno.
Erste Ausfahrt: Priverno, fahren bis zur langgestreckten Roccasecca dei Volsci.
Club/Flugschule:
Die nächste ist »Unione Fly« in Rom, Marco Reca, Tel. (00 39-6) 5 05 90 04 oder Handy (00 39-3 30) 73 47 62. Die Flugschule organisiert Transport und Ausflüge für Piloten, man spricht auch englisch.
Unterkunft/Camping: Über Ufficio informazioni (Fremdenverkehrsamt) in Priverno, Tel. (00 39-7 73) 90 31 59.
Karte: IGM 1:100 000, Blatt 159 (Frosinone), 1:25 000 Blatt 159/III, erhältlich Libreria all'Orologio, Via Governo Vecchio 7, 00186-Roma, Tel. / Fax (00 39-6) 68 80 66 59 (alle Italienkarten).

Alternativen:
- **Norma** (S, SW, leicht)
- **Monte Scalambra**
- **San Donato** (siehe Seite 56)
- **Formia/Monte Orso** (W, SW, leicht: 1000 m HU über dem Meer).

Sonstiges:
- Flanieren im Dörfchen Roccasecca (leider keine Unterkünfte)
- Natürlich: Rom sehen (ohne Auto, sonst kriegt man die Krise…)
- Wanderungen im Abruzzen-Nationalpark
- Baden und Klettern/Wandern: Terracina und Cap San Felice Circeo
- Regionalpark Colli Albani.

20 Castelluccio di Norcia 1453 m

Das in absolut einmaliger Lage am Rande einer von Bergen völlig eingeschlossenen Hochebene, dem Piano Grande, in den umbrischen Abruzzen gelegene Dörfchen ist Ausgangspunkt für eine ganze Reihe von Flugbergen bzw. Startplätzen. Deshalb können wir hier nicht von einem einzigen Berg sprechen, sondern zeigen einfach die Umgebung Castelluccios mit allen Möglichkeiten auf.

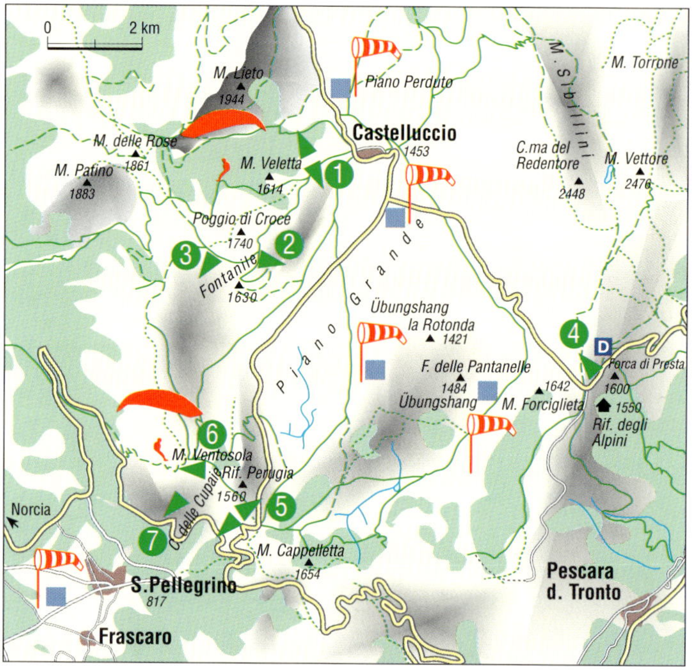

Start

Nachfolgend werden die Hauptflugplätze aufgelistet. Ihre Position entnehme man dann der Übersichtskarte.

① **Monte Veletta, 1614 m, SE, NW, leicht,** direkt westlich über Castelluccio, von diesem aus in 10 Minuten per Auto und zu Fuß erreichbar.
HU: 314 m zum Piano Grande; 284 m zum nördlichen Landeplatz Piano Perduto.

② **Fontanile, 1630 m, SE, SW, leicht,** Hauptstartplatz.

③ **Poggio di Croce, 1740 m,** etwas höher (zu Fuß).
Zufahrt: Man folgt der Piste aus dem Dorf nach SW am Hang entlang, unter dem Monte Veletta vorbei.
HU: Zwischen 332 m und 412 m.

④ **Forca di Presta, 1600 m, W, NW,** auch NE möglich; **wichtigster Drachenstartplatz** am östlichen Rand des Piano Grande; leider oft starker Wind (GS!).
Zufahrt: Von Castelluccio zur Forca di Presta und beim Rifugio Alpini auf Weg Nr. 18 zum Startplatz.
HU: 311 m.

⑤ **Rifugio Perugia, SW-NW,** leicht und **E, NE,** leicht, **1560 m.** Der Weststart befindet sich über der Straße westlich von der Hütte oberhalb der Kreuzung. Parken beim Rifugio. Zum Oststart wenig oberhalb des Sattels auf den Gratrücken über der Straße, die nach Norcia hinabführt.
HU: Nach W 820 m; nach Osten 269 m.

⑥ **Ripetitore, 1750 m, W, SW,** leicht, Hauptflugplatz bei Westwind.
Zufahrt: Man folgt der Piste beim Rifugio Perugia nach NW zum Startplatz, Flug über dem Tal nach San Pellegrino.
HU: 1010 m.

⑦ **Intermedio, 1260 m, SW, S,** leicht, direkt über der Straße, die vom Sattel beim Rifugio Perugia nach Norcia hinabführt. Man parkt, wo am Hang neben der Straße eine Windfahne hängt.
HU: 520 m.

Weitere Flugmöglichkeiten bieten die beiden **Übungsberge** im Piano Grande: **La Rotonda** und **Guaidone**. Beide Kuppen sind gut über Pisten erreichbar, und man sieht tagsüber die Flugschulen dort üben.
Außerdem:
Monte Vettore und **Vettoretto** als Wanderberge zu Fuß erreichbar, direkt über dem Piano Grande (2 Stunden ab Forca di Presta).

Landeplätze

① **Zwei große markierte Landeplätze** auf 1270 m am **Piano Grande** neben der Straße nach Castelluccio.
② **Am Piano Perduto** auf 1330 m; nördlich von Castelluccio.
③ **San Pellegrino,** auf 740 m; 1 km SW außerhalb des Dorfes neben der Straße.

Flug

Im und über dem Piano Grande sowie an den äußeren Hängen fast hindernislose Soaring- und Thermikflüge in einer eindrucksvollen Kulisse, wie geschaffen zum Fliegen. Da praktisch jede Windrichtung bis auf Nord vorhanden ist, gibt es keine speziellen Taktiken. Für GS herrscht im Sommer oft tagsüber sehr starker Wind, der aber am Abend nachläßt. Sehr schön sind die Abendsoarings am Ripetitore. Hauptsaison wegen der Hochlage: von Juni bis September.

Schwierigkeiten/Gefahren

Nur Nord- und Südwinde machen das Fliegen schwieriger und turbulenter, ansonsten ist man hier unter allen Bedingungen an der richtigen Adresse.

Streckenmöglichkeiten

- Schöne Umrundungen der Talhochfläche oder der Außenflanken um Castelluccio möglich.
- Wer mehr als nur herumsoaren will, kann die sibillinischen Abruzzen, zu denen das Gebiet geographisch gehört, nach Norden Richtung Sarnano verlassen. Das sind dann ca. 30/35 km einfach. Natürlich kann man auch zurückfliegen: macht ca. 70 km. Voraussetzung: mindestens höher als der Monte Vettore kommen. Dann der Kette folgen.
- Nach Süden: Man kann Richtung Gran Sasso fliegen. Das ist weiter und schwieriger als die Nordroute. Delta: Vorsicht bei Absaufen in den engen Tälern (ca. 50 km).

Die weitesten Strecken reichen bis zum Abruzzen-Nationalpark im Südosten hinter Avezzano (ca. 130 km).

Talort: Norcia, 600 m, oder Castelluccio di Norcia, 1453 m.
Anreise:
Mit dem Auto: Von Norden kommend am schnellsten auf der A 14 (Adriaautobahn) über Bologna – Ancona Richtung Pescara bis Ascoli-Piceno. Durch die Mautstelle und Richtung Ascoli der Superstrada folgen.
Vorbei an Ascoli (Hauptrichtung Roma) auf der SS 4 bis zur Abzweigung Norcia. Den Paß hinauf bis zum Sattel, wo beim Rifugio Perugia nach dem Skigebiet die Straße rechts hinab nach Castelluccio abzweigt. ▷

Starten auf dem Hochtal von Castelluccio di Norcia in den Abruzzen.

20 Castelluccio di Norcia 1453 m

Alternativ: A 14 Bologna Richtung Ancona, Ausfahrt Cesena. Weiter auf der Superstrada SS 71 Richtung Perugia. Abzweigen bei Perugia auf SS 75, Richtung Assisi/Foligno. Weiter SS 3 Richtung Terni bis kurz vor Spoleto. Richtung Triponzo über Serravalle nach Norcia/Castelluccio.
Club/Treffpunkt: Die Piloten treffen sich in den Bars und Tavernen von Castelluccio oder insbesondere bei der Flugschule »Prodelta« (von Juni bis September).
Flugschule:
• »Prodelta«, Via delle Fate, 3, I-06046 Castelluccio di Norcia (PG), Tel. (00 39-7 34) 82 11 56, Fax – 82 11 57. Enzo, Claudio und Ivo von »Prodelta« sind sehr rührig. Man ist bei ihnen in guten Händen.
Von Oktober bis Mai: »Locanda San Pietro«, I-02018 Poggio Bustone (RI), Tel. (00 39-7 46) 68 81 91, Fax – 68 81 92.
Eine weitere Flugschule ist:
• »Fly«: Enrico Vignini, ebenfalls in Castelluccio, etwas kleiner. Enrico hat sich auch auf die Ausbildung von Motorgleitschirmfliegern spezialisiert.
Adresse: Via del Pian Perduto, I-06046 Castelluccio di Norcia, Tel. / Fax (00 39-7 34) 82 11 69 (Juni bis September).
Danach/davor: Piano San Pietro, I-64010 Civitella del Tronto (TE), Tel. / Fax (00 39-8 61) 91 92 27.

Camping/ Unterkunft: Campiert werden darf neben dem mittleren Landeplatz im Piano Grande neben der Straße.
• Ansonsten Camping Monte Prata, Tel. (00 39-7 37) 9 81 24.
• Albergo-Ristorante Sibilla in Castelluccio, gute Küche, Tel. (00 39-7 34) 87 01 13, 87 01 54.
• Taverna Castelluccio mit Zimmern, gute Küche, Via Dietro la Torre in Castelluccio, Tel. (00 39-7 43) 82 11 58, 82 11 00, Mittwoch Ruhetag.
• Rifugio degli Alpini an der Forca di Presta, Tel. (00 39-7 36) 80 92 78.
Karte: Club Alpino Italiano, 1:25 000, Parco Nazionale dei Sibillini, erhältlich in der Umgebung.
Wetterbericht: Osservatorio Geofisico (MG), Tel. (00 39-7 33) 3 23 23, Fax – 3 07 43.

Alternativen:
• **Pizzo Meta** (E, leicht) über Sernano/Montioli; Auskünfte beim Club (Claudio Spinelli), Tel. (00 39-7 33) 65 82 93.
• **Monte Cucco** (SW, NE, N) über Sigillo.
• **Monte Subasio** (SW, S, leicht), über Assisi. Auskünfte: Ugo Matricardi, Tel. (00 39-75) 8 06 41 05.
• **Monte Terminillo** (SW-NW, leicht), bei Poggio Bustone; Auskünfte bei »Prodelta«: siehe Flugschule.
• **Monte Piselli** (alle Richtungen; Drachen heikel) über Ascoli Piceno.
• Weitere Flüge bei **San Libertado** (NE), **Ensanatolia** (E), **Terni** (S) und **Spoleto** (W).

Organisierte Reisen:
Sunflight, Von-Brandl-Straße 42, D-83410 Laufen, Tel. (00 49-86 82) 99 17, Fax – 9 59 40.

Blick über das Städtchen Castelluccio di Norcia.

21 Diecimo 780 m

Unweit nördlich von Lucca liegt über dem Tal des Serchio dieses Fluggebiet, benannt nach dem Ort Diecimo unterhalb. Es ist gut organisiert und bietet leichte Flugmöglichkeiten im Talwind und bei guter Thermik Ausflüge für Experten ins Hinterland der Apuanischen Alpen. Durch seine niedrige Höhe ist es ganzjährig gut zugänglich und auch das einzige Toskanafluggebiet, das praktisch fast immer (auch bei N/NE-Wind) befliegbar bleibt.

Start

S, leicht, 780 m, Windfahne.
Zufahrt: Von Diecimo fährt man nordwärts bis zum Ortseingang von Borgo a Mozzano. Dort zweigt links eine Straße unter der Eisenbahn hinauf nach Cune ab. Man folgt ihr hinauf in das Dorf und dort Richtung San Bartolomeo immer geradeaus weiter, sehr eng durch Wald, bis der Asphalt endet. Jetzt noch ca. 500 m weiter auf steinigem Fahrweg. Man erreicht einen Sattel mit Wiese und Haus. Hier parken. Ein schmaler Pfad, der bald breiter wird, führt durch Wald (an einer Hütte vorbei) nach Osten auf den Grat in 10 Minuten zum Startplatz. Ein weiterer Startplatz befindet sich etwa 800 m weiter östlich am Grat Richtung Tal.
Die Flugschule organisiert Auffahrten zum Startplatz.

Landeplatz

50 m, Campo Sportivo von Borgo a Mozzano. Vom Startplatz aus nicht einsehbar, neben dem Fluß gelegen. Groß und hindernislos.
Zufahrt: Etwa 500 m vor dem Ortsbeginn von Borgo (von Diecimo kommend) rechts ab (Schild »Campo Sportivo«) Richtung Fluß und nach dem Sportplatz zu den Landewiesen neben der Straße (500 m). Windfahnen.

Startplatz über dem Dorf Diecimo in den Apuanischen Alpen.

HU

Ca. 730 m.

Flug

Überwiegend dynamisches Fliegen mit zusätzlicher Thermik. Dank einsetzender Meerbrise und zusätzlichem Talwindsystem früh anstehender Wind. Aus den Rinnen und Flanken ab Februar guter Aufwind für Streckenflüge und lange Soarings. Tramontana (Nordwind) sorgt hier für verstärkte Labilisierung in Verbindung mit Meerbrise. Dadurch sehr starke Thermik mit exzellenten Startüberhöhungen, bis 1800 m über Start.

Schwierigkeiten/Gefahren

Relativ hindernislos, jedoch auf Talwind achten: ab 14 Uhr im Frühjahr und Sommer starker Talwind, der auch die Thermik für Streckenflüge behindert.

Streckenmöglichkeiten

Bei guter Startüberhöhung Flüge in die höheren Berge nach Norden möglich (Richtung Castelnuovo). Ein guter Ausgangspunkt ist Pratofiorito. Jedoch beachten, daß die Berge und Täler dort sehr stark bewaldet sind und Notlandemöglichkeiten rar.

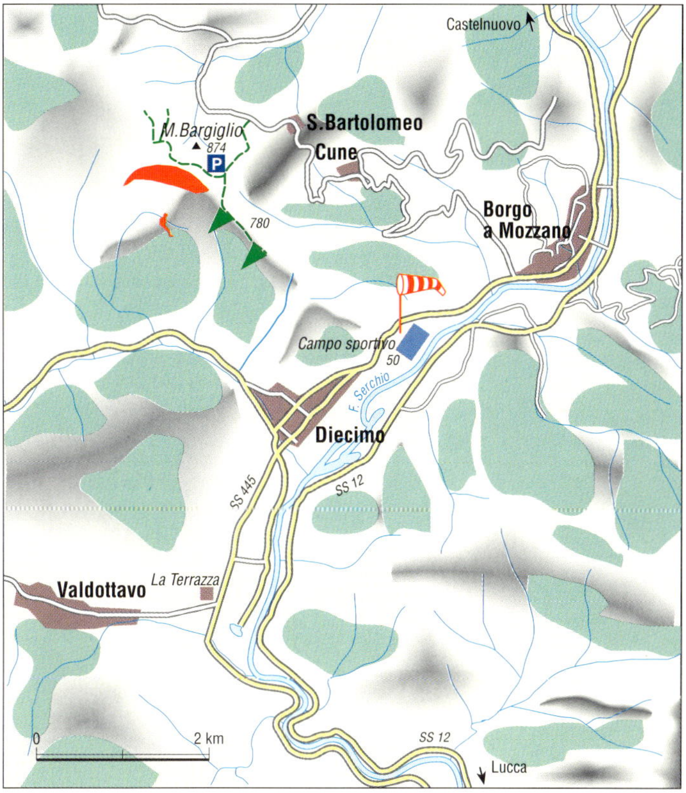

Talort: Diecimo, 76 m, oder Lucca, 23 m.
Anreise: Autobahn A 1 (über Bologna – Firenze) oder A 15 (Parma – La Spezia). Abzweigen auf Verbindungsautobahn A 11 (Firenze – Pisa/Livorno) und Ausfahrt Lucca. Man folgt um den Ort der Beschilderung SS 12 Fornoli/Abetone; von dieser Schnellstraße dann auf die SS 445 Richtung Castelnuovo bis Diecimo.

Treffpunkt: Siehe Flugschule oder Ristorante »Le Castagne«, Tel. (00 39-5 83) 35 90 35.
Flugschule:
- »Fly-T. EN«, Endrio Ceccherelli oder Maurizio Armandi, Tel. (00 39-5 83) 83 80 27, (00 39-55) 437 70 24, Handy (00 39-3 37) 716 0 98.

Die Flugschule liegt direkt an der Hauptstraße durch Diecimo (Windsack). Von hier aus Auffahrten möglich: jeden Samstag, Sonntag 13 Uhr – 14 Uhr und Mittwoch 15 Uhr (Preis 3000 Lire). Funkfrequenz der Flugschule: 148.850.
Unterkunft/Camping:
- Camping »La Piella« in Castelnuovo, Tel. (00 39-5 83) 6 30 13
- Albergo bei Pizzeria »La Terrazza« an der Straße Lucca – Diecimo bei Valdottavo, Tel. (00 39-5 83) 83 57 53
- Touristoffice Lucca, Tel. (00 39-5 83) 4196 89.

Karte: Parco delle Alpi Apuane 1:50 000, Ed. Multigraphic, Firenze.

Alternativen:
- **Le Pizzorne** (W, leicht), bei Matraia Marcia (Lucca)
- **Prato fiorito,** bei Bagni di Lucca
- **Croce Arcana Doganaccia** (S, SW, leicht), bei Cutigliano (Pistoia)
- **San Giuliano** (SW), bei Rigoli (Pistoia)
- **Campo Cecina** (SW), bei Massa Marittima.

Sonstiges:
- Sehr sehenswerte Altstadt von Lucca
- Wanderungen in den Apuanischen Bergen.

22 M. Pisciavino 584 m / Puerta del Sol

Die alten Zentren der »Riviera dei Fiori«, eher typische Sommerfrischen für Rentner, haben auch fliegbare Attraktionen: die wunderschönen, verschnörkelten Nester aus der Luft zu sehen, am Strand zu landen und den Cappuccino zu bestellen – von Oktober bis April –, ist ein besonderer Reiz.

Start

① **Monte Pisciavino**, 584 m, W, S, SE, mittel.
Zufahrt: Von Alassio Straße nach Moglio. In Moglio weiter zur Madonna della Guardia. Dort parken und in 20 Minuten zu Fuß dem Gratrücken zum Startplatz folgen (oder die Piste mit Jeep befahren).
② **Puerta del Sol**, 150 m, NE, E, leicht (mit Gegenwind).
Zufahrt: Straße von Alassio zum Albergo »Puerta del Sol«. Man parkt an der Straße (schlecht). Der Startplatz befindet sich unterhalb. (Besser: Transport über Hotel »Panama« organisieren, siehe Unterkunft.)
③ **Capo Mele**, 210 m, E, NE, leicht (mit Gegenwind).
Zufahrt: Von Alassio nach Laigueglia und der Straße aus dem Ort weiterfolgen um das Capo Mele herum, bis links das Ristorante »Rocca di Pinamar« kommt. Hier rechts hinauf der Strada delle Catene in Kehren durch die Ansiedlung folgen, bis links die Via Cornice del Capo abzweigt. Ihr folgt man bis zum Ende, wo eine kurze Piste rechts hinauf zum Grat führt. Parken am Ende der Via oder am Ende der Piste.
Der Start befindet sich dahinter.

Landeplatz

Strände von Alassio bzw. Laigueglia. Nur von Ende September bis Ende April erlaubt!

HU

Maximal 598 m.

Flug

Sehr schöne Flüge, die ganzjährig möglich wären, gäbe es die Landerestriktion nicht. Praktisch kann man bei allen Windrichtungen fliegen. Die Gegend hat ein Mikroklima, das trotz Tiefdruckgebiet über Genua meistens noch Fliegen ermöglicht. Keine Höhenbeschränkung. Die Leethermik hinter der Puerta del Sol ermöglicht Überhöhungen bis 1000 Meter (an entsprechenden Tagen). Bei Starkwind aus West geht man zum Capo Santa Croce.

Schwierigkeiten/Gefahren

Keine. Die richtigen Startplätze beim richtigen Wind wählen und sich von ortsansässigen Piloten beraten lassen.

Streckenmöglichkeiten

Laigueglia – Alassio und umgekehrt. An besonders guten Tagen kann man vom Pisciavino durchaus versuchen, ins Hinterland zu fliegen (Februar / März), sonst geht man zum Alto oder nach Toirano. Exzellente Frühjahrsthermik!

Talort: Alassio bzw. Laigueglia.
Anreise: In Italien von der A 10 Genova – Ventimiglia die Ausfahrt Albenga oder San Bartolomeo nehmen und nach Alassio bzw. Laigueglia fahren.
Kontakt/Treffpunkt:
In Alassio trifft man sich im Hotel und Ristorante »Panama« direkt in der Altstadt-Fußgängerzone hinter dem Strand. Die Besitzer Gian und Moreno fliegen selber und organisieren auch Transport zu den Startplätzen. Gelandet wird direkt vor dem Hotel am Strand. Sonder-

konditionen für Unterkunft und Pension für Piloten gegen Vorlage des Buches.
(Gians Frau spricht deutsch, Gian auch französisch/spanisch.)
- Hotel »Panama«, Via Brennero, 27, I-17021 Alassio, Tel. / Fax (00 39-182) 64 59 16, 64 00 39, 64 06 47, Handy (00 39-3 30) 61 60 52.
- Ansonsten haben zum Fliegen immer Zeit: Cesare oder Daniele Volpino, Tel. (00 39-196) 9 22 19 Handy (00 39-3 30) 48 84 22.

Unterkunft/Camping:
- Camping in Laigueglia, Capo Mele.
- Unterkunft im Hotel »Panama«: 1 Woche HP ca. DM 350,–.

Flugschule: Die nächste ist in Genua (Genova); »Club Albatros«, Agostino Guerrieri, Tel. (00 39-10) 8 39 87 10.
Karte: Kompass-Karte 1:50 000, Nr. 641 (Alassio-Imperia).

Alternativen:
- **Alto** (S, SW, leicht) über Albenga; Kontakt: Marco oder Angelo, Tel. (00 39-174) 39 18 45; jeden Sa/So. Treffpunkt »Osteria del Castello«
- **Ospedaletti** (siehe Seite 68)

50 m / Capo Mele 210 m (Alassio – Laigueglia)

Über den Häusern von Alassio.

- **Mendatica** (S, SW, leicht); Straße nach Pieve di Teco
- **Toirano** (E, W, leicht).

Sonstiges:

- Besuch der Altstädte von Alassio, Laigueglia
- Grottenkomplex von Toirano
- Wanderungen in die Seealpen
- Stadtkern von Imperia
- Garessio: Skifahren, Wandern und Paralpinismus.

23 M. Nero 606 m / Col del Bandito

Über der italienischen Blumenriviera zwischen San Remo und Bordighera liegt dieses schöne Gelände mit sechs Startplätzen halbkreisförmig über dem verschlafenen Städtchen Ospedaletti. Seit 1993 wird hier geflogen. Alles ist um eine Nuance familiärer, gemütlicher als das eine Dreiviertelstunde entfernte Monaco. Der große Vorteil des Gebietes besteht aber im wesentlichen aus folgendem: keine Höhenbeschränkung und freie Streckenflugmöglichkeiten nach Norden in die ligurischen Seealpen sowie ein durch das Umland geschütztes Relief, wesentlich öfter fliegbar als Monaco, unabhängig vom Mistral.

Start

① **Monte Nero**, 3 Startplätze auf 300 m, 430 m und 600 m, S – SO, leicht (GZ 5 erforderlich). Zu erreichen alle mit der Navette (Pendelbus) des Clubs (Piste mit Four-Wheel-Drive). Hauptfluggelände, ab ca. 9.30 Uhr thermisch aktiv (Ausnahme übergeordnete Wetterlagen).

② **Col del Bandito**, 800 m, flaches Startgelände nach SW, bei Nullwind GZ 6 notwendig, um wegzukommen, meist ab ca. 11 Uhr, da eine sehr lange Rinne direkt unter dem Startplatz liegt. Vorsicht am Nachmittag: Seitenwind aus den rückseitigen Westflanken durch Thermik!
Anfahrt: per Navette des Clubs oder mit Pkw von Ospedaletti nach Coldirodi und dort weiter aufwärts Richtung M. Gozzo. In einer Straßenkurve Parkbucht. Von dort zu Fuß aufwärts und Verzweigung zum Bandito oder Monte Carparo (je ca. 15 Minuten).

③ **Monte Carparo**, 905 m, höchster Startplatz nach SO, einfach. Seit Eröffnung der Monte-Nero-Startplätze weniger besucht. Zu erreichen wie Col del Bandito.

④ **Capo Nero**, 190 m, Starkwindstartplatz an der SW-Seite der

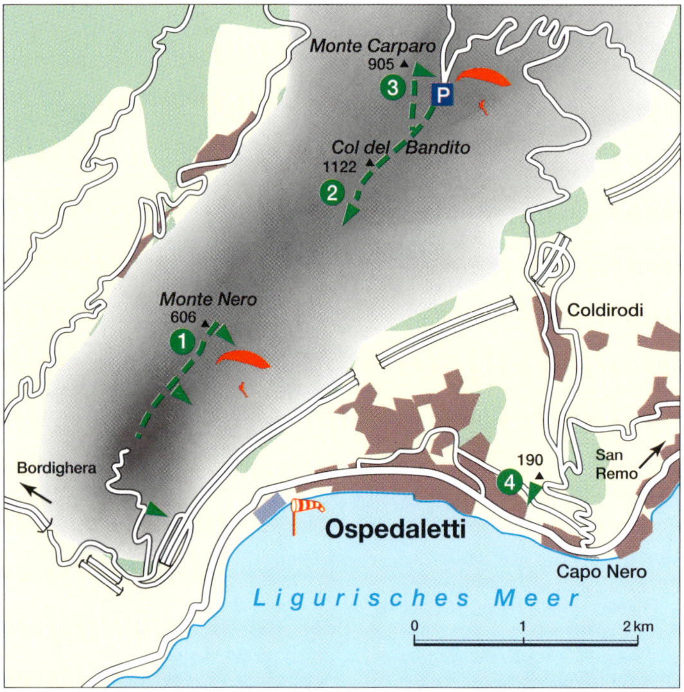

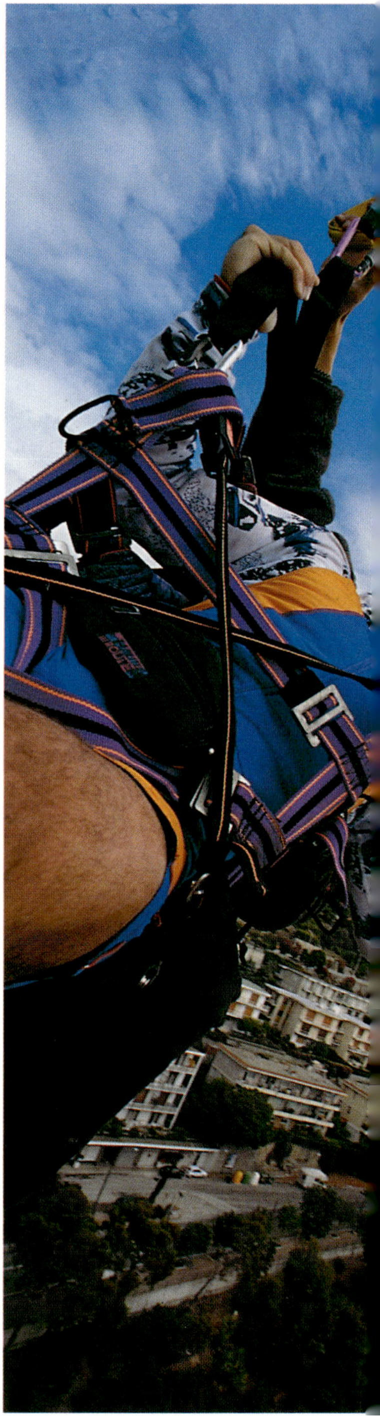

300 m / M. Carparo 905 m (Ospedaletti)

Bucht über Ospedaletti, direkt an der Straße von Ospedaletti nach Coldirodi (Windsack in Kurve). Schwierig! Nur für Könner und ab Minimum 15 km/h Wind! Häufig gut bei übergeordneten Wetterlagen.

Landeplatz

Baia Verde: Großes parkartiges Wiesenstück am Strand 400 m westlich vom Stadtstrand. Zu Fuß 10 Minuten vom Treffpunkt Bar »Sirena«. Leicht, eventuell auch für gute Drachenflieger geeignet!

HU

Zwischen 300 m und 905 m; GZ 5 Minimum für alle Gelände!

Flug

Interessante Thermikflüge über der halbkreisförmigen Bucht von Ospedaletti mit teils sehr guten Aufwinden, bedingt durch Couloirs. Je nach Tageszeit wechselt man die Startplätze.

Schwierigkeiten/Gefahren

Außer durch Starkwind und Schlechtwetter gibt es kaum Probleme. Der französische Mistral (man kann in Monaco nicht fliegen) kehrt sich hier zum Ostwind um (*vento rebosso*) und bietet dynamische Flüge am Monte Nero. Es besteht keine Landwindgefahr wie in Monaco. Bei zu starkem Wind weicht man auf die niederen Startplätze aus.

Streckenmöglichkeiten

Flüge nach Bordighera bzw. San Remo bei genügend Thermik (dort Landung an den Stränden). Interessant sind Flüge nach Nordosten: über Monte Bignone und Monte Ceppo ins Hinterland der Seealpen. Achtung: fast nur Hang- und Gipfellandung möglich!

Über der Bucht von Ospedaletti.

Talort: Ospedaletti, am Mittelmeer
Anreise: Am schnellsten von Milano, Torino oder Piacenza über die Autobahn Genua – Nizza. Von den Nordalpen über die San-Bernardino-Strecke – Milano – Genova – Nizza, Ausfahrt San Remo Ovest bei Coldirodi, hinab nach Ospedaletti.
Club/Treffpunkt: Club »Ponente« mit Treffpunkt an der Bar »Sirena« am Strand (Eisenbahnunterführung gegenüber Hotel »Luna«). Dort geht auch die Navette zu den Startplätzen ab. Täglich ab 12.30 Uhr trifft man Enzo Mamone, der sich darum kümmert, aber auch telefonisch erreichbar ist: Enzo Mamone, S. Bartolomeo 346, I-18038 San Remo (IM), Tel. (0039-184) 669015 oder (0039-360) 700087.
Unterkunft/Camping:
- Hotel »Luna«, 18014 Ospedaletti, Tel. (0039-184) 689398, gemütliche Unterkunft nahe der sonstigen Treffpunkte der Stadt. Der Besitzer spricht englisch.
- Camping »Camporosso« bei Bordighera, Tel. (0039-184) 18033.
- Camping »Isolabona« Tel. (0039-184) 18030.
- Fremdenverkehrsamt Ospedaletti, Tel. (0039-184) 689085, Fax – 684455

Karte: Carta Turistica della Regione Liguria 1:50000, Blatt San Remo, erhältlich im Tabakwarenladen im Ort.

Alternativen:
- **Mont Gros** über Monaco (siehe Seite 84)
- **Bavera** (SO – O, leicht), kleines Soaringgebiet unweit von Ventimiglia
- **Cima Olivastro** (S, SO, leicht) über Isolabona, Zufahrt per Straße
- **M. Bignone** (W – SO, leicht); Seilbahn und Straße von San Remo.

24 Monte Capanne 1018 m

Klein-Toskana, so könnte man diese vielgestaltige Insel Elba nennen. Und mit ihrem Mikroklima bietet sie meist dann noch Sonnenschein, wenn es auf dem gesamten Stiefel regnet.
Mit ihren Stränden und bis 1000 Meter hohen Bergen sowie einem ausgezeichneten Wandernetz bietet sie für jeden Individualsportler etwas. So blieb es nicht aus, daß diese Insel auch von Gleitschirmfliegern entdeckt wurde (1991). Freilich, damit auf engem Raum die Sportart zwischen den vielen anderen Interessengruppen überleben kann, muß sie sich strikt an »Spielregeln« halten: Fliegen hier ist für gute selbständige Piloten gedacht, die auch mal auf einen Flug verzichten können und etwas anderes tun wollen (z. B. mit ihrer Familie). Elba ist ein Platz für friedvollen, individuellen Urlaub. Die Gebiete eignen sich nicht zum Austoben für Fliegerclubs.
Monte Capanne ist der höchste Punkt in einem steilen Granit-Massiv, der von einer originellen Korbseilbahn, in Aktion von April bis September, erreicht wird. Fliegen ist nichts für Anfänger, aber wer hier fliegt, weiß, wovon er spricht und träumt, und kommt immer wieder zurück.
Giuseppe Brotto, der sehr gut deutsch spricht, betreut liebevoll und mit viel Engagement das Gleitschirmfliegen hier. Er bittet darum, für jeden Interessenten aus Sicherheitsgründen der erste Ansprechpartner zu sein!

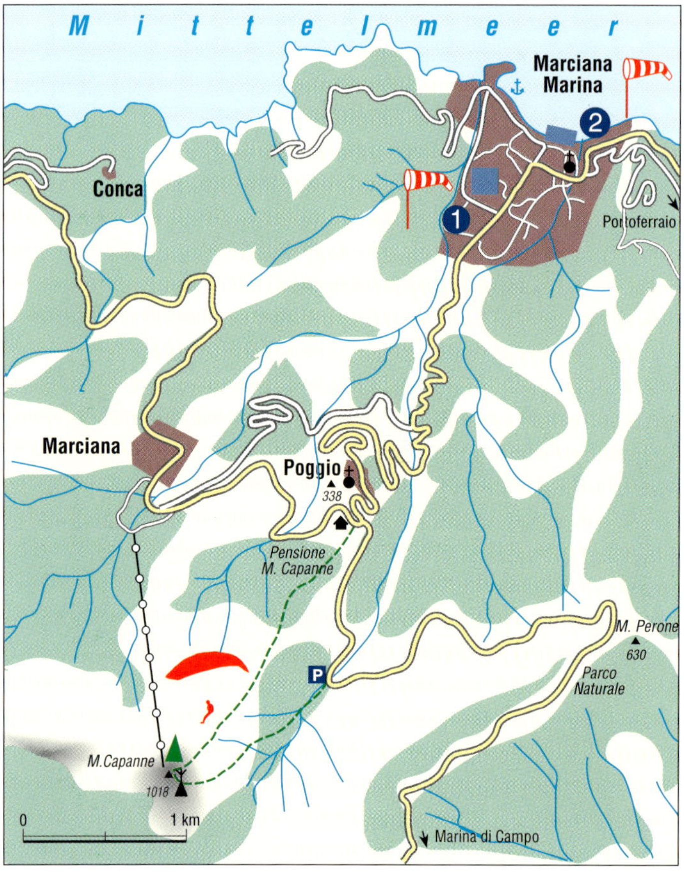

Start

N, schwierig, klein, ca. 1000 m, direkt neben der Seilbahn unterhalb der Radarstation ein grasiger Steilhang.
Zufahrt: Seilbahn von Marciana oder zu Fuß von Poggio (ausgeschildert), bei der Pensione Monte Capanne, in ca. 2 Stunden ansteigen.

Landeplatz

① **Fußballfeld** (Campo sportivo) von Marciana Marina, ca. 20 m. Liegt ca. 500 m vor dem Hafen (abzweigen nach links von Straße nach Marciana Marina, beschildert).
② **Strand** von Marciana Marina. Dieser ist sehr eng. Langes Anlanden ist notwendig. Vorsicht am Spätnachmittag: wenn kein Maestrale weht, kann Landwind herrschen.
Hinweis: eine vorherige Besichtigung der Landemöglichkeiten und Einweisung durch Giuseppe ist unbedingt zu empfehlen!

HU

1000 m.

Flug

Bei schwachem Maestrale (NW-Brise) der ideale Flug. Bei Tramontana (starker, böiger NE) nicht zu starten versuchen! Das hochalpine und gut thermische Relief bietet sofortige Aufwinde und ist ideal von Februar bis Juni/Anfang Juli und ab Ende September bis Anfang November.

Schwierigkeiten/Gefahren

Kleine Start- und Landeplätze, kompliziertes Relief, Landeplätze vom Start nicht einsehbar. Starkwind möglich.

Streckenmöglichkeiten

Es wurde bis zum Strand von Bagnaia im Osten der Insel geflogen. Startüberhöhungen bis zu 1000 Meter möglich.

Talort: Kein spezieller Ausgangspunkt, es kann in kurzer Zeit von überall angefahren werden.
Anreise:
Mit dem Auto: 1. Von Norden über Milano – Genua – La Spezia – Livorno.
2. Brenner – Modena – Bologna – Firenze – (oder Parma – Cisa-Paß – La Spezia) – Livorno (Autobahnen) und Superstrada Richtung Grosseto (A1/SS1) bis Ausfahrt Piombino. (Superstrada Firenze – Signa Richtung Empoli/Livorno, mit Wiedereinfahrt A1 bei Collesalvetti, spart Maut, falls man von Bologna kommt).
Mit der Fähre: In Piombino stündlich Fähren nach Portoferraio/Elba (1 Stunde Überfahrt): ca. 50.000 Lire (1 Person plus Auto, einfach, Stand: April 1997). Schiffslinien: Torremar, Tel. (0039-565) 31100; Navarma/Moby Lines, Tel. (0039-565) 39775.
Von Portoferraio Richtung Porto Azzurro bis zur Abzweigung nach Lacona. Weiter siehe unter Unterkunft.
Club/Treffpunkt: Man trifft sich bei Giuseppe (»Beppe«) Brotto, »Residencia Itelba«, in Norsi, oder am Abend im Ristorante »La Rada« in San Giovanni bei Portoferraio, Tel. (0039-565) 915652 (gegen Vorlage dieses Buches Diskount aufs Abendessen). Für den schnellen Cappuccino eignen sich die diversen Bars im Hafen von Porto Azzurro.
Unterkunft/Camping:
• »Residencia Itelba«, Norsi 14, I-57031 Capoliveri, Tel. / Fax (0039-565) 940096. Giuseppe vermietet von Februar bis November Ferienwohnungen in herrlicher Lage über dem Strand von Norsi und organisiert die Fliegerei auf Elba. Er bietet Tandemflüge für die nichtfliegenden Familienmitglieder und kann sonstige Aktivitäten organisieren.
Anreise: Von Portoferraio Straße Richtung Porto Azzurro bis zur Abzweigung Lacona, dort rechts weiter bis zum Ortseingangsschild von Norsi: Schild »Itelba«, links abwärts dem Schotterweg folgen.
• Diverse Campingplätze rund um die Insel.
• Ufficio informazioni, Tel. (0039-565) 915555 oder 914671.
Karte: Kompass-Wanderkarte Elba 1:50000, überall erhältlich.

Alternativen:
• **Monte Maolo** (N, mittel); nur in Begleitung von Giuseppe, mit Flug nach Marciana Marina
• **Monte Orello** (N, mittel) über Portoferraio
• **Norsi** (siehe Seite 70).

Kurz vor der Landung am Strand von Marciana Marina auf der Insel Elba.

Sonstiges:
Es gibt außerordentlich viel zu erleben und zu entdecken, am schönsten sind April/Mai und Oktober.
• Mountainbiken: die Insel hat ein dichtes Netz von Pisten unterschiedlicher Schwierigkeiten und MTB-Verleih
• Wandern: ebensoviele Wanderwege
• Klettern: bei Portoferraio (Fetovaia) und Spiaggia delle Viste
• FKK, Schnorcheln, Surfen, Segeln, Reiten
• Besuch der Festungen von Portoferraio und der Napoleonvilla in San Martino
• Elbanische Küche und Weine.

25 Norsi 210 m

Elba und seine Vielfalt: bereits beschrieben unter Monte Capanne.
Das junge Fliegen auf Elba ist abhängig vom verständnisvollen Nebeneinander bei gleichzeitigem Respekt vor den Wetterbedingungen und den begrenzten Fluginfrastukturen, denn sie richten sich an ein Publikum von Individualisten, die keinen Rummel und keine Streckenambitionen brauchen, sondern einen schönen Urlaub suchen, der aus mehr als Fliegen besteht.
Norsi bildet das einzige südgerichtete Fluggebiet der Insel und ist somit für Schirokko interessant, aber auch Starkwindsoaren und Üben gehören dazu. Die Unterkunft und Beratung durch Giuseppe Brotto liegt praktisch neben dem Landeplatz am Strand.

Start

① **S, leicht, ca. 210 m,** direkt von der Piste am Feuerschutzstreifen. Jedoch schafft man es in den seltensten Fällen, den vorgelagerten Rücken zu überfliegen, ohne aufzusetzen. An seinem Ende befindet sich der Hauptstartplatz:
② **Hauptstartplatz, S, leicht, ca. 180 m.** Beide Startplätze erreicht man von der Straße Richtung Lacona etwa 600 m nach der Abzweigung zu Itelba über einen Fahrweg, der auf der rechten Seite bergwärts führt und um eine Ecke eine Kette passiert (meist unversperrt, man schließt den Weg hinter dem Auto wieder!) und auf schlechtem, steilen Weg bis zur Feuerschneise hinaufzieht. (Zum Startplatz noch 5 Minuten absteigen oder Fliegen mit Aufsetzen). Giuseppe kennt den Weg.
③ **S, mittel, 20 m.** Der sogenannte **Starkwindstartplatz** befindet sich 100 m westlich von »Residencia Itelba« über dem Strand. Gut ab 20 km/h Wind (maximal 35 km/h).

Landeplatz

Strand von Norsi, unterhalb »Residencia Itelba«. Am Ortseingangschild Norsi (von Portoferraio/Porto Azzurro kommend) links hinab abzweigen (wie zu »Residencia Itelba«) bis zu den Ferienwohnungen bzw. Parkfläche davor und die letzten Meter durch Gebüsch hinab.

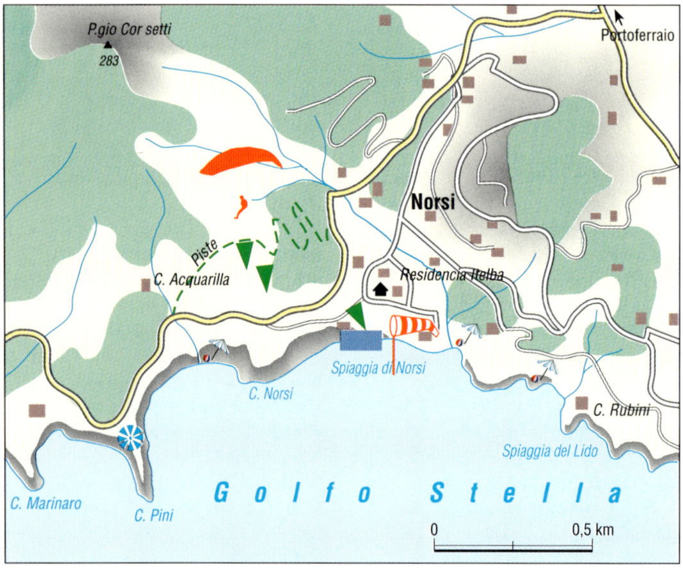

HU

Maximal 210 m.

Flug

Normalerweise bei Schirokko ein sehr schöner Thermik- und vor allem Soaringflug. An manchen Tagen kann bis in den späten Abend stundenlang geflogen werden. Auch kann hier als einzigem Ort der Insel trainiert werden, wenn die Bedingungen stimmen, weil Start- und Landeplatz leicht sind. Herrliche Aussicht auf den Golfo di Stella und die Halbinsel Capo Stella.

Schwierigkeiten/Gefahren

Tramontana (NE), aber der Einfluß macht sich rechtzeitig bemerkbar, man ist dann im Lee. Ansonsten: der Schirokko kann stark auffrischen, jedoch selten über ca. 40 km/h. Genaue Auskünfte gibt Beppe (Giuseppe Brotto).

Streckenmöglichkeiten

Keine; jedoch kann vom 20-Meter-Startplatz zu den oberen Starts hochgesoart werden; eventuell ganzen Golfo di Stella auf- und abfliegen (ca. 2 km).

Talort: Norsi.
Anreise:
Mit dem Auto: 1. Von Norden über Milano – Genua – La Spezia – Livorno.
2. Brenner – Modena – Bologna – Firenze – (oder Parma – Cisa-Paß – La Spezia) – Livorno (Autobahnen) und Superstrada Richtung Grosseto (A 1/SS 1) bis Ausfahrt Piombino. (Superstrada Firenze – Signa Richtung Empoli/Livorno, mit Wiedereinfahrt A 1 bei Collesalvetti, spart Maut, falls man von Bologna kommt!)
Mit der Fähre: In Piombino stündlich Fähren nach Portoferraio/Elba

Am Strand bei der »Residencia Itelba« in Norsi auf Elba.

(1 Stunde Überfahrt): ca. 50.000 Lire (1 Person plus Auto, einfach, Stand: April 1997). Schiffslinien: Torremar, Tel. (00 39-5 65) 3 11 00; Navarma/Moby Lines, Tel. (00 39-5 65) 3 97 75.
Von Portoferraio Richtung Porto Azzurro bis zur Abzweigung Lacona. Weiter wie beschrieben unter Unterkunft.
Club/Treffpunkt: Man trifft sich bei Giuseppe (»Beppe«) Brotto, Gleitschirmflieger und Inselkenner, »Residencia Itelba«, in Norsi, oder am Abend im Ristorante »La Rada« in San Giovanni bei Portoferraio, Tel. (00 39-5 65) 91 56 52 (gegen Vorlage dieses Buches Diskount aufs Abendessen). Für den schnellen Cappuccino eignen sich die diversen Bars im Hafen von Porto Azzurro.
Unterkunft/Camping:
- »Residencia Itelba«, Norsi 14, I-57031 Capoliveri, Tel. / Fax (00 39-5 65) 94 00 96. Giuseppe vermietet von Februar bis November Ferienwohnungen in herrlicher Lage über dem Strand von Norsi und organisiert die Fliegerei auf Elba. Er bietet Tandemflüge für die nichtfliegenden Familienmitglieder und kann sonstige Aktivitäten organisieren.

Anfahrt: Von Portoferraio Straße Richtung Porto Azzurro bis zur Abzweigung Lacona, dort rechts weiter bis zum Ortseingangsschild von Norsi: Schild »Itelba«, links abwärts dem Schotterweg folgen.
- Diverse Campingplätze rund um die Insel.
- Ufficio informazioni, Tel. (00 39-5 65) 91 55 55 oder 91 46 71.

Beste Jahreszeit: Vermeidet Juli/August; am schönsten sind März/April/Mai/Juni und Oktober.
Karte: Kompass-Wanderkarte Elba 1:50 000, überall erhältlich.

Alternativen:
- **Volterraio** (W, NW, mittel): vom Kamm über dem Castello di Volterraio. Hier wurden schon 2000 Meter Höhe über der Insel erreicht.
- **Monte Capanne** (siehe Seite 70).

Sonstiges:
- MTB, Wandern, Reiten, Golf, Surfen, Segeln, Klettern, FKK-Baden, Tauchen, unzählige Betätigungen für Individualisten
- MTB-Verleih, Motorroller- und Motorradverleih
- Besuch der Altstadt und Festung von Portoferraio
- Villa Napoleons in Portoferraio, Museum in San Martino
- Inselrundfahrten mit Schiff oder Fahrt nach Montecristo
- Elbanischer Wein und Küche
- Buch »Elba – zwischen Himmel und Meer« (Trekking, Klettern, MTB) kaufen, gibt es in jedem Tabakladen (Lire. 10 000).

Sardinien

Die zweitgrößte Insel im Mittelmeer (23 813 Quadratkilometer, höchster Gipfel Punta la Marmora, 1838 m) ist zugleich auch eine der faszinierendsten und geheimnisvollsten – viele Kulturen haben hier ihre Spuren hinterlassen, viele unterschiedliche Landschaften gestalten sie.
Die faszinierende Welt ist auch zerbrechlich. Möge derjenige, der dort Urlaub macht, zeigen, daß es auch anders geht: einfach leben, außerhalb der Hochsaison kommen, ohne Lärm und Aufwand mit den Sarden unterwegs sein in der Welt der Pastori und Nuragher.
Über die Insel habe ich 1991 und 1993 ausführlich berichtet, unter dem Titel »Das ferne Ufer« im Gleitschirm-Magazin (1993).
Seit meinen Entdeckungsflügen 1991 entlang der Ostküste ist einiges passiert. Fleißig und aktiv haben Marco Onnis und der Journalist Francesco Cubeddu mit ihrem Club-Aktivitätencenter »I Fenicotteri Rosa« (Rosa Flamingos, gegründet 1993) ihre Leidenschaft für das Fliegen und andere Individualsportarten auf der schönen Insel zu organisieren versucht. Beide haben nebenbei auch wiederholt in »Delta & Parapendio« veröffentlicht.
Ihr Ausgangspunkt war der Südwesten der Insel. Rund um Villacidro, Iglesias und Oristano erschlossen sie einige Fluggebiete, die sie heute als offizielle Plätze anbieten können. Ein erster freundschaftlicher Wettbewerb fand im Oktober 1993 am Monte Linas statt.

Marco und Francesco organisieren Paratrekking, Führungen zu allen Fluggebieten, Tandemflüge, Motorflüge und Wanderungen in die schönsten Landschaften.

Kontaktadresse:
»I Fenicotteri Rosa«, F.I.V.L., Via Mons Cogoni 1, I-09170 Oristano, Tel. (00 39-7 83) 99 16 33, 7 04 67; Handy (00 39-3 68) 55 09 05, oder Tel. Büro (00 39-7 83) 55 11 33.

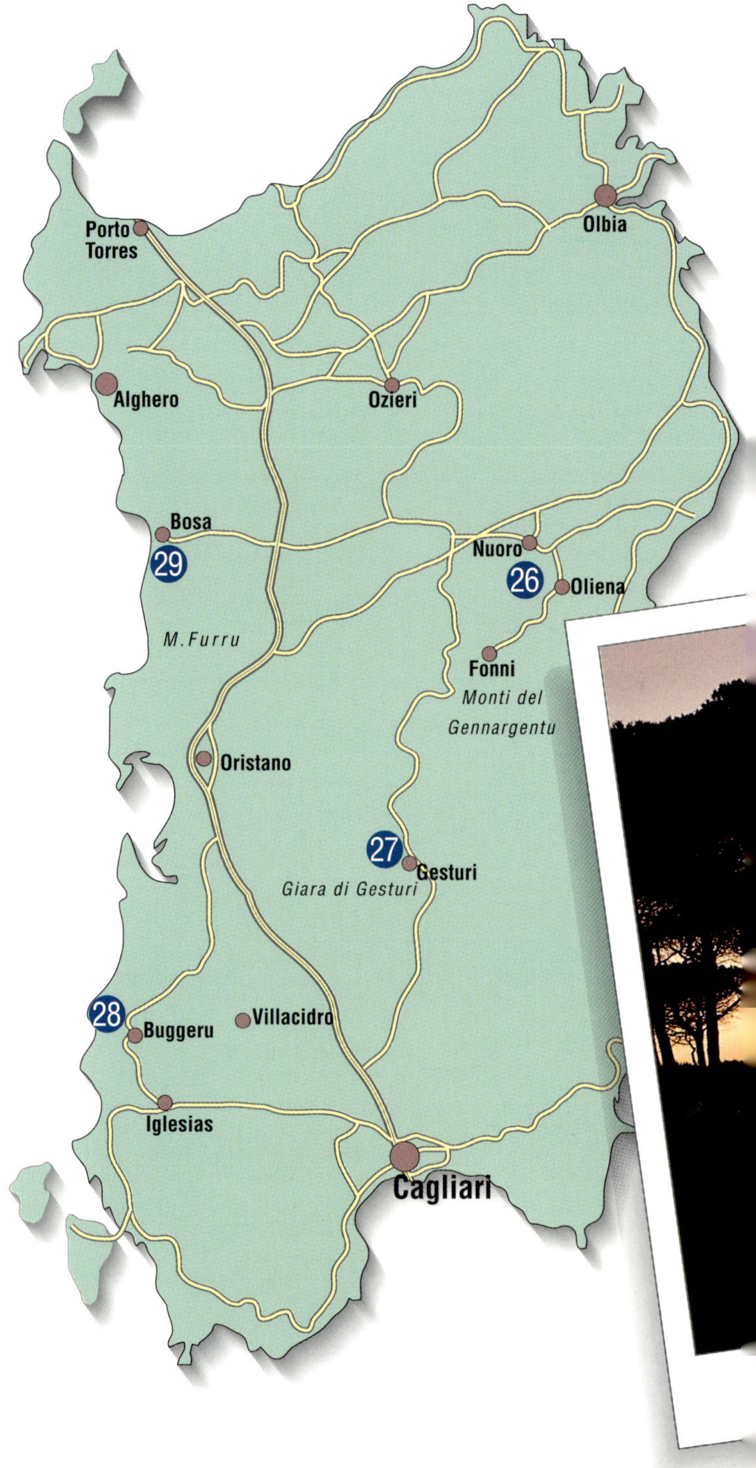

Wie und wann nach Sardinien?
Wegen der hohen Sommertemperaturen, der italienischen Ferien und der höheren Preise sollte man die Zeit von Anfang Juli bis Mitte September meiden. Ansonsten ist Sardinien das ganze Jahr über befliegbar. Am schönsten ist natürlich der Frühling von März bis Mai, und auch der Juni, obwohl schon heißer, kann noch schön und ruhig sein. Im September und Oktober kann man die Insel dann wieder genießen, aber das Land ist nun vom Sommer verbrannt.

Bei Santa Lucia auf der Hochebene der Giara di Gesturi im Herzen Sardiniens.

Anreise mit dem Auto:
Von Norden kommend über die Hauptautobahnen:
1. Milano – Genova – Livorno
2. Brennero – Verona – Modena – Bologna – Firenze – Livorno (oder Parma – Cisa-Paß – La Spezia – Livorno).

Die üblichen **Fährverbindungen** laufen von Livorno nach Olbia. Daneben gibt es Verbindungen von Genua nach Sardinien (Tirrenia Ferries) oder über Korsika (Inselspringen) oder von Civitavecchia (dort mit FS/Ferrovie dello Stato, am billigsten).

Informationen und Reservierungen:
- Moby Lines, Livorno, Tel. (00 39-5 86) 89 03 25, 89 13 26, Fax – 88 86 30; Genova, Tel. (00 39-10) 25 27 55, Olbia, Tel. (00 39-7 89) 2 35 72, 2 55 60
- Sardinia Lines, Livorno, Tel. (00 39-5 86) 88 13 80, 88 63 24
- Navarma, Livorno, Tel. (00 39-5 86) 89 52 14
- Tirrenia, Genova, Tel. (00 39-10) 5 38 51; Cagliari, Tel. (00 39-70) 65 46 64
- FS, Civitavecchia, Tel. (00 39-7 66) 3 07 42; Cagliari, Tel. (00 39-70) 66 25 73, Fax – 6 79 47 51.

Anreise mit dem Flugzeug: Von vielen größeren europäischen Flughäfen fliegen Alitalia, A.T.I., Meridiana und Lufthansa. Auch gibt es (leider nur in der Hochsaison) Charterflüge.
Mietautos am Flughafen Cagliari und Olbia, z. B:
- ACI Autonoleggio, Tel. (00 39-70) 24 01 29, Olbia, Tel. (00 39-7 89) 6 85 24
- Budget, Tel. (00 39-70) 24 13 10, Olbia, Tel. (00 39-7 89) 6 96 05
- Sardinya, Tel. (00 39-70) 24 04 44, Olbia, Tel. (00 39-7 89) 6 93 67
- Eurodollar, Tel. (00 39-70) 24 02 76, Olbia, Tel. (00 39-7 89) 2 21 63
- Avis, Tel. (00 39-70) 24 00 81, Olbia, Tel. (00 39-7 89) 6 95 40.

Touristische Informationen:
Cagliari, Tel. (00 39-70) 66 41 95, Olbia, Tel. (00 39-7 89) 2 14 53, Fax – 2 15 72.

26 Monte Ortobene 955 m

Im Herzen Sardiniens erhebt sich über Nuoro dieser leicht erreichbare Buckel zwischen Montalbo und Sopramonte. Von hier können mit die besten Strecken der Insel geflogen werden.
Piero Baglia vor Ort ist sehr hilfreich und kann auch kontaktiert werden.

Start

① **E, SE, Deltarampe, ca. 895 m,** direkt an der Gipfelstraße unter den Antennen.
② **SE, mittel, GS-Starthang, ca. 850 m,** etwa 50 m tiefer, 5 Minuten zu Fuß auf Pfad.
Zufahrt: Bequeme Ringstraße von Nuoro aus. Abzweigung bei der Kirche »Nostra Signora della Solitudine«, wenn man von der N 131 (Olbia – Cagliari) kommt (kurz vor dem Ortseingang Nuoro).

Landeplatz

Ca. 250 m. Es gibt eigentlich keinen einheitlichen Landeplatz, da sehr wenig geflogen wird und sehr viele Freiflächen landbar sind. Aber das meistens benutzte Feld liegt 3 km östlich in Fallinie der Startplätze neben der Einmündung der Straße von Oliena auf die N 129.

HU

Maximal 690 m.

Flug

Ganzjahresflug, aber die beste Zeit reicht von März bis Juni/Juli. Thermik ab den Mittagsstunden bis etwa 16 Uhr in der Regel.

Schwierigkeiten/Gefahren

Nicht bei Nordwind/Westwind in die Leethermik starten! Hindernisse (Häuser, Leitungen) vorab checken. Eventuell Kontakt mit Piero aufnehmen.

Streckenmöglichkeiten

Nach N/NE entlang dem Monte Albo bis Siniscola. Ebenso sind nach Westen Flüge möglich. Nach Südosten entlang der Westflanken (Leethermik) des Sopramonte (Felsenthermik – größte Vorsicht ist angebracht!)
Hinweis: Auf Streckenflug ist man hier meist vollkommen allein; Nachricht hinterlassen und für Funk und Rückholer sorgen!

Talort: Nuoro, 549 m. Der Ort liegt praktisch am Berg oben.
Anreise: Allgemeine Anreisedaten, siehe Sardinienübersicht! Ansonsten von Olbia auf der A 131 (Autobahn) Richtung Nuoro/Cagliari bis zur Ausfahrt Nuoro. Man folgt der N 129 zum Ort hinauf. Kurz vorher zweigt die Monte-Ortobene-Ringstraße ab (siehe Start/Zufahrt). Zum Landeplatz gelangt man, indem man nicht nach Nuoro hineinfährt, sondern auf der N 129 um den Monte Ortobene nach Südosten herum Richtung Oliena folgt, und zwar bis zur beschriebe-

Der Monte Ortobene aus der Luft.

nen Kreuzung. Der Landeplatz liegt dann rechts daneben.
Club/Treffpunkt: Piero Baglia, Tel. (00 39-784) 314 04, Fax – 29 41 52.
Unterkunft/Camping:
• Hotel »Fratelli Sacchi«, liegt 300 m vom Deltastartplatz am Monte Ortobene mit gutem Restaurant, Tel. (00 39-784) 312 00, Fax – 340 30.
• »Cooperativa Enis«, Rifugio Monte Maccione, Tel. (00 39-784) 288363, Fax – 288473, liegt über Oliena unterhalb Fluggebiet Sos Prados am Corrasi in herrlicher Lage, ideal für Fliegen, Wandern, MTB und Klettern (Felsen in der Nähe).
• Camping »La Mandragola« in Santa Lucia an der Küste, Tel. / Fax (00 39-784) 819119, für alle, die Fliegen mit Baden kombinieren wollen (nur 1 Stunde Fahrzeit zum Ortobene): Camping liegt 20 Minuten vom Fluggebiet Montelungo.
Karte: IGM 1:50 000, Blatt Oliena und Nuoro (500/IV und III).

Alternativen:
• **Sos Prados** (N, NW, leicht), 20 Minuten vom Rifugio Monte Maccione (Straße von Oliena) am Nordhang des Sopramonte gegenüber Ortobene. (Landeplatz bei Su Cologone)
• **Monte Longu** (S, SE, leicht-mittel), kleiner Buckel über der gleichnamigen Siedlung am Ortsrand von La Calella, meist Nachmittags- und Abensoaring mit Blick zum Meer
• **Monte Albo**: diverse Paratrekkingziele in alle Richtungen, Aufstieg von Siniscola (Straße Richtung Lodè)
• **Bruncu Spina** (N-W, leicht), Straße von Fonni zum Rifugio im Parco Nazionale dei Monti del Gennargentu, weiter zu Fuß 1 Stunde, Hangsoaring und Thermik am Nachmittag.

Sonstiges:
• Klettern, MTB, Wandern im Sopramonte
• Monte Albo (Klettern und Wandern)
• Ausflug in das Gennargentu-Massiv über Fonni
• Nationalpark »Golfo di Orosei« mit Traumstränden Cala di Luna und Cala Sisine, Grotta del Bue Marino
• Klettern und Baden bei Cala Gonone
• Santa Maria Navarrese
• Quelle »Su Gologone« am Monte Tiscali
• Durch die Barbagia (auch super mit MTB).

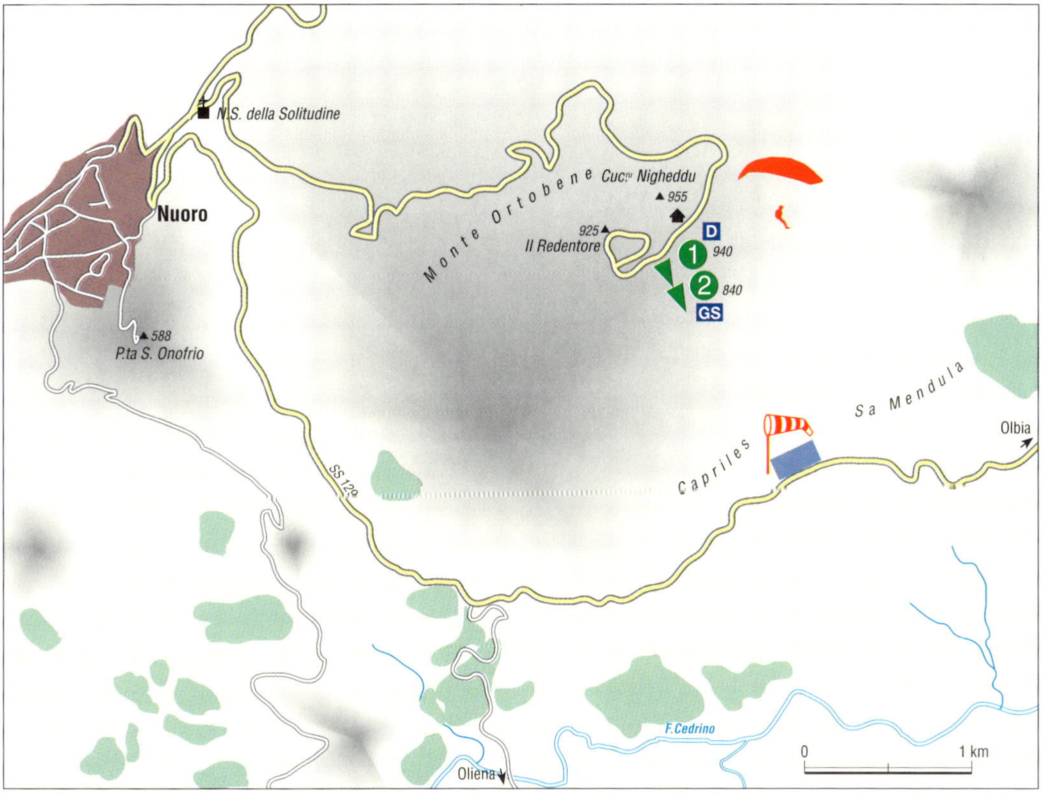

27 Chiesa di Santa Lucia (Tuili) /

Zwei Flüge über dem flachen Hochplateau eines uralten Tafelberges in der südlichen Hälfte Sardiniens, die man Marmilla nennt. Uralte Landschaften, Wildpferde und die Hinterlassenschaften der Nuragher, der Sarden der Vorzeit, vermischen sich zu einem besonders eigenwilligen, mediterranen Flugerlebnis.
Trotz der geringen Ausgangshöhen kann man hier 1000 Meter Höhengewinn erfliegen und befindet sich danach auch visuell über der »Seele« Sardiniens!

Start

① **Chiesa di Santa Lucia,** SW, mittel, 550 m. Kleines, aber relativ gut geneigtes Feld bei der Kirche. Ideal für Delta, startbar für GS. Gleitschirme finden etwas vorher, oberhalb der Straße, weitere Startflächen, die leichter sind (gleiche Höhe).
Zufahrt: Von Tuili folgt man der Beschilderung »Altopiano della Giara« und erreicht nach 4 km die Hochfläche bei der Kirche Santa Lucia. Weiter auf der Straße kommt man zu Startplatz 2.
② **Gesturi** (nur GS!), SE, mittel, 590 m. Ein kleines, von Eichen umsäumtes Feld oberhalb der Straße.
Zufahrt: Von Ortsmitte Gesturi folgt man der Beschilderung »Altopiano della Giara« und erreicht nach 3 km den Startplatz.

Landeplätze

① 250 m. Feld längs der Straße von Tuili zum Startplatz. Bitte nicht auf angebauten Feldern niedergehen! (Nach dem Mähen kein Problem im Herbst und Winter.)
② **Chiesetta di Santa Barbara**, ca. 340 m. Ein großes Feld neben der verfallenen Kirche am Ortsrand von Gesturi.

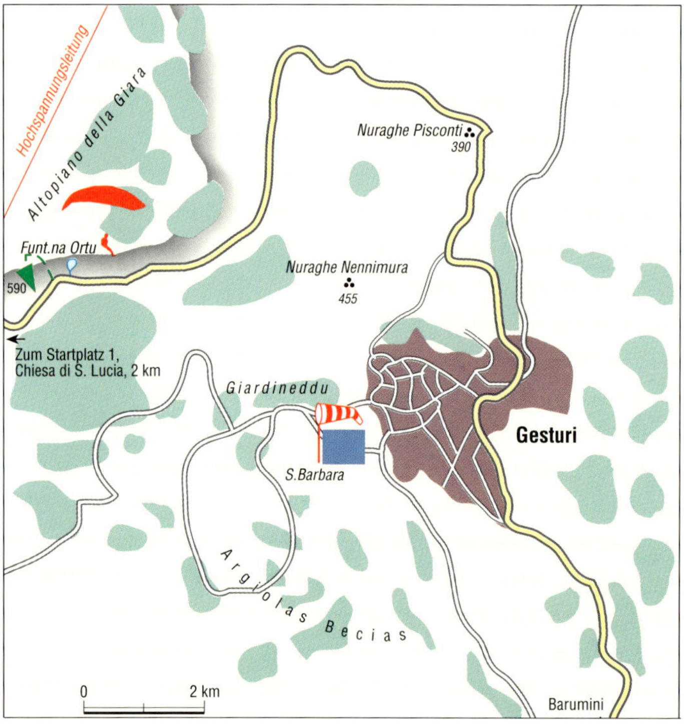

HU

1. 300 m (Tuili).
2. 250 m (Gesturi).

Flug

Sehr schöne Flüge über Kornfeldern und der Hochfläche im südlichen Herzen Sardiniens mit der Möglichkeit, Flachlandstreckenflüge zu versuchen. Während Tuili bei vorherrschend südwestlichen Winden beflogen wird, kann man auf Gesturi bei Schirokko starten.
Thermodynamisch im Winter und Thermik von März bis Oktober; sehr heiß im Juli/August. Die beste Zeit dürfte von Ende März bis Anfang Juli reichen und von Mitte September bis Ende Oktober.

Schwierigkeiten/Gefahren

Relativ weiträumige Notlandemöglichkeiten, auch für den Fall, daß man von Starkwind überrascht wird. Im Sommer Gewittergefahr beachten (ab Mitte Mai).
Unterhalb vom Gesturi-Startplatz kreuzt in der Nähe eine Stromleitung, und der Chiesa-di-Santa-Lucia-Startplatz sollte bei Wind aus SSE mit mehr als 20 km/h sofort mit Abstand verlassen werden, weil sich dann Rotoren bilden können, die eine Gefahr beim Hangsoaren sind.

Streckenmöglichkeiten

Bisher nur mangelhaft exploriert, da es zu wenig Piloten gibt, die Streckenflüge betreiben. Interessant wäre es, die Hochfläche nach Norden zu überfliegen (Richtung Genoni und weiter) oder nach Osten Richtung Sarcidano und Barbagia Seulo. Eine weitere Möglichkeit (mit Schirokko) besteht Richtung Monte Arci (im NW).

Gesturi 590 m (Giara di Gesturi)

Die Hochfläche der Giara di Gesturi ist von Bergen umgeben, die zum Weiterfliegen verlocken.

Talorte: Tuili, Gesturi oder Barumini.
Anreise:
Mit dem Flugzeug: Alisarda und Alitalia fliegen von verschiedenen europäischen Flughäfen nach Cagliari und Olbia.
Von Olbia gelangt man über die SS 125 bzw. 131 (Ganzausbau ab Olbia im Bau) Richtung Cagliari ins Fluggebiet. Nach 231 km von Olbia erreicht man die Abzweigung Barumini/Su Nuraxi und folgt der SS 197 nach Barumini. Dort Abzweigung nach Gesturi bzw. Tuili.
Mit dem Auto: Die bequemsten Fähren fahren von Livorno nach Olbia (üblichste Verbindung) und Cagliari (siehe Sardinien-Übersicht).
Club/Treffpunkt:
- »I Fenicotteri Rosa« (Rosa Flamingos), Marco Onnis, Francesco Cubeddu (siehe Sardinien-Übersicht), Tel. (00 39-7 83) 7 04 67, 99 16 33, oder Tel. Büro (00 39-7 83) 55 11 33.

Unterkunft/Camping:
- Die nächste Unterkunft ist der Campingplatz »Sennixeddu« in Pau, etwa 20 Autominuten von den Fluggebieten im Nationalpark Monte Arci gelegen (sehr schön): Bungalows, Restaurant, etc., Tel. (00 39-7 83) 93 92 81, Fax – 5 22 55.
- Es gibt im Dorf Barumini eine einfache Unterkunft, für Piloten, die schnell mal improvisieren wollen: fragen nach »Locanda Santa Lucia«.
- In Villacidro (40 Minuten vom Fluggebiet und am Fuße eines anderen Fluggebietes) gibt es diverse Hotels, z. B. »Sa Spendula«, Tel. (00 39-70) 9 32 92 33; »Ester«, Tel. (00 39-70) 9 31 57 27.
- »Agriturismo Monti Mannu«, Tel. (00 39-70) 9 31 47 28-7 98.

Karte: IGM 1:25 000, Serie 25/V, Blatt 218/III SO, Barumini (1961) sowie Blatt 217/II SE (Ussuramanna) von 1965, keine Neuauflage existiert, Karten schwer erhältlich.

Alternativen:
Cuccuru Fenugu (NW, NE-SE, leicht) über Gonnosfanadiga
- **Buggeru** (siehe Seite 80)
- Monte Arci, Guasila, Villacidro, Punta Palai und andere: bitte »I Fenicotteri Rosa« kontaktieren!

Sonstiges:
- Trekking, Wandern, MTB (fast) ohne Grenzen
- Besuch des Nuraghen »Su Nuraxi« und des Dorfes Barumini
- Brunnentempel Santa Vittoria bei Serri
- Ruhe der Landschaft genießen.

28 Pala Manna 540 m /

Weit über dem riesigen Strand von San Nicolao und dem ehemaligen Minendorf Buggeru entwickelt sich dieser schöne Flug über der Westküste Sardiniens mit Thermik und Dynamik. Das Fluggebiet ist auf dem Kontinent praktisch unbekannt und existiert erst seit ein paar Jahren, in denen es von den »Fenicotteri Rosa« betreut wird. Der Zugang ist nicht ganz leicht zu finden. Und es gibt zwei verschiedene Startplätze.

Start

Pala Manna:
Start: W, NW, mittel, kleine Startflächen in der Macchia, bei ausreichend Wind unproblematisch.
Zufahrt:
① **N, NW, mittel.** Man folgt dem alten Fahrweg, der vom Dorfeingang Buggeru zu den aufgelassenen Minen bis auf 400 m Meereshöhe führt. Nach links geht ein Erdweg weiter, über den man relativ gerade auf 470 m Höhe einen kleinen Platz erreicht, der am Ende einer Einbuchtung nach WNW gerichtet ist. Hier parken und 50 m nach links weiter zu einem freien, leicht geneigten Platz. Hier kann man den Schirm bequem auslegen und starten. Jedoch ist dieser Startplatz bei Winden aus SW/NW zu meiden (Rotoren).
② **W, mittel.** Man geht von der Parkmöglichkeit nach rechts und erreicht auf einem Steig in weniger als 10 Minuten einen Grat, der offen nach Westen gerichtet ist. Leider sind die Startstellen hier busch- und steindurchsetzt und noch nicht richtig aufgeräumt. Deshalb nur für gute Starter geeignet, aber ungefährlich.
Malfidaneddu:
③ **W, mittel.** Von der Höhe auf 400 m folgt man einem Sträßchen leicht abwärts bis zu einer Kette (nach 50 m). Weiter zu Fuß am Hang empor zu einem Vermessungszeichen, in dessen Nähe man nach W starten kann. Man überfliegt dabei die alten Minengelände.

Landeplatz

Strand von San Nicolao. Außerhalb der Saison weit und problemlos. Direkte Straßenzufahrt (Buggeru – Fiuminimaggiore), Parkplätze reichlich entlang der Straße. Achten auf Badegäste! In der Nähe der Brücke landen. Dort gibt es auch im Juli/August noch am meisten Platz.

HU

540 m.

Flug

Ganzjahresflug. Im Sommer bereits ab 11 Uhr Thermik und ab 15 Uhr/16 Uhr sehr gut bis in den frühen Abend. Keine Hindernisse.

Schwierigkeiten/Gefahren

Leerotoren bei Start nach W neben der Straße, wenn Maestrale weht. Startschwierigkeiten generell bei Nullwind, da kaum Anlaufmöglichkeit. Wenig besucht, daher vor dem Flug Bescheid sagen. Nicht bei SW, S!

Streckenmöglichkeiten

Es ist denkbar, nach Süden Richtung Iglesias oder nach Osten Richtung Fiuminimaggiore zu fliegen. Auch einen Flug entlang der Fiuminese-Hauptkette bis Cuccurdoni mannu und ins Flachland bei Vallermosa ließe sich bewerkstelligen (ca. 30 km).

Talort: Als Stützpunkt empfehlen sich Fiuminimaggiore oder Iglesias.
Anreise: Wie in der Sardinienübersicht beschrieben per Flugzeug, Auto, Fähre.
Buggeru erreicht man über die SS 131, Olbia – Nuoro – Cagliari, Ausfahrt Terralba, Iglesias (SS 126). Kurz vor Fiuminimaggiore Abzweigung nach Buggeru.
Club/Treffpunkt:
• »I Fenicotteri Rosa«, F.I.V.L., Via Mons Cogoni 1, I-09170 Oristano, Tel. (00 39-7 83) 99 16 33, 7 04 67; Handy (00 39-3 68) 55 09 05, oder Tel. Büro (00 39-7 83) 55 11 33 (Marco Onnis und Francesco Cubeddu); siehe Übersicht Sardinien.
Unterkunft/Camping:
»Start-Uno« ist eine Organisation

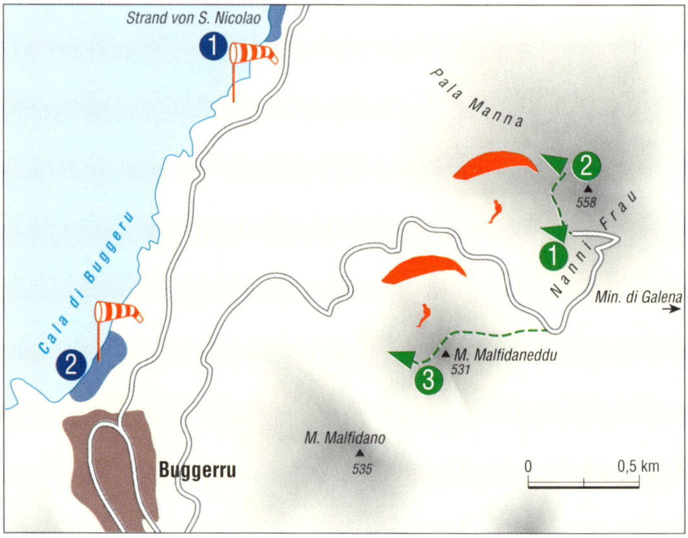

Malfidaneddu 530 m (Buggeru)

in Fiuminimaggiore und Iglesias, die fast sämtliche Exkursionen und Sportarten, aber auch folgende Unterkünfte organisiert:

- Camping »Ortus de Mari«, Tel. / Fax (00 39-7 81) 2 38 52 oder Tel. / Fax (00 39-7 81) 58 01 10.

Ansonsten:

- Hotel »Pan di Zucchero« in Nebida, 14 km südlich von Buggeru, Tel. (00 39-7 81) 4 71 14.
- Privatunterkünfte in Buggeru erfragen.
- Fiuminimaggiore: Albergo »Sant' Angelo«, Tel. (00 39-7 81) 58 03 55.
- In Portixeddu, etwas nördlich vom Landeplatz (3 km), gibt es einen Campingplatz am Ende des Strandes von San Nicolao.

Karte: Zur Zeit keine Karte im Maßstab 1:50 000 erhältlich, in Planung beim IGM (Istituto Geografico Militare), Florenz.

Alternativen:
Im Fiuminese/Iglesiente gibt es rund um Villacidro reichlich Flugmöglichkeiten. Man sollte jedoch stets vorher« I Fenicotteri Rosa« kontaktieren, z. B.

- **Cuccuru Fennugu** (NW-NE; ESE, mittel) über Gonnosfanadiga: nur mit Clubmitgliedern zusammen
- **Cuccuru Arbus** (S, E, mittel) ¾ Stunde zu Fuß und Piste von Villacidro
- **Cuccurdoni mannu** (N, NE, leicht) über dem See von Montimannu bei Villacidro (Zugang: kontaktieren Club oder Pro Loco Villacidro)
- **Punta Siliquia** (NW, SE, leicht); wie oben
- **Bosa** (siehe Seite 82).

Sonstiges:

- Zentrum von Iglesias
- MTB, Wandern und Entdecken im Hinterland des Fiuminese
- Einsame Berge und Buchten südlich von Buggeru
- Tempio di Antas und Valle d' Oridda
- Costa Verde
- Isola di San Pietro.

Die sardischen Küsten bieten endlose Ufer zum Soaren und Schweben...

29 Monte Furru 200 m (Bosa)

Das gemütliche, kleine Städtchen Bosa verfügt über Hügel, Kanten und Strände, jedenfalls genügend Küste für genügend schöne Küstenflüge bis zu 750 m über dem Meer. Potential für einen entspannten Urlaub an der mittleren Westküste Sardiniens. Südlich über Bosa Marina erhebt sich der Rücken des Monte Furru und erlaubt Soaring- und Crossflüge.

Start

W, NW, mittel, ca. 200 m. Entlang des etwa 1 km langen Rückens kann beliebig gestartet werden. Der beste Start liegt auf halbem Weg über der Straße, auf ca. 120 m (unterhalb der Felsen). 10 Minuten Anstieg von der Küstenstraße (über die Gleise). Auf die Gratfläche führt von hinten ein Weg hinauf (ca. 30 Minuten). Startwind mindestens 18 km/h zum Soaren und Steigen, sonst bleibt es beim Gleitflug.

Landeplatz

Freie Flächen östlich hinter Bosa Marina, direkt am Fuß des Rückens. Der Strand von Bosa Marina darf nur von Oktober bis April angeflogen werden (wegen Badegästen im Sommer). Wer sich nicht daran hält, muß mit einer Anzeige rechnen.

HU

Maximal 200 m.

Flug

Soaringflug mit Thermik, bei NW-Wind Rotoren vom Nordende des Rückens, mitunter turbulent, wenn thermodynamisch.

Schwierigkeiten/Gefahren

Bei NW-Wind (Maestrale) sollte das nördliche Ende nur mit guter Überhöhung angeflogen werden, weil dessen senkrechte Klippen Rotoren und große Turbulenzen erzeugen können.

Streckenmöglichkeiten

Nach Süden kann die Küste bis Punta di Foghe abgeflogen werden – 12 km (und zurück eventuell). Wem das nicht reicht, der findet am Monte Pittada an windstillen, ruhigen Tagen den idealen Thermikflug 800 m über dem Meer, für Versuche ins Hinterland.

Talort: Bosa an der Mündung des Temo.
Anreise: Nach Sardinien siehe Übersicht.
Von Olbia – Nuoro SS 131 bis zur Kreuzung Cagliari – Sassari bei Abbasanta. Hier Richtung Sassari, bis hinter Macomer die Ausfahrt Sindia/Bosa kommt.
Club/Treffpunkt:
- »I Fenicotteri Rosa«, F.I.V.L., Via Mons Cogoni 1, I-09170 Oristano, Tel. (00 39-783) 99 16 33, 70 467; Handy (00 39-368) 55 09 05, oder Tel. Büro (00 39-783) 55 11 33.

An Wochenenden mitunter einige Piloten in Bosa anzutreffen.

Unterkunft/Camping:
- Hotel »Costa Corallo«, Bosa Marina, Tel. (00 39-785) 37 51 62, Fax – 37 55 29.
- Hotel »Il Gabbiano«, Bosa Marina, Tel. (00 39-785) 37 41 09.
- Viele Ferienwohnungen in Strandnähe, einige wenige Hotels und Pensionen in Bosa selbst. Die Touristeninformation heißt Pro Loco.
- »Piccolo Hotel Alabe«, Porto Alabe, angenehm, Tel. (00 39-785) 35 90 56.

Karte: IGM 1:25 000, Blatt 497/II (Bosa) und 497/III (Bosa Marina).

Alternativen:
- **Monte Pittada** (W, SW, mittel): Kontakt siehe Club
- **Ischia Ruggia** (W, leicht)
- **Abba Drucche** (W, mittel) nördlich von Monte Furru über dem Strand
- **Monte Ferru,** nördlich von Bosa: diverse Startplätze: bitte Francesco kontaktieren!

Sonstiges:
- Bummel durch Bosa-Altstadt (Strand lohnt nicht)
- Sinis-Halbinsel
- Valle dei Nuraghi
- Lago del Temo
- MTB und Wandern im Hinterland.

Küste bei Bosa im Westen Sardiniens.

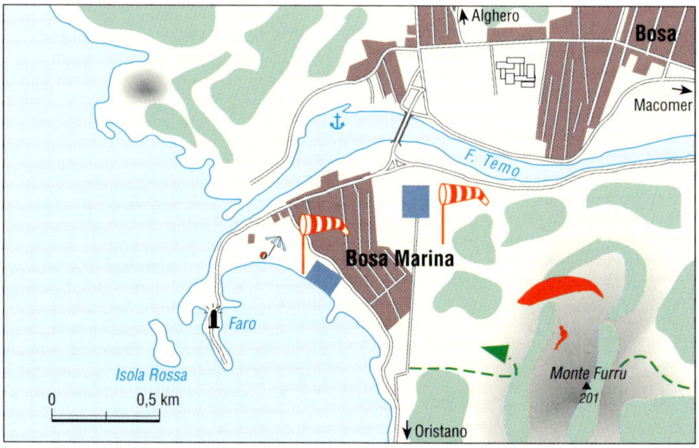

30 Mont Gros 686 m (Monaco)

Fast 700 m über den Wolkenkratzern von Monaco/Monte Carlo zu fliegen und das Meer unter sich zu haben, ist eine seltene Faszination.
In den letzten Jahren hat es sich eingebürgert, Monaco über die grauen Tage um die Jahreswende zu besuchen. Leider ist daraus eine Heimsuchung geworden, und es wimmelt in dieser Zeit nur so von Piloten. Der Luftraum ist zu dieser Zeit überfüllt, und viele unliebsame Dinge können geschehen. Darum empfehle ich dringend, dieses Fluggebiet um die Jahreswende zu meiden. In der Nebensaison hingegen ist es hier wunderschön. Die Flugbestimmungen sind mit hohen Auflagen verbunden – zu Recht! Wer sie respektiert, kann die Faszination des vollkommen bizarren Kontrastes zwischen dem Blau des Meeres und der lauten, schillernden Weltstadt am Uferstreifen in vollen Zügen genießen.

Start

① **S – W, einfach, 680 m.** Große Startfläche auf der Kuppe, mehrere Windsäcke. Vom Parkplatz in wenigen Minuten zu erreichen.
② **O, NO, mittel, 665 m,** bei Gegenwind einfach. Vom Startplatz 1 hinab auf die Rückseite.
Zufahrt: Von Roquebrune – Cap Martin auf der Hauptstraße (N 7) abbiegen in Richtung Autobahnanschluß, auf die D 2564 und 8 km hinauf nach La Turbie. Am Ortseingang in Richtung La Peille/Mont Agel zur Gabelung, auf der D 153 geradeaus (Mont Agel). In Kehren hinauf zum Col de l'Arme, vorbei am Drachen-Startplatz und am Monte-Carlo-Golf-Club rechts halten, unter den Stromleitungen rechts weiter, dann ca. 1,5 km abwärts. Bei einer weiteren Gabelung wieder rechts dem Schild »Vol Libre« folgen. Steil abwärts und steil wieder hinauf bis zum Ende des betonierten Fahrweges beim Parkplatz.
Achtung Piloten: Der Club organisiert ab Bahnhof (Gare SNCF) Roquebrune täglich im Halbstundentakt ab 10 Uhr eine Navette (Pendelbus). Oder auf Anfrage, Hotel »Westminster«, Tel. (00 33) 4 93 35 00 68.

Landeplätze

① **Plage du Golf Bleu.** Meeresniveau, 300 m langer, leicht halbmondförmiger Strand.
Zufahrt: In Roquebrune von der N 7 beim Schild Gare SNCF abzweigen und zum Parkplatz beim Bahnhof hinunter. 5 Min. zum Strand (Schild Golf Bleu).
② **Notlandeplatz, 270 m,** große Fläche neben dem Sportplatz von Beausoleil über dem Ort, in Falllinie zum Col de l'Arme.

HU

Zwischen 665 m und 680 m.

Flug

Der Mont Gros ist kein Fluggelände für Anfänger. Piloten sollten Start und Landung beherrschen und rechtzeitig erkennen können, wann der Wind ungünstig wird, um nicht über unlandbares Gelände verblasen zu werden.
Das Fluggelände eignet sich bei Thermik und Meerbrise, ohne Störungseinfluß durch überregionale Winde. Bei unterschiedlichen Windrichtungen findet sich Aufwind an unterschiedlichen Ecken des Geländes. Nicht zu weit übers Meer und über Monaco hinausfliegen, weil vielleicht der Weg zum Landeplatz nicht mehr ausreicht!
Überfliegen verboten:
- Mont-Agel-Gipfelbereich (Militäranlagen).
- Grundstück des Fürsten von Monaco (zwischen Mont Gros und Col de l'Arme neben der Höhenstraße).
- Sendeanlagen von Radio Monte Carlo.
- Vom 1.5. bis 31.5. darf an Wochenenden und Feiertagen erst nach 18 Uhr am Golf Bleu gelandet werden.
- Vom 1.6. bis 30.9. darf generell nur nach 18 Uhr am Golf Bleu gelandet werden.
- Vom 1.10. bis 31.10. darf nicht vor 10 Uhr gestartet werden.

Bei Wind aus Nordosten (Hochdruck), der die Seebrise überlagert, befindet man sich westlich des Vista-Aéro-Hotels im Lee, und wenn der NO-Wind stärker durchdrückt, muß vom Meer her angelandet werden (nicht zu weit nach Westen abdriften!).
Wasserbergungen kosten 500 FF.
Die allgemeine Funkfrequenz ist 143.900.
Hinweis: Am Mont Gros häufig Autoeinbrüche.

Schwierigkeiten/Gefahren

Nicht bei Mistral und Starkwind starten, egal, in welche Richtung! Stark besiedeltes Relief mit Häusern und Leitungen, keine vernünftigen Notlandemöglichkeiten vorhanden. Bei starkem Flugbetrieb extreme Kollisionsgefahr, insbesondere, wenn viele Drachen (selten) in der Luft sind und »kleinräumige« Bedingungen herrschen.

Streckenmöglichkeiten

Wenn man alle Regeln einhält, gibt es trotzdem für sehr gute Piloten Möglichkeiten, nach Norden und Westen zu gelangen: Der weiteste Flug ging nach Isola 2000 in den Seealpen (mit einem Drachen). Interessant ist die Strecke nach Eze und zurück (ca. 11 km). Es wurden im Frühling Startüberhöhungen bis zu 2000 Meter erflogen! Das nördliche Hinterland erfordert jedoch wegen seiner problematischen Täler eine ausreichende Ausgangshöhe und

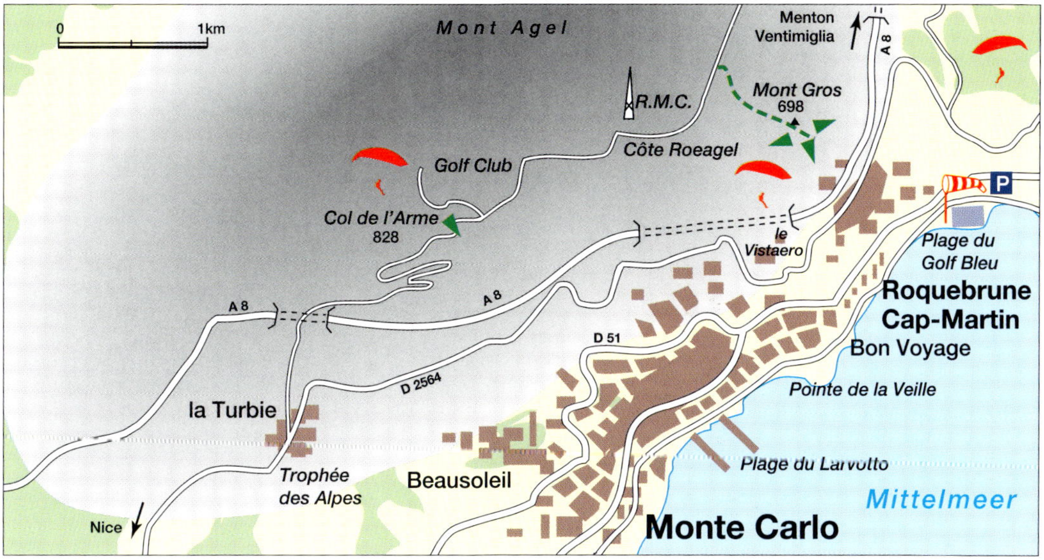

sorgfältig geplante Flüge. Eine schöne Strecke führt über Ste-Agnès nach Sospel (Mont Agaisen) und über den Col de Brouis in Richtung Tende. Im Nordwesten gelangt man über die Chaîne de Ferion – Brec d'Utelle ins Tinéetal und in die Hohen Seealpen (Valberg).
Im Westen bildet das Varstal eine ernste Hürde, da es breit und kaum landbar ist. Nur mit viel Glück und sehr hoher Basis ließe sich Grasse (Kennedy) erreichen!

Talort: Roquebrune/Cap Martin, 78 m
Anreise: Von Norden: Rheintalautobahn Chur – Bellinzona – Chiasso – Como – Richtung Milano bis Lainate – Torino – Umfahrung – A 6 in Richtung Savona/Genua/Monaco bis Abzweigung Cuneo (SS 20) – Col de Tende – Ventimiglia. Dort Autobahn Richtung Nice bis Ausfahrt Roquebrune – Cap Martin (oder auf der Küstenautobahn bis Savona).
Von Westen: Autobahn Aix – Nice – Menton (A 8) bis Ausfahrt 57 (La Turbie) und auf der D 2564 nach Roquebrune.

Club/Treffpunkt: Club des Hotels »Westminster«. Die GS-Flieger treffen sich an den Wochenenden beim Landeplatz oder am Bahnhof, wo der Pendelbus startet. Ansonsten: Club »Voltige« in Monaco, Tel. (00377) 93254176.
Flugschulen:
• »Ascendance Côte d'Azur Alticoop«, 4, Rue Caroline, F-06100 Nice, Tel. (0033) 492091616
• »Cumulus« 32, Av. Prince de Galles, F-06400 Cannes, Tel. (0033) 493382492
Camping/Unterkunft:
• Office du Tourisme Roquebrune/ Cap Martin, Tel. (0033) 493350287
• Hotel »Westminster«, Tel. (0033) 493350068
• Hotel »Mirasol«, Wochentarife für Piloten, Tel. (0033) 493350039
• Camping »Fleur du Mai« in Val Gorbio, Tel. (0033) 493572236
• Camping Municipal Menton, Tel. (0033) 493358123
• Hotel »Le Platane«, Tel. (0033) 493350527.
Wetterauskunft: Automat 03668/0404

Karte: IGN, 1:25 000, Blatt 3742, est.

Alternativen:
• **Col de l'Arme** (SO, S, schwierig) über Beausoleil, wie Mont Gros
• **Eze** (O, SO, einfach, aber Landeplatz sehr klein), Straße von Eze zum Start.
• **Roc d'Ormea** (Col du Berceau), S, mittel, heikel bei Seitenwind, nur bei Brise nach Süden, 1100 Höhenmeter zum Strand von Menton, nach Castellar plus 2 Stunden.
• **Cime des Cabaneilles** (W, einfach; O, mittel) über Peille, Fahrstraße über Col de la Madone.
• **Ventimiglia/Italien** (SO, O, mittel).
• **Vallée de la Roya.**
• **La Cagourine** über Tende.
• **La Riba de Bernou, Le Charjol,** Col de Tende, Info: Tel. (0033) 493046264.
• **La Colmiane** (NW, einfach).
• **Ospedaletti** (siehe Seite 68).

Korsika

Im Norden der Insel Korsika bei Cap Corse.

Die wilde Insel, auf der Napoleon geboren wurde, gehört zu Frankreich, obwohl die stolzen Korsen immer wieder auf ihre Eigenständigkeit pochen.
Den Korsikakennern von ihr zu erzählen, hieße »Eulen nach Athen tragen«. Also will ich mich auf das Fliegen beschränken.
Die Insel wird von Westwinden dominiert. Nordwind ist meist zu stark zum Fliegen im Norden. West-bis Nordwestwinde machen das Fliegen eher weiter im Süden interessant. Denn Wind mit 100 km/h bei Bastia muß in Ajaccio schon kein Hindernis mehr sein: dort kann man trotzdem fliegen (Ostseite). Kurz vor und nach Starkwindphasen ist der Norden gut zum Fliegen.

1988 begann hier die GS-Fliegerei. Früher gab es ein paar Drachenflieger. Heute nicht mehr. Das Problem lag in der Knappheit der Landeflächen. Mit dem Schirm wurde dieses Risiko verringert. Heute hat die Insel knapp 100 selbständige Piloten und zwei Flugschulen in St-Florent und Cervione.

Die beste Zeit reicht von Mai bis November mit sehr schönen Tagen bereits im Februar. Die Insel ist reich an unterschiedlichen Mikroklimata. Wer trotzdem nur zum Fliegen herkommt, sollte sich eines Besseren belehren lassen. Die Regionalwindkenntnisse kann ihm mein Buch nicht beibringen, er muß schon mit den Einheimischen Kontakt aufnehmen. Und zweitens gibt es auch Tage, an denen die reiche und vielfältige Natur vom Boden aus genossen werden sollte.

Das jährlich stattfindende »Festival du Vent« sollte man sich dann auch nicht entgehen lassen!
Wie man auf die Insel kommt? Hauptfährverbindungen gibt es von Nizza, Genua, La Spezia und Livorno in wenigen Stunden. Mit dem Flieger kommt man nach Bastia und Ajaccio. Diese teuren Linienflüge rentieren sich nur für Kurzurlauber, denen der Geldbeutel nicht wichtig ist, also nicht für uns Piloten.

Viel Spaß beim Entdecken aus der Luft!

(Co-Autor dieses Beitrags: ***Gilles Baldessari****)*

31 Nonza 290 m

Schöner Thermik- und Soaringflug über der wilden Westküste des Cap-Corse-Fingers. Ein Ganzjahresflug.

Start

W, mittel. Beim Schild neben der Straße (D 80) 1 km nördlich von Nonza dem rotmarkierten Weg zum Startplatz folgen (5 Minuten).

Landeplatz

Strand von Nonza. Zufahrt über die Straße zum Restaurant »Les Pirates« (Schild).

HU

290 m.

Flug

Die besten Thermiken befinden sich oberhalb des Startplatzes. Sie zu erreichen ist nicht einfach. Ansonsten lohnt sich der große Felsen am Dorf Nonza zum Soaren und bei entsprechender Thermik.

Schwierigkeiten/Gefahren

Unterhalb des Starts auf die Hochspannungsleitung achten, die vor dem Strand verläuft. Nicht bei über 25 km/h Wind starten. Die Gefahr, nach hinten getragen zu werden, ist groß. Es gibt keinerlei Notlandemöglichkeiten.

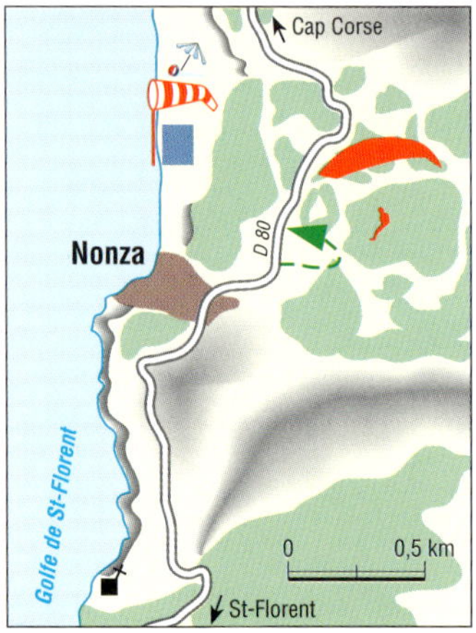

Streckenmöglichkeiten

Man kann mit guter Thermik und pilotischem Können zum Hauptkamm des Cap Corse aufdrehen und nach Süden folgen. (Bis St-Florent wurde schon öfter geflogen.)

Talort: Nonza, 155 m.
Anreise: D 80/81 von St-Florent. Von Bastia über Col de Teghime.
Club/Treffpunkt: Gilles Baldessari, 20217-Canari, Tel. (00 33) 4 95 37 84 81.
Unterkunft/Camping: Wildes Campen verboten.

Gleiten über St-Florent an der Nordküste von Korsika.

- Einziger Campingplatz in Farinole: »A Stella«, Tel. (00 33) 495 37 13 84.
- Hotel »Les Tamaris«, Tel. (00 33) 495 37 81 91.
- Tip: gut essen (korsische Küche) mit Rebeccas Pianobegleitung kann man in der »Auberge du chat qui pêche«.

Karte: IGN Nr. 4347/05 »Top 25« (Cap Corse).
Wetter: Aéroport Bastia, Tel. (00 33) 4 36 68 02 20.

Alternativen:
- **Albo-Steinbruch** (NW, leicht), neben der Straße zum Steinbruch zum Strand bei Albo
- **Cima di e Follicce** (W, leicht), ¾ Stunde zu Fuß von Olcani über Ogliastro
- **Col St-Jean** (E, leicht); Straße von Marine de Sisco
- **Col de Teghime** (W, leicht), Straße von Bastia und 10 Minuten zu Fuß; FFVL-Fluggebiet
- **Serra de Pigno** (W, mittel; große Antenne über Bastia); Straße, Flug nach Osten verboten!

Spätnachmittag über dem Strand von Nonza.

32 Col de Bataille 1140 m

Das alpine Fluggebiet der wilden Felslandschaft von Korsikas Nordwesten läßt kaum Wünsche offen.

Start

NW, leicht, ca. 1100 m, direkt am Grat.
Zufahrt: D 63 von L'Ile Rousse über Speloncato zum Col de Bataille (Bocca di a Battaglia). Am Col Piste zum Grat (500 m). Entweder zu Fuß oder mit Auto.

Landeplatz

95 m. Man landet neben der D 113 (Richtung Pomontone) etwas östlich vor dem Stausee »Barrage de Codole« auf der südlichen Seite.

HU

Ca. 1000 m.

Flug

Exzellenter Thermikflug. Direkt über Speloncato steht der beste Bart.

Schwierigkeiten/Gefahren

Außer Starkwind keine.

Streckenmöglichkeiten

Gesamte Kette des Monte Grosso und Monte Cinto nach SW; Flüge zum Meer.

Talort: Speloncato/Ville di Paraso, 448 m.
Anreise: Von Bastia auf der N 193 bis Ponte Leccia, N 197 nach l'Ile Rousse bis Lozari, danach Richtung Belgodère bis Speloncato. Dort D 63 zum Col.
Club/Treffpunkt:
- »L'Alturaghia«, Tel. (00 33) 495 32 19 47.

Unterkunft/Camping:
- Camping bei Lozari (Strand).

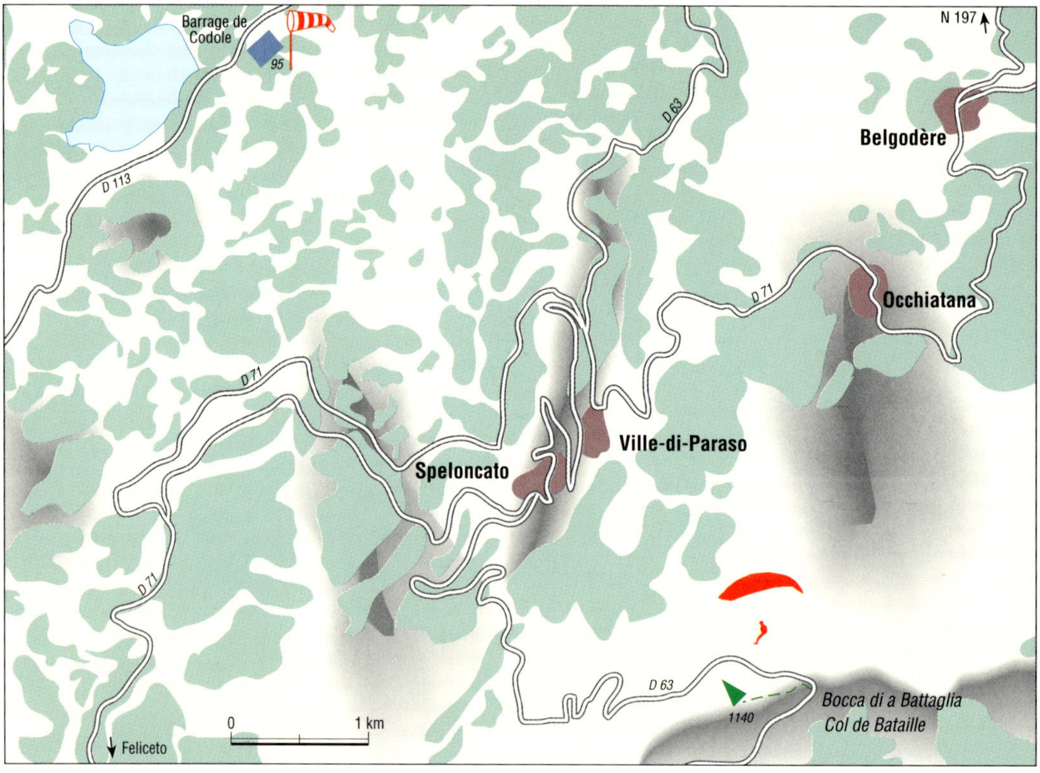

• Camping Comunal »Campéoles«: Tel. (00 33) 495 60 20 20.
• Auberge »Algajola«, ein Hotel in Pioggiola, typisch korsisch, nicht weit vom Startplatz, Tel. (00 33) 495 61 90 48.
• Auberge »La Pidrinella« in Speloncato, Tel. (00 33) 495 61 50 31.
Karte: IGN Nr. 4249 OT, Top 25, Blatt L'Ile Rousse.

Alternativen:
• **Belgodère** (W, NW, leicht) neben der N 197
• **Corbara** (SW-NW, leicht) über L'Ile-Rousse
• **Algajola** (N, leicht); ½ Stunde zu Fuß von der N 197: ein Flug über dem Dorf Algajola
• **Col de Salvi** (W, NW, leicht); Start direkt unter der Straße am Sattel (D 151)
• **Lozari** (SW, leicht): Soaring über der N 1197
• **Ostriconi** (NW, leicht).

Der Col de Bataille in der wilden Felslandschaft des korsischen Nordwestens.

33 Cervione 775 m

Hauptfluggebiet Korsikas und wichtigster Flug im Osten der Insel, jedoch nicht bei Nordwestwind.

Start

① **La Scubiccia, 775 m, E, leicht,** aber viel Wind, da Paß.
Zufahrt: Straße von Cervione zur Kapelle Notre Dame de la Scubiccia. Der Start befindet sich dahinter.
② **Punta di a Nevera, 801 m,** SE, E, S, leicht; nicht bei NE: Lee!
Zufahrt: Wie bei 1. Jedoch von der Kapelle nach Süden fahren (10 Minuten).

Landeplatz

E Piane, 150 m.
Zufahrt: Richtung Cervione links (orographisch). Südlich neben der D 71, ca. 1, 5 km vor dem Ort, liegt das Landefeld (beschildert, Windsack).

HU

665 m.

Flug

Sehr gutes Thermikfluggebiet. Der Col kanalisiert den Wind, deshalb dort auf Starkwind achten.

Schwierigkeiten/Gefahren

NE-Wind ist hier Gift.

Streckenmöglichkeiten

Hauptsächlich nach Norden über die Castagniccia-Kette, Tox und zurück.

Flieger an der Punta di a Nevera.

Start an der Punta di a Nevera über Cervione.

Talort: Cervione, 300 m.
Anreise: Von Bastia die N 198 (Bonifacio) bis Prunete, dann D 71 nach Cervione.
Club/Treffpunkt: Cimale, Tel. (00 33) 495 38 13 44.
Flugschule:
• Ecole de Parapente »U Più Altu«, Tel. (00 33) 495 33 37 85.
Unterkunft/Camping: Verschiedene Campings und Unterkünfte an der Küste. In Cervione selber höchstens Privatzimmer. Erfragen!
Wetter: Aéroport Bastia, Tel. 4 36 68 02 20 (nur im Inland erreichbar).
Karte: IGN Nr. 4351 OT, Top 25 (Korsika)

Alternativen:
• **Tox** (SE, E, leicht)
• **Col de Teghime** (W, leicht)
• **Col de Bigorno** (E-Start, aber Flug nach Westen!); Straße von Murato.

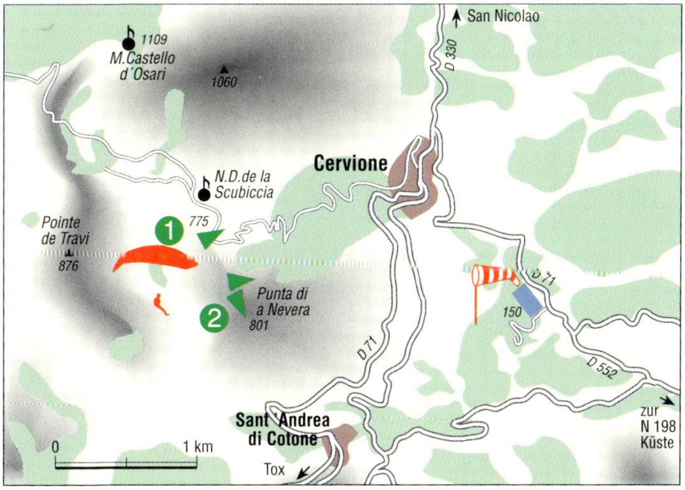

34 Capu di Manganu 1631 m

Herrlicher Hochgebirgsflug zu Füßen des Monte Cinto, des höchsten Punktes der Insel, über dem Stausee von Calacuccia. Sehr gute Thermik und daher ausschließlich ein Flug für erfahrene Piloten – die Basis kann an manchen Tagen auf beachtlichen 4000 m liegen!

Start

S, leicht.
Zufahrt: Über die Piste von Lozzi zum Refuge de l'Ercu fährt man bis kurz vor der »Bergerie de Pietra Pinzuta«, wo die Straße endet. Von hier nach SW 15 Minuten auf den Kopf zum Start ansteigen.

Landeplatz

Stade (Stadion) von Albertacce, 850 m. Achten auf die Baumreihe auf der Nordseite! Das Gelände liegt unterhalb der D 84 kurz nach dem Ort (SW).

HU

780 m.

Flug

Man verfolgt den Grat nach NW Richtung Capu Falu und erwischt hier die beste Thermik. Nur für Erfahrene!

Schwierigkeiten/Gefahren

Im Winter unzugänglich. Ansonsten Hochgebirgsflug mit allen Schikanen und starker Thermik.

Zu Füßen des höchsten Berges von Korsika, des Monte Cinto.

Streckenmöglichkeiten

Gesamtes Cinto-Massiv. Alle Richtungen. Wenig exploriert. Äußerst anspruchsvoll.

Talort: Lozzi, 1000 m, oder Calacuccia, 845 m.
Anreise: Von der Straße Bastia – Ajaccio (N 193) bei Francardo auf die D 84 nach Calacuccia. Weiter über Lozzi wie beschrieben.
Club/Treffpunkt:
- »Ale Nioliche«, Tel. (00 33) 495 48 04 43, Sylvestre Paccioni.

Karte: IGN 1:25 000, Top 25, Blatt 4250 OT (Corte-Monte Cinto).
Unterkunft/Camping:
- Gîte (einfache Herberge) in Albertacce, M. Albertini, Tel. (00 33) 495 48 05 60.
- Hotel »L'Acqua Viva« in Calacuccia; Tel. (00 33) 495 48 06 90
- Camping »U Monte Cinto« in Lozzi; Tel. (00 33) 495 48 04 45.

Alternativen:
- **Bocca à l'Arinella** (N, leicht); Straße von Casamaccioli
- **Capo di Curzo** (SW, leicht) über Curzo am Golfo di Porto (D 81)
- Flug von **Girolata** (S, SW); man startet 30 Minuten zu Fuß westlich der Bocca di Palmarella und landet am Strand bei Girolata: keine Straße! Rückweg nur per Boot oder Wiederaufstieg. Eventuell Toplanding, um diesen zu vermeiden.

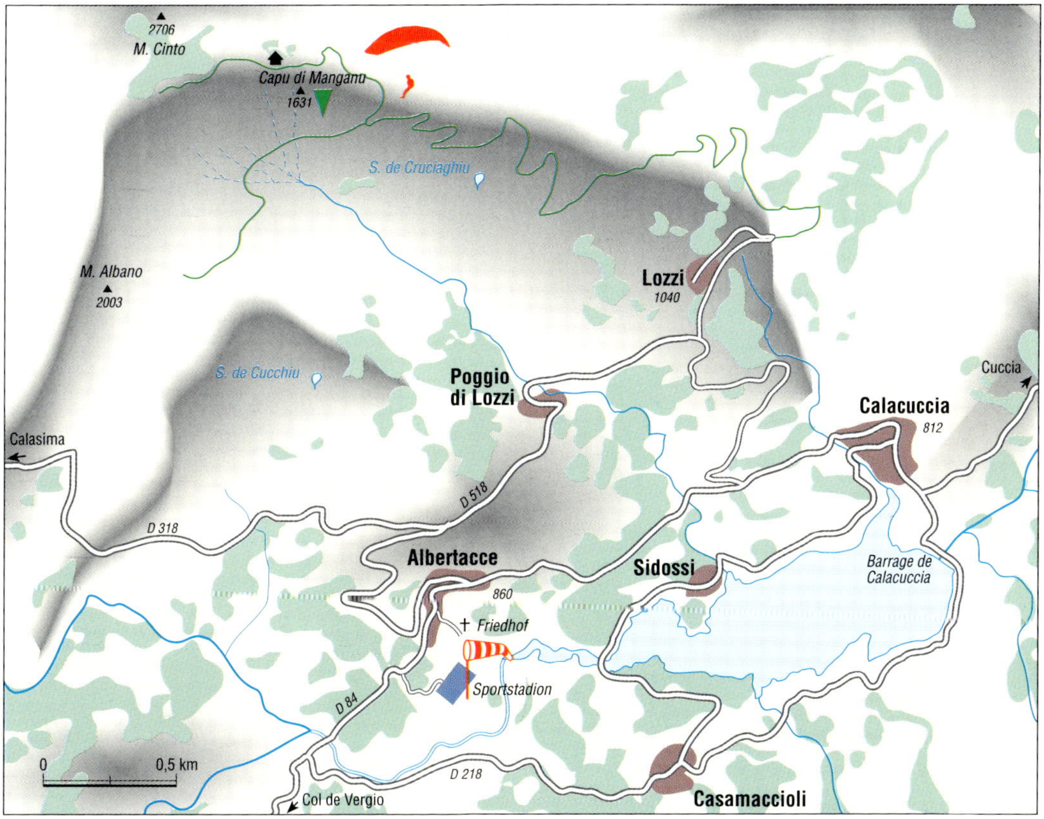

35 Bocca di Tartavello 885 m

Nördlich unweit von Ajaccio beginnt dieser schöne Flug über dem Gravone-Tal. Er bildet den Ausgangspunkt für interessante Streckenflüge nach Norden in die hohen Massive.

Start

S, leicht, unterhalb der Antennen des Col.
Zufahrt: Von Suaricchio (Richtung Vero) von der N 193 aus (Ajaccio – Bastia).

Landeplätze

Mindestens GZ 6 nötig!
① **Auf 228 m neben der N 193,** links (nördlich) kurz vor der Abzweigung bei Suaricchio.
② **Ausweichlandeplatz** (einzige Lichtung im Tälchen) unterhalb des Col auf ca. 300 m. Dazwischen nichts!

Flug

Sehr bewaldete Umgebung. Vom Start fliegt man sofort nach rechts, wo die meist einzige nutzbare Thermik steht, um dort sofort höher zu kommen.

Schwierigkeiten/Gefahren

Vorsicht: Leethermik kann bei stärkerem W/NW-Wind diesen verdecken. Über dem Startplatz gelangt man dann in den Rotor.

Streckenmöglichkeiten

Schlüsselstelle für Crossflüge ist die Punta Sant' Eliseo, wo von beiden Seiten Thermik ansteht. Schafft man diesen Berg, ist es hinterher leichter, weiter zu kommen. Auch das Gravone-Tal nach Süden zu überqueren, ist möglich, aber schwierig.
Hier ist auch der bisherige korsi-

Die Bocca di Tartavello über dem Gravone-Tal.

Vom Rocher des Gozzi sind Flüge in Richtung der korsischen Westküste zu empfehlen. ▷

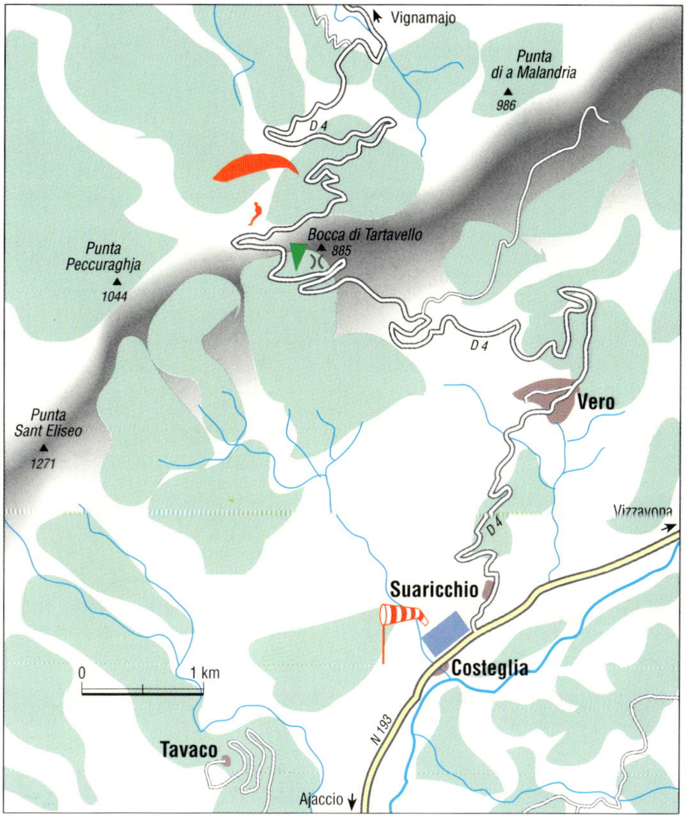

sche Streckenrekord geflogen worden: 60 km nach Norden bis hinter Pietralba.

Talort: Suaricchio, 228 m.
Anreise: Straße N 193 Ajaccio – Bastia, 37,5 km nördlich von Ajaccio Abzweigung über Suaricchio zum Start.
Club/Treffpunkt:
- »Les Ailes Insulaires«, Tel. (00 33) 495 22 38 98.

Unterkunft/Camping:
- Ferme-Auberge »U Celavu«, Tel. (00 33) 495 52 80 64.

Karte: Didier & Richard 1:50 000, Nr. 23 (Corse Sud).

Alternativen:
- **Col de St-Bastiane** (NW, leicht) über dem Golfe de Sagone mit Landung am Strand von Liscia
- **Rocher des Gozzi** (S, SE, leicht). CTR Ajaccio beachten! Flug nach Piscia-Rossa über Afa
- **Cargèse** (W, leicht): Landung am Strand von Cargèse im Sommer heikel, da viele Urlauber!
- **Tolla** (N, S, leicht) südlich gegenüber Tartavello auf der anderen Kette. Schöner Flug zum Lac de Tolla; Piste von Tolla.

Spanien

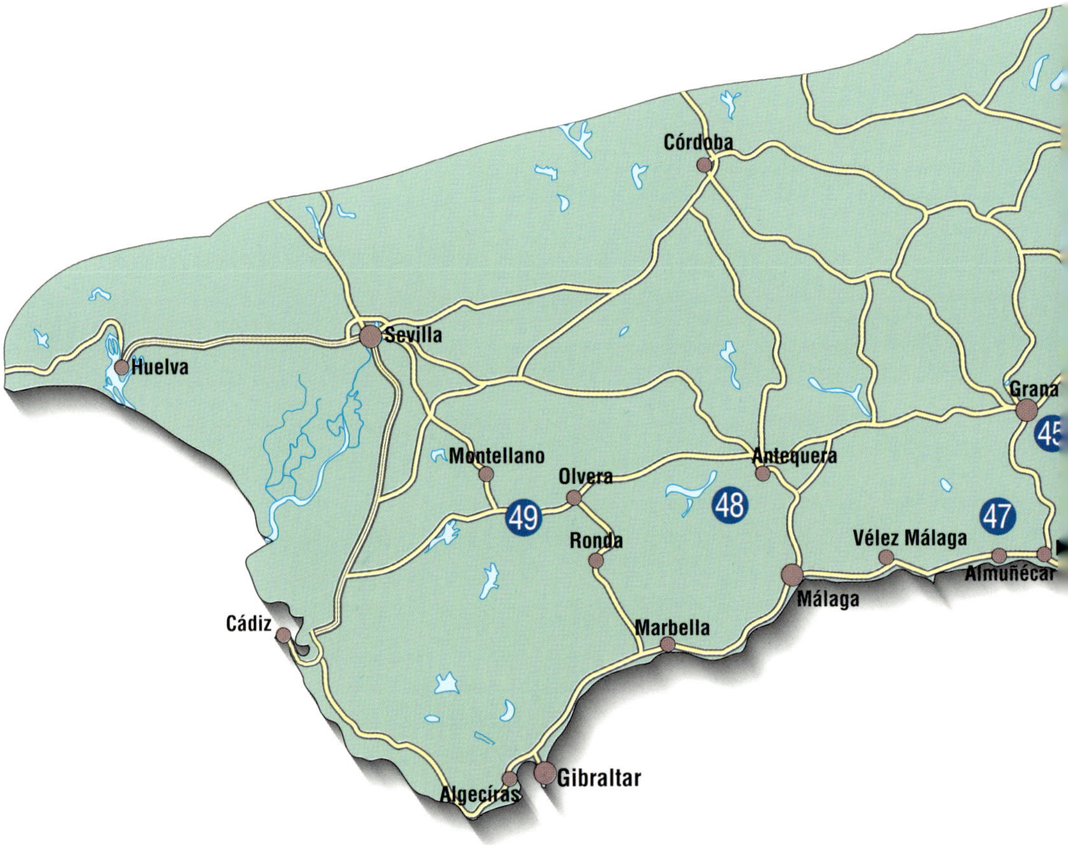

In Spanien gibt es etwa 3000 Gleitschirmpiloten und zehn Flugschulen. Die Zahl der Drachenflieger liegt bei ca. 800 bis 900 und stagniert. Die bedeutendsten Fluggebiete sind Castejon de Sos in den Pyrenäen, Piedrahita in der Sierra Zentralspaniens nordwestlich von Madrid sowie die großen Flugzentren Andalusiens bei Granada (Sierra Nevada) und Almeria. Auch um Alicante hat sich in der Comunidad Valenciana eine Fliegerhochburg mit zahlreichen kleineren Fluggebieten entwickelt, während die Fliegerei um Almunecar mehr von Touristen betrieben wird.
Die Fliegerei, insbesondere auf den Inseln, wurde durch den Gleitschirmtourismus forciert. Fast auf jeder der Balearen- und Kanaren-Inseln kann geflogen werden, und es existieren Fluggebiete. Vorhandene Auflagen sollten unbedingt beachtet und ansonsten eine Einweisung mit ortsansässigen Piloten als Grundlage für kameradschaftliches Fliegen betrachtet werden. ▷

In der Hügellandschaft der Loma de Velilla unweit Almuñécar.

Spanien

Die beste Zeit in Südspanien und auf den Inseln reicht von Oktober bis März. Davor und danach ist es entweder zu windstark (Azorenhochdruckzone) oder thermisch uninteressant (Hitzeinversionen) – mit Ausnahme von Piedrahita, Castejon und den höher gelegenen Plätzen der Sierra Nevada. Es handelt sich also, auch aufgrund der idealen Lage und Sonneneinstrahlung, um Winterfluggebiete. Die meiste Sonne erhalten dabei die Gebiete um Almeria und Alicante.
Spanien besitzt mit »Parapente« eine eigene Fliegerpresse. Mario Arqué Domingo zeichnet in Lleida bei Barcelona dafür verantwortlich und ist sehr hilfsbereit und aufgeschlossen.

Kontaktadresse:
Edition Perfils, Aptdo. 794, E-25080 Lleida, Tel. (00 34-(9)73) 23 44 53, Fax – 2 22 16 70.

Einige Besonderheiten betreffen das **Telefonieren:** In Spanien gibt es statt »0« im Inland die Vorwahl »9«; Ortsgespräche ohne Vorwahl, Auslandsgespräche: »07« plus Landescode, z. B. 07 49 für Deutschland.
Spanien-Vorwahl international (00 34) plus Stadt plus Privatanschluß. Vom Ausland nach Spanien keine »9« mitwählen. Die »9« ist daher bei allen Telefonnummerangaben in Klammern vorangestellt!

Wetterberichte:
Es gibt ein spanienweites Auskunftsnetz unter der Nummer 9 06 36 53 plus die ersten beiden Postleitzahlen der angewählten Provinz, z. B. 04 (Almeria, Alicante); ganz Spanien 9 06 36 53 plus 65.

Notruf in Spanien: 091.

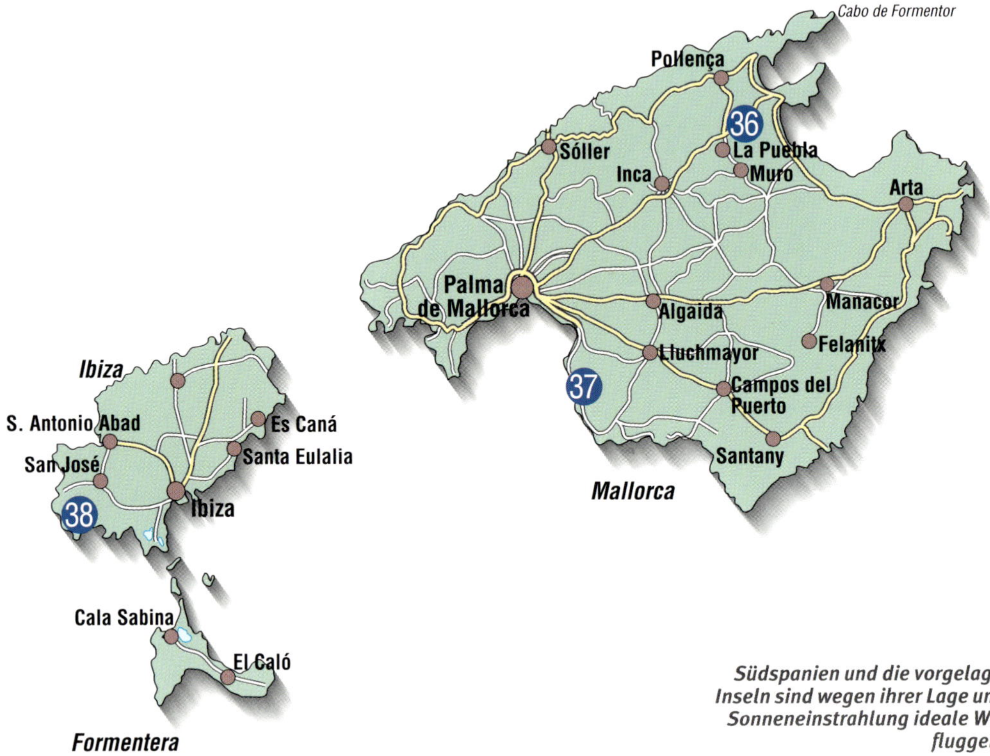

Südspanien und die vorgelagerten Inseln sind wegen ihrer Lage und der Sonneneinstrahlung ideale Winterfluggebiete.

ALPINA
PROFESSIONAL EYEWEAR

36 Puig de Sant Marti 250 m

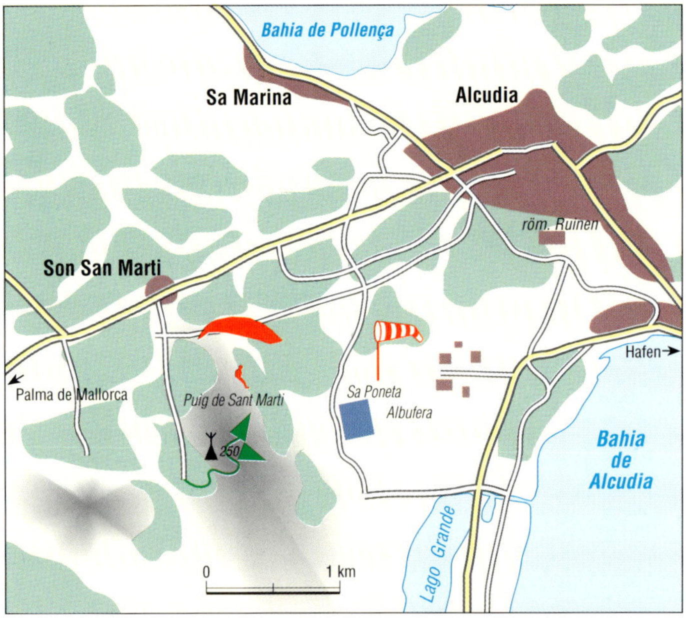

Im Norden Mallorcas über Alcudia und unweit der beiden durch eine Halbinsel getrennten Buchten von Pollença und Alcudia mit den größten Stränden der Insel liegt dieser unscheinbare Buckel etwa 2 km vom Meer entfernt. Er bildet zusammen mit dem Puig de Randa bei Lluchmajor das Hauptfluggebiet für Streckenambitionierte, ist aber weniger den Kriterien einer Flugschneise unterworfen.
Die Thermik auf Mallorca ist eng, aber stark genug, die Basis kann zwischen 1600 m und 2000 m (August) liegen. Von hier wurden bereits 63 km mit dem Drachen zurückgelegt. Aber das Startgelände ist schwierig und verlangt unbedingt eine Voreinweisung durch die in Alcudia ansässige Flugschule. Besonders im Sommer herrscht stärkerer Wind, und man sollte nur mit Starthilfe seinen Flug beginnen!
Vermeidet Zwischenfälle mit Grundbesitzern: Nicht überall einlanden – es gibt auf der Insel kein »Niemandsland« – und sich entschuldigen, im Fall einer Landepanne.

Start

① **E, mittel,** nicht besonders groß, am Gipfel, am Ende des Fahrweges.
② **N, schwierig und steinig,** etwas tiefer unterhalb der Antennen.
Zufahrt: Von der Hauptverbindung Palma – Alcudia (C 713) zweigt man bei Son Sant Marti nach Süden ab und folgt dem Fahrweg, der teilweise geteert ist, zu den Antennen hinauf.

Landeplatz

Puerto de Alcudia und Umgebung. Es gibt diverse, ständig wechselnde Flächen (je nach Anbau) und einen regulären Landeplatz, eine Brachfläche (die einzige am Ortsrand von Puerto de Alcudia), und zwar bei den beiden Hotels »Lago Monte« und »Garden Lago« (man fragt sich zu ihnen durch). Eine Vorabbesichtigung des Landeplatzes ist empfehlenswert.

HU

Ca. 235 m.

Flug

Ganzjahresfluggebiet, im Sommer mit GS tagsüber anspruchsvoller (Wind). Thermik- und Soaringflug mit Meerbrise und Ostwind, schwieriger mit nördlichen Winden.

Schwierigkeiten/Gefahren

Hindernisse und Leitungen, Häuser und Felder, schlechte Startplätze und im Sommer Starkwind.

Streckenmöglichkeiten

Nach Süden über die Llanura del Centro bzw. nach Westen in die hohen Berge der Serra de Tramuntana.

Talort: Alcudia, Puerto de Alcudia.
Anreise:
Mit dem Flugzeug: Flüge und Billigflüge nach Palma de Mallorca von vielen europäischen Flughäfen.
Mietwagen: In Palma de Mallorca am besten ein Mietauto nehmen: z. B. Carinca Rent-a-Car, Avda. 16 Julio, 33, 07009 Palma de Mallorca, Tel. (00 34-(9)71) 43 02 57, Fax – 43 07 28.
Club/Treffpunkt:
- In Alcudia Club de Parapente »Mallorca« und Escuela de Parapente »Alfabia«: Oscar Martinez kontaktieren (spricht englisch), Gebietseinweisungen und Ausflüge zu den Gebieten möglich: Tel. (00 34-(9)71) 89 13 66, -27 70 30.
- Drachenfliegerclub »Vol Lliure de Mallorca«, Tel. (00 34-(9)71) 79 46 15.
- Escuela »Vol Lliure«, Tel. (00 34-(9)71) 20 80 47.

Unterkunft/Camping:
Allgemeine Hilfe gibt das Oficina

de Turismo in Alcudia: Tel. (00 34-(9)71) 89 26 15.
Übernachten können Piloten selbstverständlich in den beiden Hotels in der Nähe des Landeplatzes:
• Hotel »Lago Monte«, Tel. (00 34-(9)71) 89 20 05
• Hotel »Garden Lago«, Tel. (00 34-(9)71) 89 08 62.
Ansonsten:
• Hotel »Bahía de Alcudia«, Tel. (00 34-(9)71) 54 58 00
• Pension »Mal Pas«, Tel. (00 34-(9)71) 54 51 43.

Alternativen:
• **El Vila** (SE, S, mittel) über Puerto de Pollença.
• **Alfabia** (S, SE, mittel) in der Serra de Tramuntana, Fahrweg plus 1 Stunde. Zur Zeit gibt es Schwierigkeiten mit dem Besitzer; bitte Oscar kontaktieren, bevor man dorthin aufbricht (siehe Club »Alfabia«).
• **Diverse Paratrekkingziele** für gute, selbständige Piloten in der Tramuntana und Levante; Auskünfte erteilen Oscar und auch die Piloten vom Club bei Palma (siehe: Fluggebiet Cabo Blanco).
• **Puig de Randa** (S, mittel) bei Lluchmajor; Straße zum Santuario de Cura.
• **Ermita de Betlem-Arta** (N, mittel) in der Serra de Levante.
• **Insel Menorca**: noch zu entdecken: der Flug vom **Monte Toro!**
• **Santa Magdalena** (Drachenfluggebiet. Kontakt: siehe Club!).
• **La Moleta d' Esclop** im Süden der Serra.

Sonstiges:
• In den Sommermonaten geht es um Alcudia und seine Strände hoch her: man spricht deutsch. Idealer und viel ruhiger sind Frühling und Herbst, es gibt eine Unmenge zum Besichtigen, zum Baden, zum Erwandern und Radfahren, und auch fürs Nachtleben ist in Alcudia gesorgt.
• Bummel durchs Zentrum von Alcudia (Castillo, Museum)
• Cueva de Sant Marti
• Römische Ruinen Pollentia
• Halbinsel Formentor (auch mit MTB)
• Besuch der Stadt Artà
• Nekropole San Real: größte Gräberstadt Spaniens aus der Antike, bei Ca'n Picafort
• Pollença ist auch einen Besuch wert
• Naturpark Albufera (Parc Natural S'Albufera) – das größte Feuchtgebiet im Mittelmeerraum
• Baden und Surfen, Segeln.

Nach dem Flug vom Puig de Sant Marti auf Mallorca.

37 Cabo Blanco 100 m

Mallorca, bestehend aus Fels und Macchia, ist eigentlich eine Insel für alles andere als Fliegen – auf den ersten Blick. Daß es dennoch ein paar Fluggebiete gibt, von denen sogar schon fast 50 km Strecke geflogen wurden, erstaunt bei der Flexibilität von Gleitschirmen kaum mehr. Die Küstenlinie südostlich von Palma de Mallorca aber hat das Zeug, guten, selbständigen Piloten ein paar Stunden Soaringvergnügen zu bieten. Zwischen Cap Enderrocat und der Feriensiedlung Bahia Grande kann man sich bei La Moreria in die Luft schwingen. Die Piloten nennen das trotzdem »Cabo Blanco«, obwohl geographisch das eigentliche Kap erst zehn Kilometer weiter südlich kommt.

Start

SE, E, leicht mit Wind, sehr flach, dann Abbruch, 100 m.
Zufahrt: Von Palma de Mallorca auf der Schnellstraße Richtung Arenal bis Ausfahrt (Salida) 13/Cala Blava und über die Straße zum Cabo Blanco weiter bis zum Hotel Delta bei Sa Marineta. Dort links ab und auf der Asphaltstraße bis zur Kante, wo eine breite Piste links (südlich) abzweigt, der wir 500 m bis zum Startplatz folgen (gleich südlich der Siedlung La Moreria).

Landeplatz

Entweder Toplanding (besser) oder unterhalb auf der Piste über der Küste bzw. Fläche daneben.
Zugang: Nach unten über eine Piste, die von La Moreria hinabführt, bzw. Wiederaufstieg zu Fuß am Hang zum Startplatz.

HU

90 m.

Flug

Ganzjahresfluggebiet. Ideal bei soarbaren Bedingungen (Ostwind ab 15 km/h); leichtester Flug auf Mallorca und auch der besuchteste bei östlichem Wind. Nach Einweisung und bei nicht zu starkem Wind auch für weniger Geübte möglich.

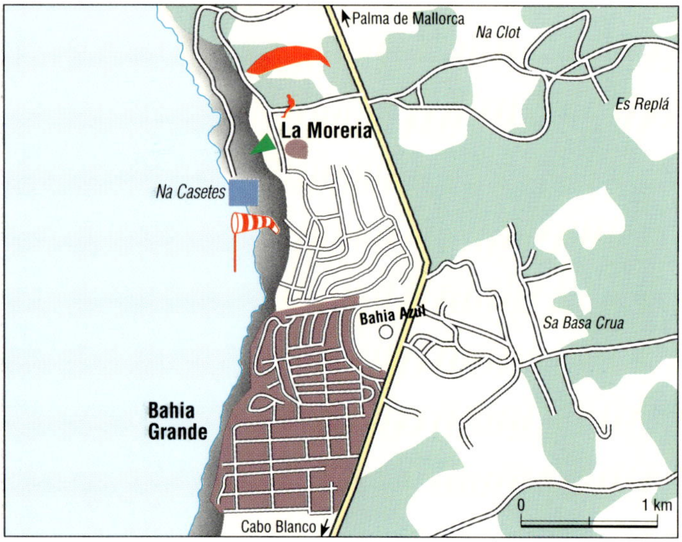

Schwierigkeiten/Gefahren

Seitenwindrotoren, viele Schirme an Saisonwochenenden, Starkwind.

Streckenmöglichkeiten

Das Gelände ist über einige Kilometer auf- und absoarbar.

Talort: Palma de Mallorca, etwa 25 km entfernt.
Anreise:
Mit dem Flugzeug: Flüge nach

Die mallorquinische Küste südöstlich von Palma de Mallorca.

Palma de Mallorca. (Autofähre sehr teuer, siehe Ibiza.)
Mietwagen: Carinca Rent-a-Car, Avda. 16 de Julio, 33, 07009 Palma de Mallorca, Tel. (00 34-(9)71) 43 02 57, Fax – 43 07 28.
Club/Treffpunkt:
• »Club de Vol Mediterrani«, Aptdo. de Correos, 10101, E-07080 Palma de Mallorca, Tel. (00 34-(9)71) 52 54 25 (Jaume), – 72 71 75 (Toni), – 60 21 19 (Tina), – 75 79 34 (Simón).
Unterkunft/Camping:
• Oficina de Turismo, Tel. (00 34-(9)71) 72 40 90, Fax – 72 02 40.
• Große Auswahl an Hotels, Ferienwohnungen etc. in Palma de Mallorca und an der Küste, am besten in Verbindung mit Flug buchen. Individuell ist man im Landesinneren besser untergebracht.
Wetter: Tel. (00 34-(9)71) 40 58 14.
Karte: S. G. E. , Serie L, 1:50 000, Blatt 38–28, erhältlich in Palma de Mallorca in guten Buchläden.

Alternativen:
• **Puig de Sant Marti** (N/E, mittelschwierig): siehe Seite 102.
• **Puig de Randa** (S; in Anflugszone: Höhenbeschränkung; vorher Club kontaktieren).

Sonstiges:
• Besuch der Altstadt von Palma
• Puerto de Andraitx
• Sandstrände, stille Buchten und kleine Dörfer im Südosten
• MTB, Klettern, Wandern, Tauchen.

38 Puig d'en Serra 402 m

Ganze vier (!) aktive Piloten gibt es zur Zeit auf dieser Nachbarinsel von Mallorca. Die zweithöchste Erhebung von Ibiza bildet zugleich das Hauptfluggebiet. Es ist klein und nicht für große Ambitionen gedacht, aber erlaubt sehr schöne Flüge bis zum Meer.

Start

E, SE, mittel, direkt am Gipfel (402 m).
Zufahrt: Ein Fahrweg führt nördlich vor dem Dorf Es Cubells (Abzweigung nach Cala d' Hort) direkt zum Startplatz (siehe auch Karte). Bei höherer Frequentierung läßt man möglichst viele Autos am Landeplatz stehen und fährt zusammen hoch.

Landeplatz

236 m. Feld mit Windfahne, direkt unterhalb des Startplatzes neben der Straße, 300 m, bevor der Fahrweg zum Startplatz abzweigt. Diverse Ausweichlandemöglichkeiten ohne Problem. Strand Cala Llentrisca und Cala de Es Cubells sind erreichbar.

HU

166 m.

Flug

Thermodynamischer Flug bei Meerbrise und Ostwind. An thermischen Tagen kann um die Mittagszeit überhöht werden. Ganzjahresflug mit Sommer-Restitution über dem Landeplatz.

Schwierigkeiten/Gefahren

Fluggebiet für selbständige Piloten, vor dem Flug wird Kontaktaufnahme mit den einheimischen Piloten empfohlen (Funkfrequenz 143.500 MHz; Tel. (9) 09 65 86 10).

Streckenmöglichkeiten

Sehr begrenzt, eventuell gesamte Serra de Sant Josep nach Norden.

Talort: San José, Ibiza oder San Antonio.
Anreise:
Mit dem Flugzeug: Nach Ibiza oder Palma de Mallorca (und Fähre).
Mit der Fähre: Verbindungen von Barcelona und Valencia für Autoanreise. Die Fähre nach Ibiza geht von Montag bis Samstag um 23 Uhr, dauert ca. 7 Stunden und kostet für eine Person plus Auto ca. DM 500,– hin und zurück. Billiger ist Flug und Mietauto als Pauschalangebot.
- Schiffsgesellschaft Trasmediterrania in Barcelona: Tel. (00 34-(9) 3) 443 25 32 (Info), – 443 11 17 (Reservierungen), Fax – 412 51 25.

Zufahrt zum Fluggebiet: Von Ibiza folgt man der Straße Richtung San José. Nach 9 km in einer Kurve links abbiegen, Richtung Es Cubells. Nach 400 m auf die neue Straße nach Cala d' Hort abzweigen. Nach einem weiteren Kilometer befindet sich links ein großes Feld mit Windfahne (Landeplatz). Nach 300 m bei einem großen, gelbmarkierten Stein auf den Fahrweg rechts abbiegen, der direkt zum Startplatz führt.
Club/Treffpunkt:
- Club de Parapente »Pitiuso«, Toni Roman, Tel. (00 34-(9) 71) 30 79 76, Handy ((9) 09) 84 05 37.
- Roberto Castillo, Tel. (00 34-(9) 71) 19 11 93, Handy ((9) 08) 59 60 71.

Unterkunft/Camping:
- Allgemeine Info: Oficina de Turismo, Ibiza, Tel. (00 34-(9) 71) 30 19 00.

Campingplätze:
- »Ribas Tur«, San Antonio, Tel. (00 34-(9) 71) 34 45 99
- »Florida«, Santa Eularia (auch Bungalows), Tel. (00 34-(9) 71) 33 16 98, Fax – 33 99 03.

Hotels/Pensionen:
- Hostal »Cala Moli«, San José, Tel. (00 34-(9) 71) 80 60 02
- »Sala Torres«, San Antonio, Tel. (00 34-(9) 71) 34 05 07

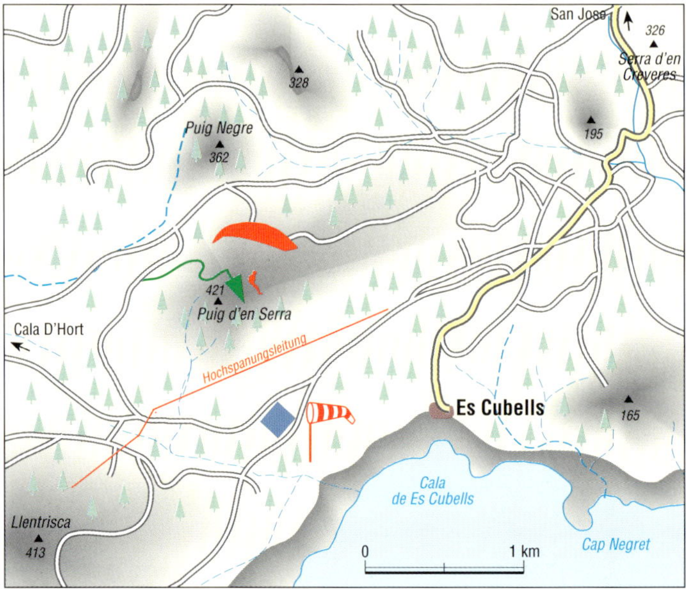

- »Palmera«, San Antonio, Tel. (00 34-(9)71) 34 17 10
- »Mari«, San Antonio, Tel. (00 34-(9)71) 34 19 74
- Pension »Costa«, San Antonio, Tel. (00 34-(9)71) 34 08 44
- Pension »Mari Perez«, Ibiza, Tel. (00 34-(9)71) 31 54 29
- Hostal »La Marina«, Ibiza, Tel. (00 34-(9)71) 31 01 72
- Hostal »Europa Punico«, Ibiza, Tel. (00 34-(9)71) 30 34 28
- Hostal »Costa Blanca«, Ibiza, Tel. (00 34-(9)71) 30 39 66.

Wetter/Beste Jahreszeit:
Tel. (00 34-(9)71) 39 14 00.
Das Klima auf den Pityusen (Ibiza, Formentera) ist noch milder als das von Mallorca und entspricht etwa dem ewigen Frühling mit maximalen Sommertemperaturen um 30 Grad und kaum kühler als 7 Grad. Die meisten Niederschläge fallen von Ende Oktober bis Mitte März. Die beste Zeit für Thermik ist März bis Juni.
Karte: IGN, 1:50 000, Blatt 798 (Ibiza).

Alternativen:
- **Punta Jondal** (SE, mittel), Starkwindsoaren über der Cala Jondal und einer schmalen Landspitze.
- **El Soto** (E, mittel), Starkwindsoaring am Stadtrand von Ibiza, Toplanding notwendig, Wind mindestens 25 km/h.
- **Atalaia** (Atalaiassa), W, NW, NE, schwierig; höchster Punkt der Insel.

Sonstiges:
- Auf Ibiza gibt es angeblich die heißesten Discos, saubersten Strände und neuesten Moden: Wer außer Fliegen darauf erpicht ist, dies zu untersuchen, hat natürlich dazu Gelegenheit. Auf der anderen Seite gibt es eine ruhige und ursprüngliche Insel zu entdecken und zu erwandern, geeignet für Träumer und Sportler. Zum Beispiel:
- Ausflüge zu den Badebuchten an der Westküste und Bootsfahrt nach Formentera
- Besuch traditioneller Dörfer, insbesondere an der Nordküste San Miguel
- San José, Santa Eularia
- MTB, Wandern, Segeln, Baden, Sandstrände und FKK
- Natürlich: Nightlife (teuer) in San Antonio und Ibiza mit Besuch von Edelschuppen wie Amnesia, KU, Pacha, Teatro etc.

Ibiza Ort mit dem Bergland dahinter.

39 Coll de Rates 994 m

Das weithin einzige Fluggebiet für Nordwind liegt nicht am Paß selbst, sondern auf dem Rücken darüber, wohin ein Fahrweg zur kleinen Relaisstation führt. Sehr schöne Umgebung!

Start

① **N, NE, leicht**, direkt beim Relais (westlich dahinter), auf 994 m.
② **S, SW, mittel**, auf ca. 975 m, am Fahrweg etwa unterhalb des Relais.

Landeplätze

① **Parcent, 304 m.** Die Landefläche liegt etwas südwestlich außerhalb vom Ort, unweit der Kreuzung mit einer Nebenstraße nach Benichembla. Auskunft: Suby Lütolf, Tel. ((9)65) 73 05 32.
Für Drachen gut geeignet.
② **Paßstraße Coll de Rates – Tarbena, ca. 570 m.** Sehr gut vom Südstart erkennbar, liegt direkt unterhalb an der Paßstraße ein Kiesweg, der in einer Kurve eine Gerade zu ihr schneidet. Auf ihm wird gelandet. Nur Gleitschirm. Nur für erfahrene Piloten!

HU

Nach Parcent 664 Hm, nach Süden (Landung auf Kiesweg neben Paßstraße) etwa 424 Hm.

Flug

Einfacher Soaringflug auf der Nordseite. Auf der Südseite thermisch mit guter Überhöhung. Achtung auf Westwind!

Schwierigkeiten/Gefahren

Richtige Einschätzung der Windverhältnisse (Paß); empfehlenswert mit Geländekenner.
Die Südseite bleibt routinierten Piloten vorbehalten (Landemöglichkeiten)!

Streckenmöglichkeiten

Von Februar bis Mai optimale Thermik, oft stark. Es kann bis zum Meer geflogen werden über Serra del Ferrer und Bernia bzw. nach Westen (Serra de Serrella/Guadalest).

Talort: Parcent, 304 m
Anreise: Zum Coll de Rates wie folgt: Von der A 7 Valencia – Alicante Ausfahrt Nr. 61 (Oliva/Pego) und auf der C 3318 bis Pego. Auf derselben Straße weiter bis Parcent. Durch das Dorf hinauf zum Paß und Fahrweg (oder zu Fuß) zum Start.
Flugschule: Siehe Morro de Toix.
Unterkunft/Camping:
- Josef (»Suby«) Lütolf, PWC 666, El Collado C 2, 03728 Lliber, Tel. ((9)65) 73 05 32, mobil ((9)09) 06 66 10, wohnt in Lliber unweit des Coll de Rates und bietet Unterkunft und perfekte Beratung bzw. Touren für Piloten.
- Diverse Campingplätze in Calpe.

Karte: IGN 1:50 000, Blatt 822.

Alternativen:
- **Sierra del Ferrer** (W, E, einfach), nur zu Fuß
- **Peña de Sella:** siehe Seite 112
- **Sierra de la Almudaina** (N, leicht); bei sehr starkem Nordwind einziges, etwas geschütztes Gebiet
- **Guadalest** (S, mittel) über dem Stausee.

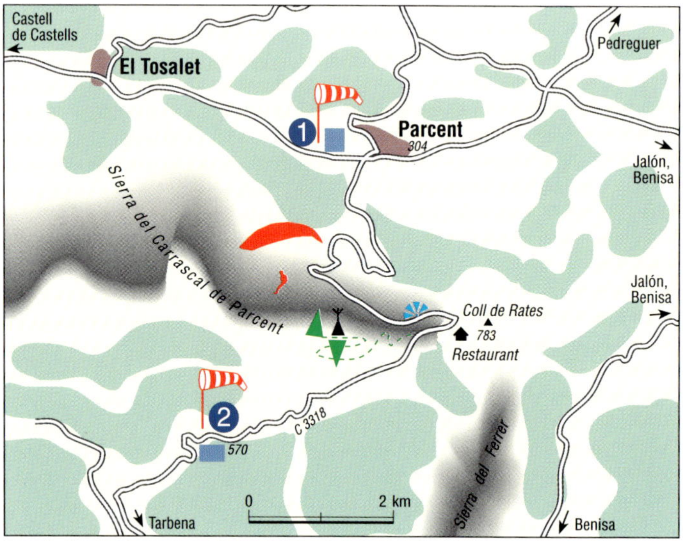

Tandemflug am Coll de Rates zwischen Valencia und Alicante.

GS/D

Spanien
Provincia de Alicante
Sierra del Carrascal de Parcent

40 Morro de Toix 285 m

Südlich von Valencia ist die Iberische Halbinsel bugartig am weitesten nach Osten ins Meer hinausgeschoben. Frontal prallen hier südliche und westliche Brisen an ihre Küsten. Der Felsrücken der Sierra de Toix bietet sich ideal zum Starkwind- und Thermikfliegen an.

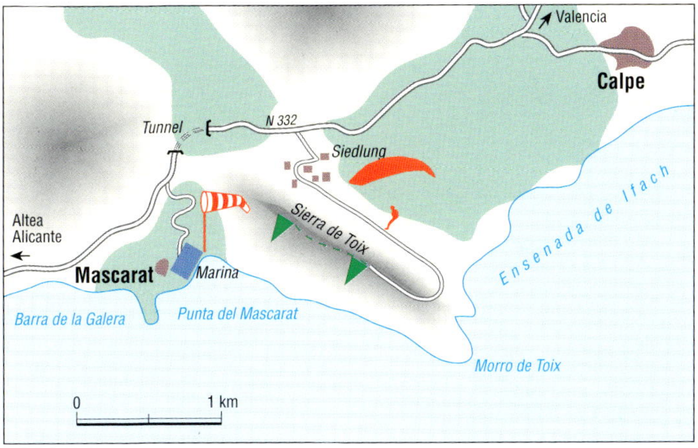

Start

① **Belvédère, 251 m, SW, mittel.** Man startet von der Piste. Starthelfer empfehlenswert!
② **Antenne, 285 m, SW, mittel.** Starkwindstartplatz, da etwas weniger exponiert.
Zufahrt: Von der Küstenstraße N 332 bei Calpe in Richtung Alicante und vor dem Tunnel (etwa 1 km vorher) an der Nordseite des Toix bei der Siedlung El Castillo ausfahren und im Zickzack durch die Siedlung am Hang hoch zum Belvédère (schlecht beschildert). Am besten mitfahren bei den ortsansässigen Piloten!

Landeplatz

Strand am Hafen von Mascarat. Von der N 332 zu erreichen, indem man nach dem Tunnel (Schlucht) Richtung Alicante (von Calpe kommend) die Ausfahrt »Playa« nimmt und an der Feriensiedlung Mascarat vorbei hinab zum Hafen und Strand fährt.

HU

Maximal 285 m.

Bei dynamischem Ostwind kann man bis weit in den Abend am Morro de Toix hängen. Starthelfer nicht vergessen!

Flug

Bei Starkwind hängt man mehr oder weniger vor den Felsen des Toix, bei Thermik kann man ins Hinterland aufsteigen.

Schwierigkeiten/Gefahren

Der Toix entwickelt, da starkwind-exponiert, ein dramatisches Lee auf seiner Ostseite, und auch die Startplätze können kritisch werden, versucht man bei zu viel Wind alleine zu starten.

Streckenmöglichkeiten

Anschluß nach Westen an die Sierra de Bernia und weiter ins Hinterland der Sistemas Subbeticos.

Talort: Calpe.
Anreise: Calpe erreicht man von Norden über Valencia und die Küstenautobahn A 7 oder von Süden über dieselbe von Alicante aus (Flughäfen Alicante, Valencia).
Flugschule:
- Escuela de Parapente »Looping« von Antony Orduña in Santa Pola, Tel. ((9)66) 69 73 39, mobil ((9)08) 66 22 42.

Club/Kontakte:
Eine Reihe netter, auch deutschsprachiger Piloten lebt in der näheren Umgebung und ist sehr hilfsbereit: Charles Bussmann in Calpe, Tel. ((9)65) 83 77 27; Abbe Mair in Calpe, Tel. ((9)65) 83 77 75 (er vermietet Unterkünfte).
Unterkunft/Organisierte Touren:
- Suby Lütolf, PWC 666, El Collado C 2, 03728 Lliber, Tel. / Fax ((9)65) 73 05 32, mobil ((9)09) 06 66 10.
- Unterkunft bieten auch: Armin und Rosmarie Schwyter, La Datcha, Tel. / Fax ((9)65) 66 05 00 in San Vicente.

Karte: IGN 1:50 000, Blatt 848.

Alternativen:
- **Altea Hills** (S, SE, mittel). Vorsicht Hochspannungsleitung! Nur bei schwachem Wind!
- **Cortina de Benidorm** (S, leicht) über Benidorm
- **Loma Larga** (SE, leicht) über Benissa; sehr schön
- **Guadalest** (S, mittel); auch für D geeignet; sehr schön über dem Stausee (Suby Lütolf kontaktieren, siehe »Unterkunft«)
- **Santa Pola** (E, leicht), Küstensoaring beim Ort Santa Pola.

Spanien
Provincia de Alicante
Sistema Central Subbéticos

41 Peña de Sella 1060 m

Unweit von Alicante im Hinterland über dem kleinen Dorf Sella bildet dieser Grat eine sehr schöne Alternative zu den Küstenflügen. Die beste Zeit reicht von Oktober bis Juni. Dann können auch recht schöne Flüge bis zum Meer erfolgen. Vincente und Charro Espi sind herzliche und gebildete Gastgeber für alle interessierten Piloten und Naturliebhaber am Hort de Gloria in der Nähe von Sella.

Start

SW-SE, einfach, ca. 1060 m.
Zufahrt: Eine Piste führt bis zum Startplatz. Wenige Kilometer nördlich von Sella (Richtung Alcolecha) zweigt eine Piste rechts ab (Schild: »Remonta Alemana«) durch das Tälchen unterhalb der Sierra de Aitana (abgebrannter Wald) hinauf von Norden zum Alto de la Peña de Sella. Für normale Autos schwierig! Am besten organisiert man diese Auffahrt beim Fliegerzentrum von Vincente Espi!

Landeplatz

Etwa 480 m. Neben einer Piste, wenige hundert Meter östlich oberhalb Sella. Sehr klein. Anflug vom Hang her. Oberhalb der Landefläche eine thermische Abrißkante. Langer seitlicher Anflug nötig bei Thermik. Nur für erfahrene Piloten oder Einweisung durch Vincente! Mögliche Notlandeplätze werden von Vincente erläutert.

HU

580 m.

Flug

Sehr schöner Nachmittagsflug; Thermik je nach Jahreszeit ab dem Mittag und entlang der Felsen. Vorsicht bei starkem Westwind (meist als Talwind vom Meer her) und Nordwind. Dieses Fluggebiet eignet sich zum Toplanden.

Schwierigkeiten/Gefahren

Dieses Fluggebiet ist nicht für Anfänger geeignet. Auch besteht keine Landemöglichkeit für Drachenflieger. Gelegenheitspiloten und allen Gastpiloten sei eine Einweisung durch Vincente Espi absolut angeraten! Wind! Thermik! Landeplatz!
Vorsicht: Waldbrandgefahr ist erheblich. Nicht rauchen und achtlos Kippen wegwerfen! Keinen Müll verursachen!

Streckenmöglichkeiten

Gesamter Hauptgrat der Subbeticos nach SW bzw. NE; Flüge zum Meer Richtung Benidorm/Sierra de Bernia.

Talort: Sella, 419 m.
Anreise: Von der Autobahn A 7 Valencia – Alicante Ausfahrt Villajoyosa und der C 3313 Richtung Alcoy bis Sella folgen.
Club/Treffpunkt:
- »Hort de Gloria« von Vincente und Charro. Vincente, der selber fliegt, bietet Unterkunft, Pilotenbetreuung und Transport in einem wunderschönen Haus; etwa 1 km gegenüber von Sella in einem Seitentälchen. Er spricht auch englisch/französisch.

Einige nette, deutschsprachige

Startvorbereitungen am Peña de Sella unweit von Alicante.

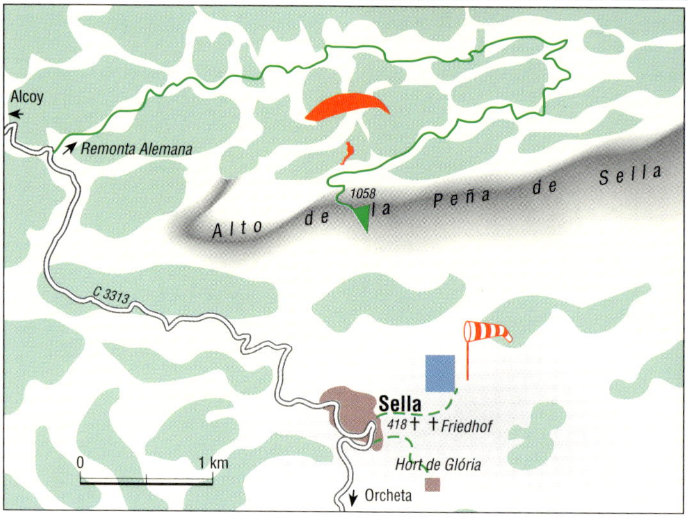

Piloten leben in der Nähe um Calpe und gehen häufig miteinander zum Fliegen, so zum Beispiel

- Josef (»Suby«) Lütolf, PWC 666, El Collado C 2, 03728 Lliber, Tel. ((9)65) 73 05 32, mobil ((9)09) 06 66 10, wohnt in Lliber unweit des Coll de Rates und bietet Unterkunft und perfekte Beratung bzw. Touren für Piloten.
- Charles Bussmann in Calpe, Tel. (9)65) 83 77 27.
- Abbe Mair in Calpe, Tel. ((9)65) 83 77 75 (vermietet Unterkünfte).
- Diverse Kneipen in Sella.

Unterkunft/Camping:

- »Hort de Gloria«, Vincente und Charro Espi, 03579-Sella, Tel. (00 34-(9)65) 87 90 00, Fax (00 34-(9)61) 34 06 07.
- Campingplätze in Calpe und Alicante.

Flugschule:

- »Looping« von Tony Orduña (spricht englisch), Poligono Gran Alacant, Urb. Sueño Azul, Local 5, E-03130 Santa Pola, Tel. (00 34-(9)66) 69 73 39, Fax (00 34-(9)66) 69 73 00, Handy (00 34-(9)08 36 61 46.

Karte: IGN 1:25 000, Blatt Nr. 847/II (Relleu).

Alternativen:

- **Almudaina** (N, leicht, topland-bar); etwas für sehr starken Nordwind: das einzige Fliegbare!
- **Sierra del Maigmó** (SE, leicht) über Agost
- **Peña Rubia** (W-N, leicht) über Alcoy.
- **Santa Pola** (E, leicht); Küsten-soaring nördlich von Alicante
- **Sierra de Crevillente** (N, schwierig; S, leicht) über Aspe/Hondon.

42 Aguadulce 315 m

Unauffälliger Startplatz über der Autobahn und dem Ortsrand von Aguadulce am Ende der Sierra gelegen, dort, wo das Gebirge ans Meer stößt. Trotz Hochspannungsleitung, Häusern und Straßen ein sehr interessanter und lohnender Flug, wenn man sich an die Spielregeln hält. Mit etwas Startüberhöhung ist der Strand von Aguadulce geschenkt.

Start

① **SW, S, mittel, 315 m.** Vorsicht: Wind darf 20 km/h nicht überschreiten. Nur für geübte Piloten! Hochspannungsleitung im Rücken. Dahinter kann SE, mittel, gestartet werden.
② **Alternative:** Vom Startplatz Weiteranstieg auf das nächste Plateau über die Felsen (½ Stunde). Man startet dann auf ca. 425 m sehr flach, aber hindernislos (SE-W).
Zufahrt: In Aguadulce Richtung Cementerio (Friedhof) von der Hauptstraße nach Norden Richtung Autobahn abbiegen (Calle Fenix). Vorbei am Friedhof und Tunnel unter der Autobahn durch. Dahinter steigt eine Piste am Hang hoch: »Camino de las Antenas«.

Hier zu Fuß weiter (oder mit Allradfahrzeug) und in 20 Minuten zum Startplatz.

Landeplätze

① **Freie Fläche hinter dem Friedhof, 40 m.** Nicht ganz einfach. Vorher inspizieren.
② **Strand von Aguadulce.** GZ 6

Minimum bzw. Startüberhöhung von 50 m nötig. Anflug nur bei wenig Gegenwind riskieren.

HU

Maximal 315 m bis 425 m, je nach Start.

Flug

Schöner Nachmittagsflug: Soaring mit Seebrise und Thermik entlang der Felswände der »Loma de la Cueva del Burro«, einer westlich gelegenen Flanke. Man kann auch nach Osten den Felsflanken über den Hafen von Aguadulce folgen, sollte aber auf Wind von Westen achten (nicht zu stark), um zum Strand zurückzukommen.

Schwierigkeiten/Gefahren

Kein Flug für Anfänger! Zu viele Hindernisse und sehr technischer Anflug zu den Landemöglichkeiten. Nicht bei Wind über 20 km/h starten. Gefahr, weggerissen zu werden. Meerbrise im Auge behalten! Leitungen, Häuser, Straßen.

Wo das Gebirge ans Meer stößt: am Ortsrand von Aguadulce.

Streckenmöglichkeiten

Im Frühling kann theoretisch mit Thermik weit in die Sierra de Gador aufgedreht werden. Dann liegen viele Möglichkeiten offen. Später Abflug, da die Hauptthermikquellen die westlichen Felswände sind (Sonnenstand). Nicht bei Levante (Ostwind) fliegen!

Talorte: Aguadulce, Roquetas de Mar.
Anreise:
Mit dem Flugzeug: Regelmäßige Charterflüge nach Almeria (saisonabhängig).
Mit dem Auto: Von der N 340 Almeria – Motril, Ausfahrt Aguadulce und, wie beschrieben, sich zum Friedhof durchfragen (bzw. ortsansässige Flieger kontaktieren).
Club/Treffpunkt: Man trifft sich nach dem Fliegen im Café Almañecer im Hafen von Aguadulce.
- »Club de Vuelo 31«, Tel. (00 34-(9)51) 207348 oder 225152.
- »Fly & Bike«, K. H. Baumgärtner, Urbanización Playa Serena, Pueblo Andaluz 62, E-04740 Roquetas de Mar, Tel. / Fax (00 34-(9)50) 333477; organisiert Unterkünfte, Mietwagen, Transport etc.

Unterkunft/Camping: Rund um Roquetas de Mar und Almeria gibt es alle Möglichkeiten; empfehlenswert Club-Hotel »Pueblo Canario«.
Wetter:
1. Stündliche englische Funkwettervorhersage auf 156500.
2. Almeria: Tel. 906365304.

Karte: Am besten Cartografia Militar de España 1:50 000, Serie L Nr. 22–44 (1058), Blatt Roquetas de Mar.

Alternativen:
- **Alicun/Huecija** (E, NE, leicht); sehr thermisches Fluggebiet in der Sierra de Gador
- **Almerimar** (SW); Soaring von der Straße über dem Golfgelände von Almerimar
- **Enix** (S, SW, schwierig); Startplatz soll verbessert werden.

43 Castala 1900 m

Die Westseite der Sierra de Gador bietet spektakuläre Thermikflüge über einer der trockensten und sonnigsten Landschaften Spaniens. Praktisch kann die gesamte Sierra beflogen werden – der Königsflug über Almeria!

Start

Llano de Balsanueva, ca. 1900 m, W, SW, leicht, toplandbar. Großes Plateau mit alten Minengebäuden am Westabfall des Gebirgsstockes. **Zufahrt:** Vom Ort Castala führt eine ca. 16 km lange Straße, teils Piste, teils geteert, zunächst durch Wald beim »Complejo Recreativo« (Erholungspark) in Kehren hinauf. Vor dem Dorf folgt man einfach nach Osten dem Schild dahin und weiter der Piste (zweimal rechtshaltend, dann nach 10 km links auf Teerstraße), vorbei an den Minen hinauf auf das Plateau, dort südlich haltend bis zur Startfläche westlich einiger leerstehender Gebäude (Mina de Balsanueva).

Landeplatz

670 bis 690 m. Am Beginn der Strecke zum Complejo Recreativo liegt unterhalb des Waldes ein freier Hang (oberhalb der Piste) sowie unterhalb, neben dem Wasserreservoir, eine ebene (Modellflieger-)Fläche. Auf beiden kann gelandet werden – die Fläche (Piste) ist jeden Sonntagvormittag bis 13 Uhr für die Modellflieger reserviert!

HU

Ca. 1200 m bis 1230 m.

Der große Startplatz von Castala am Westrand der Sierra de Gador bietet reichlich Platz auch zum Toplanden.

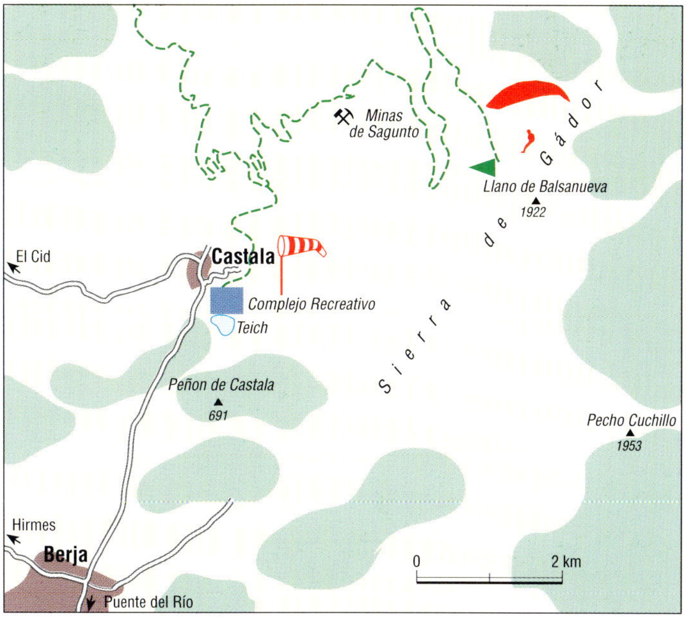

Flug

Weite Hangflanken ohne Hindernis. Beim Landeanflug vom Hang her anlanden. Windsack kann sich mittags häufig drehen (Thermik). Toplanding ist problemlos durchführbar.

Schwierigkeiten/Gefahren

Restriktionen beachten. Eine Fluggebietseinweisung durch ortsansässige Piloten empfehlenswert!

Streckenmöglichkeiten

Gesamte Sierra de Gador nach Osten; Flüge nach NW in die Sierra Nevada möglich, aber selten.

Talort: Castala, 696 m.
Anreise:
Mit dem Flugzeug: Reguläre und Charterflüge nach Almeria. Dort Mietwagenverleih, Kontakt über K. H. Baumgärtner.
Mit dem Auto: Von der N 340 Almeria in Richtung Motril/Malaga, Abzweigung El Ejido. Von dort über Dalias nach Berja. In Berja Straße nach Castala hoch.
Club/Treffpunkt:
- »Fly & Bike«, K. H. Baumgärtner, Urbanización Playa Serena, Pueblo Andaluz 62, E-04740 Roquetas de Mar, Tel. / Fax (00 34-(9)50) 33 3477; organisiert Unterkünfte, Mietwagen, Transport etc.
- Lokaler Fliegerclub: »Club de Vuelo 31«, Tel. (00 34-(9)51) 207348, 225152.

Unterkunft/Camping:
Camping in Almeria.
Unterkünfte (eventuell Ferienwohnungen) siehe »Fly & Bike«.
Karte: Am besten Cartografia Militar de España, 1:50 000, Blatt Nr. 21–43/6–11.

Alternativen:
- **Pecho Cuchillo** (S, SW, leicht) über Dalias (Piste)
- **Almerimar** (SW, leicht, Wind mindestens 15 km/h), Soaring über dem Golfgelände, von der Straße
- **Alicun** (NE, mittel) bei Enix; Weg
- **Enix** (S, schwierig)
- **Aguadulce** (siehe Seite 114).

44 Jabalcón 1493 m

Ein sehr attraktives Fluggebiet in einer faszinierenden Landschaft. Die relativ isolierte Kuppe des Jabalcón über dem Negratin-Stausee und dem Dorf Zújar liegt inmitten einem der trockensten Gebiete Andalusiens.
Im Frühling geht es hier ab Februar zur Sache: Strecken- und Genußflüge sind in alle Richtungen möglich. Mehrere Meisterschaften wurden deshalb bereits abgehalten. Die Hauptwindrichtungen sind Ost (Levante) und West (Poniente). Die Orientierung ist relativ einfach.

Start

① **E, SE, mittel, ca. 1080 m,** steiler Drachen- und GS-Startplatz neben der Straße, die zum Sender bzw. Santuario emporführt.
② **NW, W und E, einfach,** breiter, gut angelegter Hauptstartplatz beim Sender am Gipfel. Vom Parkplatz 100 m zu Fuß nach Süden hinübergehen.

Landeplätze

① **Hubschrauberlandeplatz, ca. 770 m,** westlich des Berges. Gut einsehbar vom Weststart, da markiert und innerhalb der Kurve der N 323 bergwärts gelegen, mehrere hundert Meter von der Straße.
② **Landemöglichkeit, ca. 980 m,** südlich des Berges neben der Auffahrt.
③ **Landemöglichkeit** in der Nähe der heißen Quellen, nördlich des Straßenknicks der N 323, ca. 760 m. Hinweis: Die Flächen um die Landeplätze wechseln öfter, da brachliegend. Es kann ohne Probleme auch in der Nähe gelandet werden, solange nicht angebaut ist.

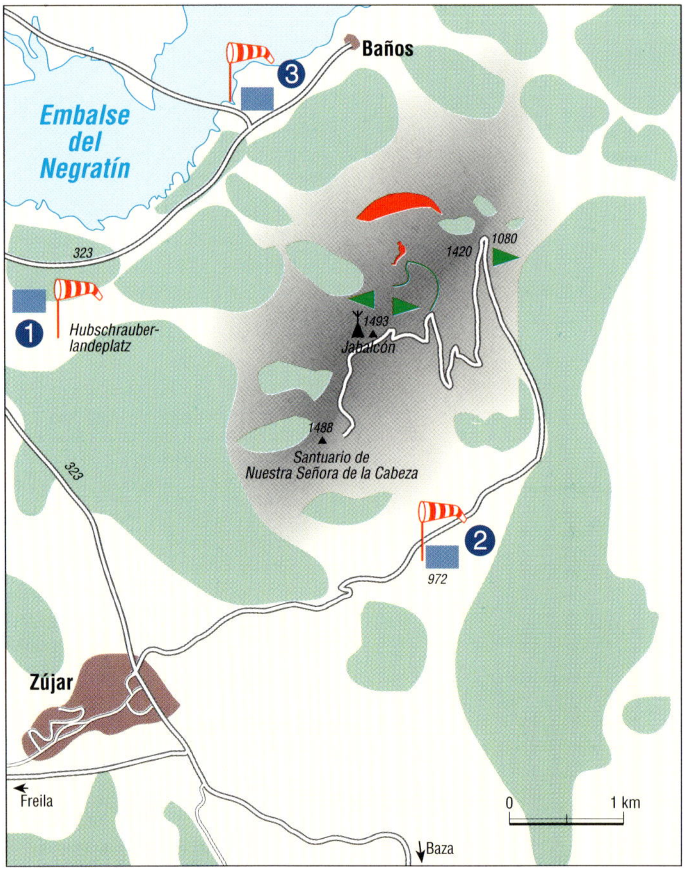

HU

Ca. 740 m maximal.

Flug

Es können jeweils die Felsflanken für Thermik ausgenutzt werden. Bei stärkerem Wind empfiehlt es sich, vom Berg wegzufliegen und sein Thermikglück über den Feldern zu versuchen.

Gefahren/Schwierigkeiten

Im Mai/Juni sehr starke Thermik, unter Umständen für GS nur abends startbar. Nordwind kann böig und stark sein – generell bei Schlechtwetter über Frankreich und der Biskaya einsetzend.

Streckenmöglichkeiten

Beste Zeit ab März/April bis Juni/Juli, je nach Windrichtung kann bis in die Sierra Nevada geflogen werden. Basishöhen bis 2000 m über Startplatz dann keine Seltenheit! Spektakuläre Flüge über die Sierra de Huéscar und das Desierto de Baza möglich.

Talort: Zújar.
Anreise: Von Norden über A7 (Valencia – Murcia) bis Lorca, dann 20 km hinter Lorca über die N 342 nach Baza. Von Baza N 323 bis Zújar (Hauptrichtung Guadix). Von Süden: Von Granada A7 (Richtung Valencia) bis Ausfahrt Baza und weiter Richtung Zújar.

Die einzigartige Landschaft aus Gräben und Canyons läßt sich vom Jabalcón aus bewundern.

In Zújar bis zur Bar »Jabalcón« (Fliegertreff). Dort biegt die Teerstraße zum Gipfel ab. Dieser folgen. Oben Abzweigung nach rechts zu den Antennen. Bis zum Parkplatz fahren.

Club/Flugschule:
- Club de Parapente »Draco« in Granada, Tel. ((9)58) 280608, 276006.
- Deltaclub »Granada«, Javier Galdon Cabrera, Tel ((9)58) 507724.

Unterkunft/Camping:
Bar/Hostal »Jabalcón« in Zújar, Tel ((9)58) 716043 sowie Pensionen in Baza: z. B. »Los Hermanos«, Tel. ((9)58) 701880; »Rosemar« ((9)58) 700798.
Karte: IGN 1:50000, Blatt 972, eventuell auch 971.

Alternativen:
- **El Yelmo** (W, NW, leicht) über Robledo, 85 km nördlich Huéscar
- **Sierra Seca** (E, SE, leicht) bei San Clemente (Huéscar)
- **Sierra Marmolance** (W, NW, leicht) über Huéscar
- **Sierra de la Sagra** (alle Richtungen, Aufstieg zu Fuß 1 Stunde) über Santiago de la Espada bei Huéscar.

Sonstiges:
Der Jabalcón hat exzellenten Fels zum Klettern, man kann tolle Mountainbiketouren machen, baden bei den Baños de Zújar (am Wochenende etwas viele Leute, insbesondere im Sommer)
- Römische Ruinen von Basti
- Castillo von Calahorra
- Höhlenwohnungen von Guadix.

45 Cenes de la Vega 1348 m /

Wettkampf über Pradollano in der Sierra Nevada, unweit Cenes de la Vega.

Von den zahlreichen Flugmöglichkeiten rund um Granada sind dies nur einige: stadtnah, nicht zu hoch, leicht erreichbar, im Frühjahr und Sommer sehr thermisch, ideal für Piloten aller Niveaus, Ausgangspunkt für schöne Strecken- und Genußflüge und Austragungsort von Wettbewerben.

Start

① **Cenes:** 1. SW, W, leicht, groß, geringe Neigung; 2. W – NE, leicht, am Ende des Rückens, groß.
② **El Purche:** SW – NW, leicht, sehr große Startflächen, praktisch hindernislos.
Zufahrt: Von Granada-Zentrum der Beschilderung »Sierra Nevada« folgen. Man fährt durch Cenes de la Vega (nach 6 km), nach weiteren 3 km erreicht man eine Gabelung (geradeaus: Güéjar-Sierra). Rechts weiter Richtung Sierra Nevada. Nach 8 km Paßstraße liegt links das Restaurant »Los Puentes«. Nach weiteren 2 km fährt man links hinauf zum Restaurant »El Purche«, welches man nach knapp 3 km erreicht.
Zum »Cenes«-Start: Vom »El Purche«-Restaurant noch 1 km weiter Richtung Monachil geht eine Piste rechts weg. Hier parkt man und läuft 10 Minuten zu Fuß steil hinauf auf den Rücken zum ersten Startplatz und nach weiteren 10 Minuten, dem Kamm folgend, zum zweiten Startplatz.
Zum »El Purche«-Startplatz: 100 m hinter dem Restaurant geht ein Feldweg links hinein. Nach 500 m rechts hinauf etwa 1 km um den Berg herum zur Ruine. Parken. Startplatz liegt daneben.

Landeplätze

① **Cenes:** Im Flußbett des Rio Genil, 720 m. Wiesen östlich der Fußballfelder unterhalb des Ortes. Von Cenes de la Vega am östlichen Ortsende nach der Bank »Central Hispanico« dem Schild »Rambla Rio Genil« hinabfolgen, nach ca. 700 m erreicht man die Landemöglichkeit.
② **El Purche:** Ca. 1180 m, oberhalb der Ortschaft Monachil, direkt unterhalb des Starts im trockenen Flußbett des Rio Seco, links (orographisch) der Straße. Vorsicht: Weiden und Obstbäume!

HU

1. Cenes: 620 m.
2. El Purche: 300 m.

Flug

Im Winterhalbjahr ganztags auch für Anfänger geeignet, im Frühling und Sommer, insbesondere auf El Purche, Vorsicht vor starken Aufwinden tagsüber. Für Genußflieger dann nur abends geeignet. Beide Flugggebiete sind an Saisonwochenenden stark frequentiert.

Schwierigkeiten/Gefahren

Thermik, Turbulenzen, Flugverkehr, Landebereiche.

El Purche 1480 m

Streckenmöglichkeiten

Gesamte Sierra Nevada nach Osten. Nicht über die Stadt Granada fliegen! CTR beachten!

Talort: Granada, 685 m.
Anreise:
Mit dem Flugzeug: Regelmäßige Linienflüge von allen mitteleuropäischen Flughäfen. Charter landen nur in Malaga oder Almeria (dort im Winter nicht). Condor einmal wöchentlich (freitags); Flug am günstigsten.
Mietwagen: In Malaga am Flughafen: Benelux Rent-a-Car, Herr Agustin Aranda, Tel. ((9)52) 237398. Gegen Vorlage des Buches günstige Konditionen.
Mit dem Auto: Granada ist über Autobahnen erreichbar. Über Valencia – Murcia auf der A7 und A92.
Flugschule/Club:
- Club de Parapente »Draco« in Granada, Tel. ((9)58) 276006, sind sehr hilfsbereit.
- Deltaclub, Tel. ((9)58) 507724; Javier spricht jedoch kein Englisch.

Organisierte Touren:
- Dirk Bormans vom Hotel California in Almunecar kennt die Gegend bestens und führt Flieger herum (spricht deutsch/englisch/französisch), Tel. / Fax ((9)58) 881038; auch Unterkunft.

Unterkunft/Camping:
- Camping »Sierra Nevada« (nur März – Oktober), Tel. ((9)58) 150062
- Camping »Las Lomas« in Güéjar-Sierra, ganzjährig, Tel. ((9)58) 470742
- Camping »Maria Eugenia«, Granada, ganzjährig, Tel. ((9)58) 200606
- Jugendherberge (Albergo Juvenil) in Pradollano, Sierra Nevada, Tel. ((9)58) 480305
- »Residencia Tiempo Libre«, Pradollano, Tel. ((9)58) 480114
- Pension »El Desvio«, Güéjar-Sierra, Tel. ((9)58) 470509.

Wetterbericht: Automat Granada, Tel. 003, ansonsten Sierra Nevada, Tel. ((9)58) 480418.
Karte: IGN 1:25 000, Blätter 1026/I und 1027/II; Mapa Provincial 1:200 000 Granada IGN.

Alternativen:

- **Monte Ahi de Cara** (W – N, leicht), bei km 29 der Sierra-Nevada-Straße.
- **Cauchiles** (SW, leicht, verschiedene Möglichkeiten), auf 2800 m Höhe an der Sierra-Nevada-Straße. Nur für erfahrene Piloten!
- **Pico de Veleta** (3300 m, NW, leicht; im Winter Skipiste: Lifte vom Skiort »Sol y Nieve«), Zugang über Sierra-Nevada-Straße, Abzweigung Pico de Veleta; Kontakt: Skischule EOE, Juan Morillas in Sol y Nieve.
- **Mulhacen** (3482 m, höchster Punkt der Iberischen Halbinsel): Start W, leicht, hochalpiner Flug, nur für Profis!
Zufahrt: Vom Ende der Veleta-Straße noch 6 km Piste und 1 Stunde Fußmarsch oder bei schneefreier Piste von Capileira oder Sol y Nieve nach Voranmeldung mit Führern des A. M. A. (Agencia del Medio Ambiente) und Allradfahrzeug.
- **Fluggebiet Alpujarra/Orjivar:** siehe Seite 122.
- **Sierra de Manar/Padul** (N, S, leicht) über Padul, südlich von Granada.
- **Sierra de Moclin** (SE/SW, W, NW, leicht/mittel) über Tiena, NW, von Granada (Strecke nach Cordoba).

Sonstiges:

- Nationalpark Sierra Nevada: fast alle Outdoor-Sportarten
- Kultur: Alhambra von Granada, Nachtleben.

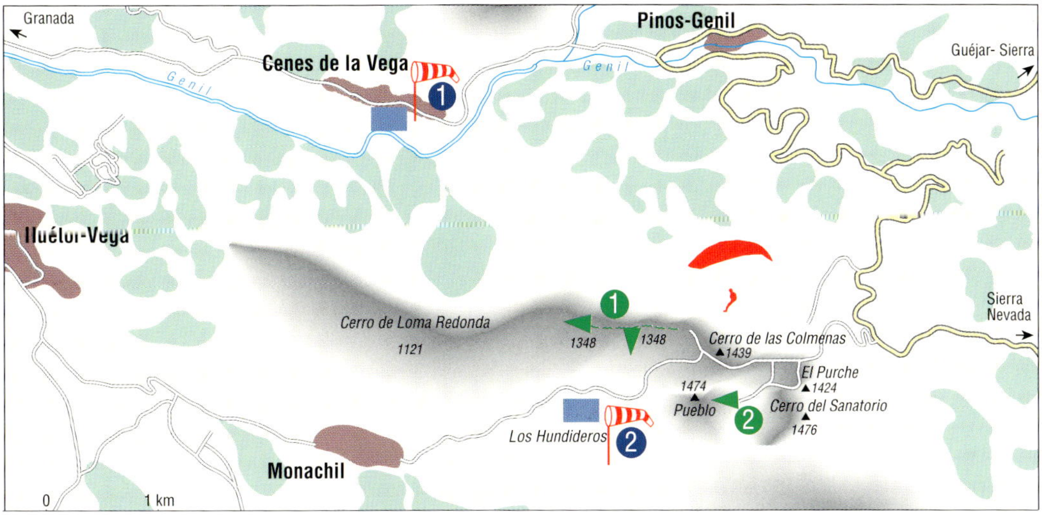

46 Monte El Caballo 1900 m / Los Tablones 730 m (Orjivar)

Das Tal um Orjivar trennt die Südseiten der Sierra Nevada – die Alpujarras – von der Sierra de Lújar. In diesem Eck steckt neben einigen Bilderbuchdörfern und Bergeinsamkeit ein gewaltiges Thermik- und Streckenpotential für Drachen und Gleitschirme sowie eine außerordentliche Vielfalt an Möglichkeiten, in der Natur Ruhe und Erholung zu finden.

Start

El Caballo:
① **Rifugio Callejón, ca. 1900 m, S, SW, leicht,** riesige Grasflanke am Caballo. Zufahrt: Von Nigüelas führt kurz vor dem Fußballplatz eine Piste hinauf, die nach 5 km scharf rechts zur Berghütte abzweigt (erst etwas abwärts) und ca. 2 km später dort anlangt.
Padre Eterno:
② **Deltastartplatz »Ermita Padre Eterno«, ca. 1500 m.**
③ **GS-Startplatz, 100 m darüber, W, leicht.**
Zufahrt: Von Orjivar weiter Richtung Pampaneira (N 332) bis 2 km hinter Soportújar. Dort führt ein Weg zum Padre Eterno hinauf. Den D-Start erkennt man beim Gebäude (ein Einsiedlerhof) rechts des Weges. Der GS-Start ist weiter oben auf der orographisch linken Seite.
Atalaya:
Folgt man dem Weg weiter nordwärts hoch, gelangt man zu einer Gabelung: rechts geht es nach 7 km Kehren zum
④ **Startplatz, ca. 2350 m, SW, leicht,** Windfahnen. Der orographisch linke Weg führt nach 10 km zu einem
⑤ **Startplatz, ca. 2400 m, SW, leicht.** Man kann zu Fuß noch bis auf ca. 2700 m emporsteigen und dort starten.
⑥ **Los Tablones:**
W, NW, leicht, ca. 740 m, aufgeräumte Fläche im Gebüsch.

Von Orjivar N 333 nach Süden Richtung Albunol. Bei der Gabelung (links: Torvizcón) rechts bleiben und nach einigen hundert Metern bei Parkmöglichkeit halten. Ein Weg führt zum Startplatz, der genau über der Straßengabelung liegt.

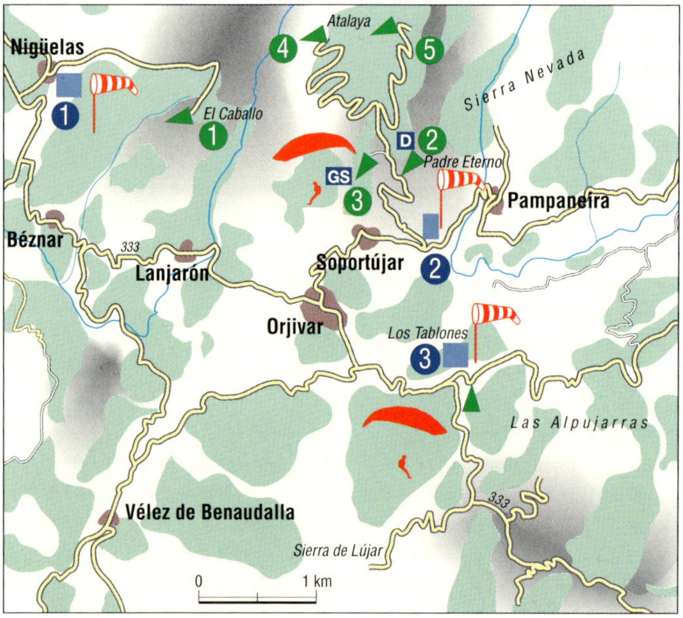

Landeplätze

El Caballo: Fußballfelder von Nigüelas bzw. Dúrcal, ca. 940 m.
Atalaya/Padre Eterno/Los Tablones:
① **Hauptlandeplatz UL-Piste Los Tablones, ca. 350 m.** Liegt im trockenen Flußbett östlich von Los Tablones unterhalb der Straße Orjivar – Albunol (N 333), 5 km nach Orjivar, gut erkennbar. Abzweigung. Nur landen, wenn kein UL-Verkehr! Sonst fragen.
② **GS-Alternativen** für Flüge von Atalaya/Eterno: Felder an der Straße bei Carataunas nach Soportújar und neben dem Weg zu den Startplätzen (Stromleitung beachten).

HU

Zwischen 390 m und 2300 m.

Flug

Für GS vielfach sehr flache Hänge (außer Los Tablones). Die nur mit modernen Schirmen problemlos erreichbaren Landeplätze sollten berücksichtigt werden. Die Orientierung ist nicht unbedingt leicht. Große Höhe und starke Thermik im Frühling und Sommer. Eine Einweisung durch die ortsansässigen Betreuer wird dringend empfohlen!

Schwierigkeiten/Gefahren

Landeplätze, Flug, Thermik, Starkwind im Sommer.

Atalaya / Padre Eterno 1500 m /

Streckenmöglichkeiten

Gesamte Sierra Nevada sowie Flüge bis ans Meer.

Talort: Orjivar, 454 m.
Anreise:
Mit dem Flugzeug: Wie bei den anderen Fluggebieten am schnellsten und günstigsten per Charter nach Malaga (ein- bis zweimal wöchentlich ab Mitteleuropa), ansonsten Linie auch nach Granada (eventuell im Sommer Charter nach Granada).
Mietwagen: In Malaga am Flughafen: Benelux Rent-a-Car, Herr Agustin Aranda, Tel. ((9)52) 237398. Gegen Vorlage des Buches günstige Konditionen.
Mit dem Auto: Man folgt der N 323 (Motril – Granada) bis zur Abzweigung Lanjarón/Orjivar hinauf zum Ort und weiter, wie zu den Startplätzen beschrieben. Nach Nigüelas verläßt man die N 323 erst 6 km hinter der Abzweigung nach Orjivar (nördlich).
Flugschule/Club:
- In Motril gibt es den Fliegerclub »Parapente Tropical«, Tel. ((9)58) 822759, mobil (908) 753115, Antonio Castro (auch Flugschule).

Unterkunft/Camping:
- »El Mirador de Boabdil« von Jean Pierre und Toni Coello in Soportújar, Tel. ((9)58) 347066, Fax ((9)58) 785055.
Beide sind Piloten und organisieren Unterkunft, Transport und Ausflüge für Piloten. Empfehlenswert.
- Camping in Trevélez (ganzjährig), Tel. ((9)58) 767585
- Pension »Mirasol«, Orjivar, Tel. ((9)58) 785159
- Pension »Astoria«, Lanjarón, Tel. ((9)58) 770075, und weitere Unterkünfte in Lanjarón.

Karte: IGN Nr. 1042/III und 1042/I, je 1:25 000.

Alternativen:
- **Sierra de Lújar** (NW, S, E, leicht). GS Achtung: hohe GZ und gute Thermik nötig, da Landeplätze weit entfernt!
- **Forestal** (W, leicht) bei Motril; Piste
- **Carchuna** (E, leicht) bei Torrenueva; mehrere Startmöglichkeiten bei Levante
- **Otivar** (siehe Seite 124).

Sonstiges:
- Lanjarón mit arabischer Burg
- Trevélez: höchstes Dorf Spaniens
- Tibetanischer Tempel in Bubión
- Andere Sportarten wie Mountainbike, Wandern.

Die typische Landschaft hinter Alicante wird geprägt von Terrassen für die Kultur von Ölbäumen.

47 Antena (TV) de Otivar 926 m

Eines der zahlreichen Fluggebiete um Almuñécar für Thermiksucher im Winterhalbjahr. An Wochenenden gut besucht, jedoch zumeist von Urlaubern von Oktober bis April, bietet der vom Meerwind gut geschützte Talkessel über Otivar stundenlanges Vergnügen am Nachmittag vor eindrucksvoller Landschaft. Im Frühjahr und Sommer außerordentlich starke und anspruchsvolle Thermik möglich (Basishöhen bis 3000 m).

Start

SW – SE, leicht, 926 m, direkt um das Antennenhäuschen herum. Man folgt an Otivar vorbei der kleinen Straße orographisch links (bergwärts) Richtung Granada/Jaloche, vorbei nach 5 km am Landeplatz, 4 km weiter oben führt die Straße an der Antenne vorbei. Dort zweigt ein Weg zur Parkmöglichkeit vor dem Antennenhäuschen ab. Ca. ¾ Stunde ab Almuñécar mit dem Auto.

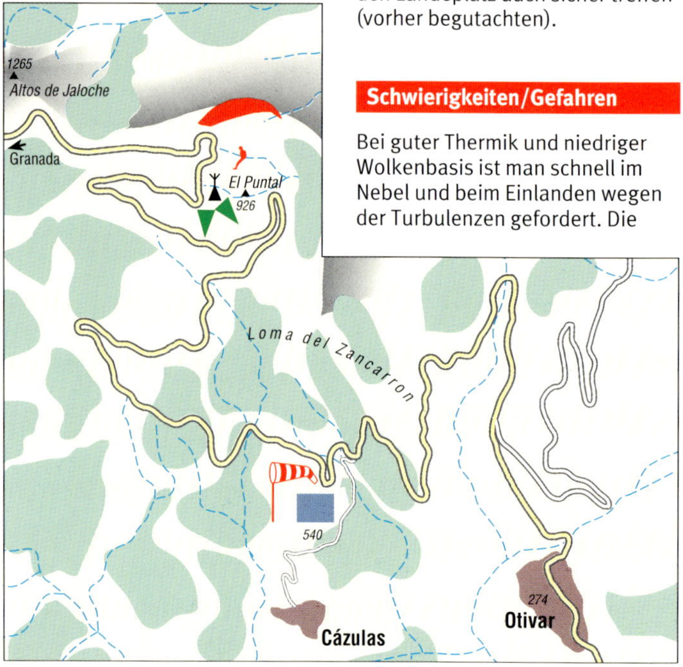

Landeplatz

Ca. 540 m. Ebene Fläche mit Baumgruppe, gleich südlich der Straße (orographisch links); Windfahne, Parkmöglichkeit. Achtung: Bei thermischen Bedingungen und Talwind vom Hang her anlanden. Der Landeplatz liegt auf einem Absatz. Wer ihn nicht erwischt, muß tiefer im Tal improvisiert einlanden!

HU

386 m.

Flug

Ideal angeströmt wird das kleine Hochtal ab dem Mittag und bildet auf dem Plateau unterhalb des Starts sowie in den Rinnen und Felsen der Umgebung ideale Aufwinde. Gelegenheitspiloten sollten besser am Vormittag und frühen Abend fliegen, damit sie den Landeplatz auch sicher treffen (vorher begutachten).

Schwierigkeiten/Gefahren

Bei guter Thermik und niedriger Wolkenbasis ist man schnell im Nebel und beim Einlanden wegen der Turbulenzen gefordert. Die Notlandeplätze dünnen Richtung Otivar aus – es bleibt dann nur der schluchtartige Talgrund.
Bei Nord- bis Ostwind erhöhte Vorsicht im Relief – Leethermik und Turbulenzen nehmen zu, kein Spaß mehr für die meisten!

Streckenmöglichkeiten

Der ganze Talkessel läßt sich bei guten Bedingungen umfliegen, ein Flug ans Meer dagegen ist selten möglich (Gegenwind, niedrige Wolkenbasis etc.). Flüge nach Norden sind möglich. Vorsicht: im Frühjahr geht hier die Post ab!

Talort: Otivar.
Anreise:
Mit dem Flugzeug: Am schnellsten und günstigsten per Charter nach Malaga (ein- bis zweimal wöchentlich ab Mitteleuropa, z. B. Condor), ansonsten Linie auch nach Granada (eventuell im Sommer Charter nach Granada).
Mietwagen: In Malaga am Flughafen: Benelux Rent-a-Car, Herr Agustin Aranda, Tel. ((9)52) 237398. Gegen Vorlage des Buches günstige Konditionen.
Mit dem Auto: Von Malaga über Küstenstraße N 340 Richtung Motril, von Granada N 323 nach Motril bis Abzweigung N 340 Richtung Malaga, weiter bis Almuñécar.
Flugschule/Club:
- In Motril gibt es den Fliegerclub »Parapente Tropical«, Tel. ((9)58) 822759, mobil (908) 753115, Antonio Castro (auch Flugschule).

Kontakt: Toni Klöck, der in Almuñécar wohnt, ist der kompetenteste deutschsprachige Flieger, Tel. ((9)58) 630539.
Unterkunft/Camping:
- Camping »El Paraiso«, Tel. ((9)58) 632370 (Taramay); Januar bis Dezember.
- Camping »La Herradura«, Tel. ((9)58) 640058; nur April bis September.
- »Hotel California« in Almuñécar.

(Almuñécar)

Dirk und Tracy organisieren alles, was das Herz begehrt: Fliegen, Reiten, Tauchen usw. Dirk spricht deutsch, Tracy englisch, Tel. / Fax ((9)58) 88 10 38, mobil (909) 52 64 08.

Reiseanbieter:
• Helmut Borys in München bietet Komplettarrangements für Flieger, nur Almuñécar, Tel. (00 49-89) 40 40 40.
• Sunflight Reisen, Gerhard Platajs, Von-Brandl-Straße 42, D-83410 Laufen/Salzach, Tel. (0 86 82) 99 17, Fax – 9 59 40. Bietet von Profis geführte Touren durch die Region.

Beste Jahreszeit: Oktober bis April.

Karte: IGN Serie L, Nr. 1055, 1041, je 1:50 000, sowie Übersichtskarte Mapa Provincial 1:200 000, Blatt Granada (IGN).

Alternativen:
• **Loma de Velilla** (SE, mittel) über Taramay; Landung Playa de Velilla.
• **La Herradura** (E, schwierig; S, SW, mittel) über Marina de l'Este.
• **Alfamar** (S, SW, einfach); Übungs- und Anfängerflug nahe Almuñécar, gelegentlich auch soarbar.
• **Itrabo** (E, SE; S; SW, leicht); höher als Alfamar, ebenfalls Küstenflug mit Landung Playa de Velilla; Playa del Eucalipto; Achtung: Gleitzahl mindestens 6!
• **Monte Guindalera** (E, SE, S, SW, leicht) über Molvizar.
• **Velez-Malaga:** Neues Fluggebiet **El Collado** über Trapiche (S, SW, mittel), Landung nicht im Tal. Kontakt: Manolo Merida (Hurmesol S. L.), Tel. / Fax (00 34 (9)52) 50 07 64; kennt das Gelände, vermittelt Unterkunft (Flugschule gesucht!), ist Besitzer des Startplatzes. Dort wird von ihm eine Herberge gebaut.
• **Boquete de Zafarraya** (S, SE, SW, leicht); Startmöglichkeiten oberhalb der Paßstraße am Sattel; Straße von Velez-Malaga.

Startplatz beim Sendemast von Otivar.

Sonstiges:
• Festungen in Almuñécar und Castel de Ferro
• Ausflüge in die Sierra de Alpujarra
• Granada; das schöne Salobrena
• Malaga: Altstadt und Nightlife.

48 Sierra del Valle de Abdalajís

Felsen und Ebenen, Stauseen und Hügel wechseln sich ab im Herzen Andalusiens. Weiß strahlen die Häuser von Valle de Abdalajís. Weit reicht der Blick übers Land von den Flanken seiner Berge, und die Thermik tut das übrige. Ein unvergeßlicher Ort für stille Tage mit Wind und Wolken.

Start

① **La Capilla, NW, N, einfach, ca. 780 m.** Direkt unter einer senkrechten Felswand (auch geeignet zum Klettern) Hauptstartplatz mit bedingt toplandbaren Flanken etwas weiter unten und hindernisfreiem Auslauf.
Zufahrt: Vom Ort auf der neuen C 337 um den Berg herum, bis unterhalb eines Bauernhofs das Schild kommt: »Estación de Gobantes, Embalse de Guadalhorce«. Hier abzweigen, nach etwa 2 km zweigt eine Piste zum Startplatz ab (orographisch links).
② **S, SW, einfach, 1005 m,** auf dem höchsten Punkt der direkt westlich über Valle de Abdalajís stehenden Kuppe.
③ **Ca. 810 m, S, SW, einfach.** Piste vom Ort aus.
④ **Sierra Llana, NW, einfach.** Startplatz direkt über dem Stausee, unterhalb der westlich vorgelagerten Felsen der Sierra Llana. Piste.

Landeplätze

① **Direkt unterhalb auf Hügel, ca. 540 m,** bei Bauernhofruine. (Piste zweigt ab von der Zugangspiste zum Startplatz 1).
② **D/GS-Landeplatz** unmittelbar südwestlich vom Ort Valle de Abdalajís, ca. 320 m.
③ **GS-Landeplatz am Stauseeufer, ca. 400 m,** in Fallinie des Startes Sierra Lllana und D-Landeplatz, ca. 400 m, etwa 2 km weiter nordöstlich unterhalb der Straße Richtung Estación Bobadilla.

HU

Maximal 730 m.

Flug

Bei Nordwind sehr schöne thermodynamische Flüge über dem Stausee oder den Felsen (La Capilla). An Südtagen (wenig Wind) gute und starke Thermik an den Wänden über dem Ort. Sich von der Flugschule einweisen lassen!

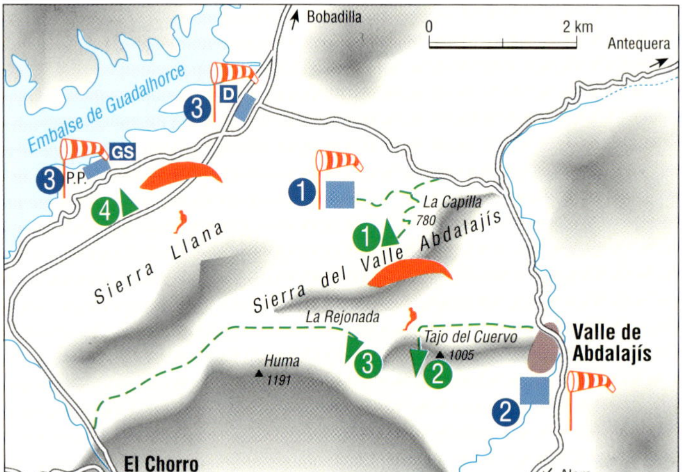

Schwierigkeiten/Gefahren

Im Prinzip übersichtlich. Im Frühjahr und Sommer und an manchen Wintertagen starker Wind, dann erst am Spätnachmittag und frühen Abend starten!

Streckenmöglichkeiten

Die Hauptrichtung geht nach E/NE entlang der Nordflanken der Sierra. Man kann Malaga erreichen, da die Sierra sich nach Süden krümmt. Vorsicht: sehr starke Winde im Sommer!

Talort: Valle de Abdalajís.
Anreise:
Mit dem Flugzeug: Am schnellsten und günstigsten per Charter nach Malaga (ein- bis zweimal wöchentlich ab vielen mitteleuropäischen Flughäfen z. B. Condor), ansonsten Linie auch nach Granada (eventuell im Sommer Charter nach Granada).
Mietwagen: In Malaga am Flughafen: Benelux Rent-a-Car, Herr Agustin Aranda, Tel. ((9)52) 237398. Gegen Vorlage des Buches günstige Konditionen.
Mit dem Auto: Von Malaga auf der neuen Schnellstraße (zunächst Hauptrichtung Cártama) hinaus weiter bis Ausfahrt Alora und der C 337 bis zum Ort Valle de Abdalajís folgen. Dort fragt man sich zur Flugschule durch, welche die Auffahrten zu den Startplätzen organisieren kann.
Flugschule: »Escuela de Parapente de Valle de Abdalajís«, Tel. ((9)52) 2489180; Eduardo spricht englisch und ist Präsident der lokalen Clubs und Ligen. Die Flugschule bietet für bis zu 30 Piloten einfache Unterkunft mit Frühstück (800 ptas) und Transport zu den Startplätzen.
Unterkunft/Camping:
- Pension »Habitaciones Mikelma«, Valle de Abdalajís, Tel. ((9)52) 2489210.

195 m

Licht und Stimmung sind besonders kontrastreich an einem Winternachmittag. Im Januar am Nordrand der Sierra del Valle de Abdalajís.

• Camping bei El Chorro an der Straße nach Gobantes.
Karte: IGN Nr. 1038, 1:50000 (leider veraltet).

Alternativen:
• **Cerro Aguila** (E, W) hinter Marbella, Info: ((9)52) 814766.
• **Tebas** (E, W, leicht, Strecken möglich).
• **Casarabonela** (E, W, leicht), guter Streckenflugausgangspunkt, sehr schön. Info: Carlos, Tel. ((9)52) 2456601, 908456560.
• **Sierra de Mijas** (SW, E, mittel) nahe Malaga, Landung am Strand von Fuengirola, nicht immer fliegbar.

Sonstiges:
Abdalajís eignet sich sehr zum Klettern, Wandern, Baden im See, Mountainbiken, hat eine Diskothek und ein paar Bars.

49 Algodonales 1051 m

Bereits im Bereich atlantischen Klimas und seiner Westwinde liegt dieses bezaubernde Gebiet am Fuße des Grazalema-Nationalparks und nicht weit vom berühmten Ronda mit seiner Schlucht. Mit Ausnahme von Regenfronten ab November bis Februar ist man hier eigentlich ganzjährig gut aufgehoben (im Sommer ist es nicht ganz so heiß wie weiter östlich) und hat vom Streckenflug bis zum Kulturtag mit Familie eigentlich (fast) alles, was das Herz begehrt.

Start

① **SW, leicht, ca. 940 m.**
② **NW, leicht, ca. 950 m.**
③ **SE, leicht, sehr flach, ca. 1027 m** (bei grünem Turm).
Zufahrt: Von Algodonales nach Westen (Richtung Villamartin), jedoch nicht über die neue Schnellstraße. Nach 3 km rechts (nordwärts) ab auf die C 339 (Coripe). Folgt man der Straße, liegen westlich Landemöglichkeiten für D/GS. Man erreicht nach wenigen Kilometern eine Gabelung. Dort rechts ab nach La Muela. Einige hundert Meter hinter La Muela zweigt mit einer Schranke die Piste zum Startplatz ab. (Bei der Flugschule erkundigen, ob Schranke offen und Privatzugang möglich, sonst Auffahrt mit Flugschule.) Durch ein Tälchen etwa 7 km hinauf. Dort zweigt in einer Linkskurve nach rechts die Piste zum Startplatz 1 (SW) ab, der mit Windfahne markiert ist.
Bleibt man links, gelangt man am NW-Startplatz (2) vorbei (1 km). Nach weiteren 3 km erreicht man schließlich den flachen Absatz von Startplatz 3 (SE).
Achtung: Startplatz 2 kann wegen Vogelschutz gesperrt sein. Erkundigen!

Landeplätze

① **Westlich von Algodonales, ca. 400 m,** neben der C 339. Genaue Lage jeweils bei der Flugschule erfragen.

Starten in der Sierra de Líjar.

② **Landemöglichkeit bei La Muela,** neben der Piste zum Startplatz, ca. 390 m.
③ **Ostlandeplatz:** bitte bei Flugschule genaue Lage erfragen!

HU

Maximal 640 m.

Flug

Keine besonderen Vermerke. Im Frühling sehr starke Thermik und atlantische Westwinde möglich (Poniente).

Schwierigkeiten/Gefahren

Nur bei starkem Ostwind (NE), der sehr böig sein kann (vor Schlechtwetter im Norden).

Streckenmöglichkeiten

Sind in alle Richtungen möglich. Bei guten Bedingungen überfliegt man Ronda im Süden – ein ganz besonderes Spektakel. Strecken sind mit Westwind jedoch prinzipiell Richtung Abdalajís auszuführen. Ein Südoststart bedeutet, man fliegt an einem Tag mit schwachen Höhenwinden (kein Poniente und Levante, heben sich auf) und guter Thermik. Die Möglichkeiten sind dann vielfältiger.

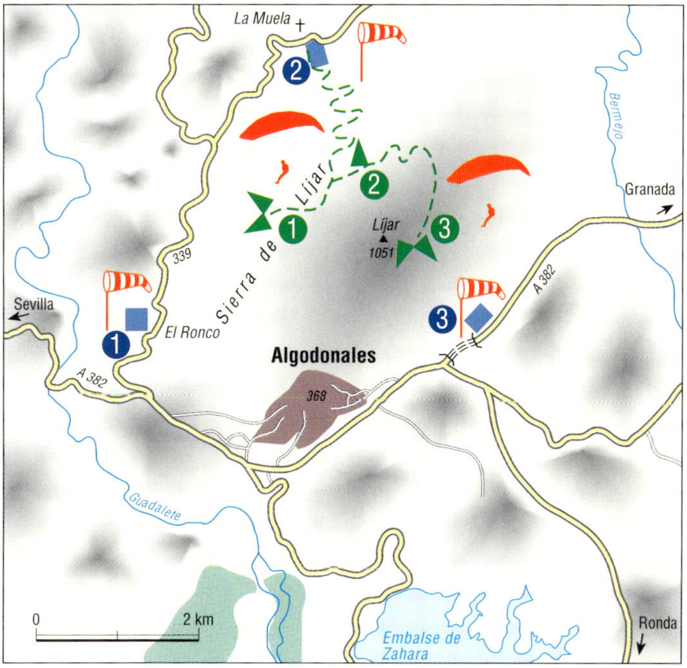

Talort: Algodonales, 368 m
Anreise:
Mit dem Flugzeug: Von Mitteleuropa Linienflüge nach Sevilla, Malaga und Granada (Iberia, Lufthansa), ansonsten per Charter nach Malaga (ein- bis zweimal wöchentlich, z. B. Condor).
Mietwagen: In Malaga am Flughafen: Benelux Rent-a-Car, Herr Agustin Aranda, Tel. ((9)52) 237398. Gegen Vorlage des Buches günstige Konditionen.
Mit dem Auto: Von Malaga N 331 bis Antequera – Sevilla, Autobahnausfahrt N 342 Olvera/Algodonales. Diesselbe Ausfahrt nimmt man von der Autobahn Granada – Sevilla (A 92).
Flugschule: »Líjar Sur«, Ronda No. 7, 11004 Algodonales. Paco und Michel (sprechen englisch, französisch auch), Tel. / Fax ((9)56) 221351, mobil 908124811. Organisation von Unterkunft, Transport, Ausflügen, weitere Sportarten.
Unterkunft/Camping:
- »Hostal Sierra de Líjar«, direkt neben der Flugschule, Tel. ((9)56) 137065
- Pension »Angeles«, Tel. ((9)56) 137147
- Pension »Marqués de Zahara« Tel. ((9)56) 123061.

Karte: Am besten IGN 1:50000, Parque Natural Sierra de Grazalema (aber leider veraltet).

Alternativen:
- **El Bosque** (W), für GS schwierig, eher Drachenfluggebiet, da sehr flach und weiter Flug zum Landeplatz, viel Wald, liegt 20 km südlich von Algodonales am Nationalpark Grazalema, Westseite.
- **Montellano** (N, mittel), eine kleine Alternative für starken Nordwind (NE); die Flugschule unternimmt dann auch Ausflüge dorthin.
- **Ronda la Vieja** (N, NE, und SW, W, mittel), Kuppe mit römischen Ruinen, ihr Steilabfall ist bei stärkerem Wind interessant.
- **TV de Coros/Grazalema** (N, leicht, S verboten), ½ Stunde zu Fuß vom Puerto de las Palomas über Zahara (vorher unbedingt erkundigen, ob noch erlaubt, da Nationalpark).
- **Vejer** (W, leicht), Meeressoaring südlich von Cadiz.
- Fluggebiete um Granada; siehe Seite 124.

Sonstiges:
Höhlen, Klettern, Reiten, Mountainbiken, Naturparkwanderungen, Canyoning, Besuch von Ronda und Zahara.

Kanarische Inseln

Abendlicher Flug im Februar auf Lanzarote.

Obwohl bereits – ebenso wie die marokkanische Westsaharaküste – im Mittelatlantik gelegen, gehören diese vielbesuchten Inseln noch zu den südspanischen Gebieten, die ich in diesen Führer »rund um das Mittelmeer« wegen ihrer spanischen Prägung aufgenommen habe.

Es wäre schade, darauf zu verzichten – werden sie doch vom Mittelmeerurlauber in einem Atemzug mit ähnlich attraktiven Zielen im Süden genannt.

Sechs der sieben Inseln besitzen ansprechende Fluggebiete (insgesamt über fünfzig) und auch lokale Clubs und Flugschulen.
Die Flugsaison reicht von Oktober bis März, manchmal auch bis Mai. Das hängt von der Stärke der Passatwinde und der Lage der Insel ab. Die Azorenhochdruckzone und der Passatwindgürtel beherrschen nämlich das Klima dieser Inseln; vergleichbar etwa einem »ewigen«, aber im Sommer sehr windigen Frühling. Sehr ausgeprägt sind daher auch die windzu- oder windabgewandten Seiten. Große Unterschiede im Fliegen entstehen durch die hohen Reliefs der großen Inseln, welche durchaus die Passatwinde abfangen bzw. abschwächen können. Während auf Fuerteventura fast ganzjährig starker Wind herrscht, ist er auf Lanzarote schon unterschiedlicher. Windbedingungen für Gleitschirme herrschen da häufiger schon auf La Palma und El Hierro, viel weiter westlich und bereits etwas im Windschatten von Teneriffa und Gran Canaria. Spektakuläre Höhenunterschiede, Thermik und Dynamik, gewaltige urzeitliche Vulkangräben, Flanken und Kegel machen die landschaftliche Stimmung aus.

Generell ist Starkwindfliegen angesagt, und wer damit nicht vertraut ist, sollte von den Kanaren grundsätzlich die Finger lassen oder nur Wander- und Badeurlaub buchen. Oft kommt der Wind dem Drachenflieger gelegener als dem Gleitschirmpiloten; wer beide Segel besitzt, sollte sie auch mitnehmen (und für die ganz heftigen Tage noch ein Surfsegel).

Auch der rauhe Vulkanboden wird seine Spuren am Material hinterlassen. Dennoch – der Eindrücke und Vielfalt wegen wird ein Flugerlebnis auf den Kanaren zu den unvergeßlichen Momenten eines Fliegerlebens gehören.

50 Mirador del Rio 479 m

Der einmalige Aussichtspunkt im Norden der Insel mit Blick auf die Meerenge von El Rio, Lavaklippen und goldene Strände. Eine wunderschöne Panoramastraße erschließt die Tiefblicke auf die vorgelagerten Inseln. Unweit des Aussichtspunktes liegt der Startplatz, der einen Traumflug für geduldige und gute Piloten möglich macht.

Start

N, NE, mittel, ca. 460 m.
Kurz vor dem Aussichtspunkt Balcón de la Batería auf Fahrspur nach rechts zum Startplatz (insgesamt 27 km von Teguise nach Norden).
Am nördlichsten Ende der Hauptstraße zweigt der Weg zum Mirador del Rio ab.

Landeplatz

Fußballfeld von Orzola, ca. 60 m.
Vom Mirador zurück auf die Hauptstraße und nach Süden Richtung Arrecife. Nach 2 km zweigt eine kleinere Straße ab (östlich) nach Orzola.
Bitte nicht in die schwarzen Felder landen, sondern Landeplatz einhalten!

HU

Ca. 400 m.

Talort: Orzola, Costa Teguise, Arrecife.

Club/Treffpunkt:
Am leichtesten trifft man in Teguise auf andere Piloten, z. B. im sehr empfehlenswerten Restaurant »Ikarus«, Tel. ((9)28) 845332 (insbesondere am Sonntagvormittag während des Marktes); nach dem Flug Einkehr im Restaurant »Punta Fariones« in Orzola; ansonsten:
• Club »Zonzames Vuelo Libre«, C. Joaquine, 12, Arrecife, Tel. ((9)28) 811465.
• Robert Espino Betasort (spricht englisch/deutsch), Tel. ((9)28) 814084.

Im Herbst und Winter ist Hochsaison für Flieger auf Lanzarote, wenn der Passatwind abschwächt.

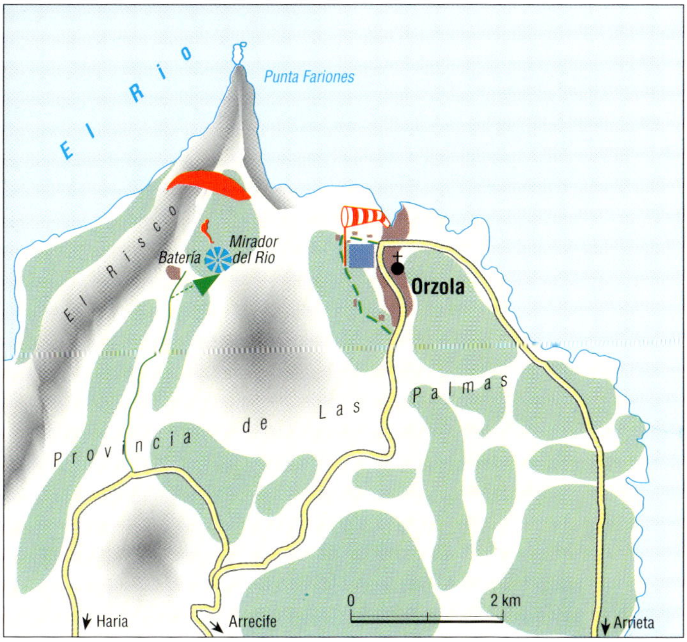

Unterkunft/Camping:
Campen ist auf der Insel generell verboten.
Allgemeine Auskünfte:
• Oficina de Turismo, Parque Municipal, Arrecife, Tel. (00 34-(9)28) 811060, – 811762, Mo – Fr, 10–14 Uhr und 16–19 Uhr, Sa 16–19 Uhr.
• Diverse Hotel- und Ferienanlagen in Costa Teguise (siehe auch Fluggebiet Famara).
Unterkünfte in Arrecife:
• Hotel »Lanzelot«, Tel. ((9)28) 805099, Fax – 805039.
• »Miramar«, Tel. ((9)28) 801522/23, Fax – 801533.

Karte: IGN 1:50 000 Blatt 1082 (Graciosa).

Alternativen:
• **Famara** (siehe Seite 134)
• **Mala** (E, NE, schwierig), Plateau neben Stausee
• **Montaña de Zonzamas** (S, SE, leicht), der Übungshang an der Müllkippe von Arrecife.

Sonstiges:
• Nationalpark Timanfaya
• Besuch der Hinterlassenschaften von César Manrique, Lanzarotes berühmtem, umstrittenen Maler und Bildhauer, der vor allem die Schönheit der Insel retten wollte und faszinierende Kunstprojekte schuf
• Abstecher zu den kleineren Inseln
• Nightlife in Arrecife und Costa Teguise
• Wanderung durch die Montañas del Fuego oder das Tal der tausend Palmen.

51 Famara 150 m – 320 m

Die dunkle Vulkaninsel, bizarres Eiland aus einer »Zeit vor unserer Zeit«, zieht im Herbst und Winter auch viele Piloten aus Europa an. Über mehrere Kilometer brechen die Lavaklippen im Nordwesten Lanzarotes zur Playa de Famara ab. Diese Formation, meist gut im Wind gelegen (oft zuviel), bietet den Hauptflugspaß auf der Insel. Für Gleitschirmflieger allerdings ist das Fliegen hier nur in der passatschwächeren Zeit möglich, also von Oktober/November bis Februar/März, wenn die Winde »nur« noch mit 20 bis 30 km/h wehen. Ansonsten gilt: stundenlanges Soaringvergnügen, insbesondere für Drachenflieger, aber auch gute, selbständige Gleitschirmpiloten, die ihre Grenzen kennen.

Start

① **Salida la Pequeña**, W, NW, leicht, ca. 150 m, toplandbar.
Zufahrt: Über die alte Straße von Teguise hinab nach La Caleta kommt man zur Salida. Der Startplatz liegt links (Windfahne).
② **Salida Los Ingleses**, W, NW, leicht, ca. 250 m, toplandbar.
Zufahrt: Alte Straße Teguise – La Caleta. Der Startplatz liegt rechts oberhalb der Straße, gut erkennbar (Windfahnen).
③ **Salida de Melo**, N, NW, schwierig, ca. 320 m. Hauptstartplatz, toplanden verboten, da hohe Verletzungsgefahr (Kante mit Rotor!).
Zufahrt: Piste direkt von Teguise zum Startplatz hinüber.

Landeplatz

Hauptlandeplatz neben der neuen Straße Teguise – La Caleta, sehr gut erkennbar vom Startplatz 3, direkt unterhalb, ca. 40 m. Man kann an den Startplätzen 1 und 2 auch toplanden, und an der Playa la Caleta, wenn man sie erreicht. ▷

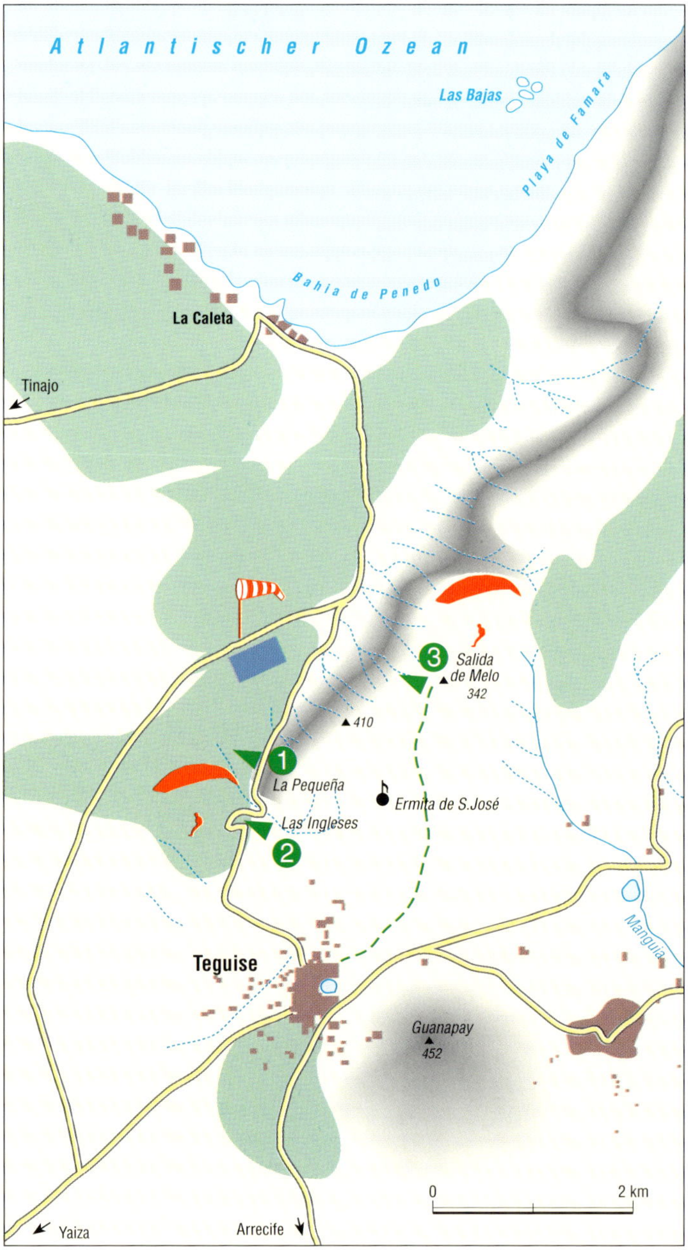

Thermik und Dynamik an einem idealen Februartag auf Lanzarote.

51 Famara 150 m – 320 m

HU

Maximal 320 m.

Flug

Beim Start von den niederen Startplätzen vor allem auf die Hochspannungsleitung achten. Meist fliegt man erst am Spätnachmittag, wenn der Wind nachläßt. (Es gibt auch Ausnahmetage, mit wenig Wind ganztags.) Bei einem Start mit dem Schirm vom Salida de Melo Starthelfer empfehlenswert, wegen des starken Windes und der Rotoren.

Schwierigkeiten/Gefahren

Die Insel ist für Gelegenheitsflieger absolut tabu. Hier ist gnadenloses Starkwindfliegen in einem Gelände mit absolutem Verletzungsrisiko für Schirm/Drache und Pilot angesagt!
Wer sein Limit nicht kontrolliert, riskiert sein Leben und Probleme für alle anderen! Darum: Verzicht, wo es nicht geht!

Streckenmöglichkeiten

Bei West- und Nordwestwind kann in den Risco de Famara, die große Lavakante nach Norden, geflogen werden. Tiefe Einschnitte nicht ausfliegen, sondern mit Abstand überfliegen (starke Turbulenzen). Für sehr gute Piloten bei »ruhigeren« Bedingungen (kein Nordwind oder Nordostwind!) ist der Flug bis hinauf zum Mirador (und zurück) möglich.
Achtung: Ein beachtliches Teilstück besitzt keine Landemöglichkeiten, eine Wasserlandung ist bei der herrschenden Brandung tödlich! Empfohlen wird eine Vorbesichtigung der Strecke.

Talort: Teguise, Costa Teguise.
Anreise: Regelmäßige Flüge nach Arrecife; z. B. Iberia, LTU, Condor. Von dort am besten mit Mietwagen ins Fluggebiet, z. B. Cabrera Medina, Tel. (00 34-(9)28) 80 20 99; Avis, Tel. (00 34-(9)28) 81 22 56, Fax – 81 04 62.
Beste Jahreszeit: November bis Februar (zum Fliegen).
Club/Treffpunkt:
Am leichtesten trifft man in Teguise auf andere Piloten, z. B. im sehr empfehlenswerten Restaurant »Ikarus«, Tel. ((9)28) 84 53 32 (insbesondere am Sonntagvormittag während des Marktes); nach dem Flug Einkehr im Restaurant »Punta Fariones« in Orzola; ansonsten:
- Club »Zonzames Vuelo Libre«, C. Joaquine, 12, Arrecife, Tel. ((9)28) 81 14 65.
- Robert Espino Betasort (spricht englisch/deutsch), Tel. ((9)28) 81 40 84.

Unterkunft/Camping:
Campen ist auf der Insel generell verboten.
Allgemeine Auskünfte:
- Oficina de Turismo, Parque Municipal, Arrecife, Tel. (00 34-(9)28) 81 10 60, – 81 17 62, Mo – Fr, 10–14 Uhr und 16–19 Uhr, Sa 16–19 Uhr.

Wer seinen Fliegerurlaub mit Meer verbinden will, wählt am besten Costa Teguise, denn dort sind alle Infrastrukturen vorhanden. Ansonsten gibt es private Unterkünfte in Teguise selbst oder der Umgebung. Zu erfragen über Oficina de Turismo.
Hotels in Costa Teguise:
- »Gardens-Aparthotel«, familienfreundlich, Tel. (00 34-(9)28) 59 01 00, Fax – 59 17 84
- »Meliá Salinas«, nobel, großzügig, exzellente Küche, Tel. (00 34-(9)28) 59 00 40, Fax – 59 03 90
- Diverse Apartmentanlagen mit Ferienwohnungen.

Karte: IGN 1:50 000, Blatt 1083 (Teguise), 1084 (Haria).

Alternativen:
- **Mirador del Rio** (siehe Seite 132)
- **El Cuchillo** (NW – NE, schwierig); Hangkante, nordwestlich des Dorfes El Cuchillo

Flugfoto, aufgenommen über dem Startplatz Salida de Melo auf Lanzarote.

- **Tinasoria** (S, SE, leicht); Thermikfluggebiet für Südlagen, morgens und abends befliegbar (über La Asomada)
- **Femés** (SW, S), verschiedene Flüge; selten fliegbar, Club kontaktieren
- **La Caleta** (NW, W, leicht), verschiedene Krater als Übungshänge nordwestlich des Ortes.

Sonstiges:
Die Insel Lanzarote ist **Biosphärenreservat**: entsprechendes Umweltbewußtsein bitte mitbringen!
- Kultur: Besichtigung der Werke von César Manrique (Tahiche, Kaktusgarten von Guatiza, Jameos del Agua, Mirador del Rio, Pueblo Marinero)
- In Teguise: Sonntagsmarkt, Palacio Spinola, Castillo Santa Barbara, Essengehen im Casa Cristobal (ein Muß!)
- Kamelritt durch die Montañas del Fuego
- Besuch einer Parranda-Fiesta
- Arrecife: Hafen Charco de San Ginés und Zentrum
- Cueva de los Verdes, Haria-Tal der tausend Palmen,
- Ausflug zur Isla La Graciosa.

52 Costa Calma 50 m – 253 m /

Kurz vor dem schmalen Westende der windgepeitschten Sandinsel Fuerteventura gibt es in den weniger windigen Wintermonaten von Oktober bis Februar herrliche Soaring- und Thermikflüge in zwei Richtungen über Sanddünen und Hügeln. Man kann bis zum höchsten Punkt, dem 807 Meter hohen Jandía, aufdrehen. Nur für starkwinderprobte Piloten!

Start

Costa Calma:
① **El Paso, 253 m, SW, S, NE, leicht.**
② **Dünen über der Playa Esmeralda**, unterschiedlich hoch.
③ Dünenhänge in Kurve oberhalb der Casas Risco del Paso; etwa 1,5 km südlich vom El Paso, unterhalb der Küstenstraße, 50–100 m.
Allgemeines: Die Costa-Calma-Startplätze sind bei östlichen Winden gut zum Soaren.
Loma Negra:
NW, leicht. Über der wüstenhaften, wildromantischen Westküste. Naturschutzgebiet. Es darf nur am Loma Negra gestartet werden. Alle bezeichneten Pisten dürfen befahren, aber nicht verlassen werden!
Zufahrt: In Höhe des El Paso zweigt eine Schotterpiste nach Norden zur Loma Negra ab (Hauptstraße von der Costa Calma Richtung Jandía bis in Höhe El Paso, dort rechts ab)

Landeplatz

Jeweils am Strand oder toplandbar oder am Fuß der Hügel.

HU

Bis 253 m.

Flug

Soaringflüge an der Ostküste; teilweise Thermik. Starkwind- und Thermikflüge an der Westküste.

Schwierigkeiten/Gefahren

Nur für erfahrene Piloten; eventuell nur mit Führung, nur im Winter geeignet. Es gilt, vorzeitig eventuellen Windwechsel einzuschätzen, um Unfälle zu vermeiden. Perfekte Beherrschung des Rückwärtsstarts ist absolute Grundvorausetzung hier wie überall auf den Kanaren, um ein unfallfreies Fliegen zu gewährleisten. Das Einhalten der Naturschutzregeln (Vorinformation) ist zwingend. Keine wilden Jeepausflüge!

Streckenmöglichkeiten

Von der Loma Negra an der Westküste kann bis zum Jandía (8 km) und zurück aufgesoart werden.

Talort: Am besten Jandía oder Urbanización Costa Calma. Mit Bus/Mietwagen etc. von Puerto del Rosario erreichbar.
Anreise:
Mit dem Flugzeug: Regelmäßige

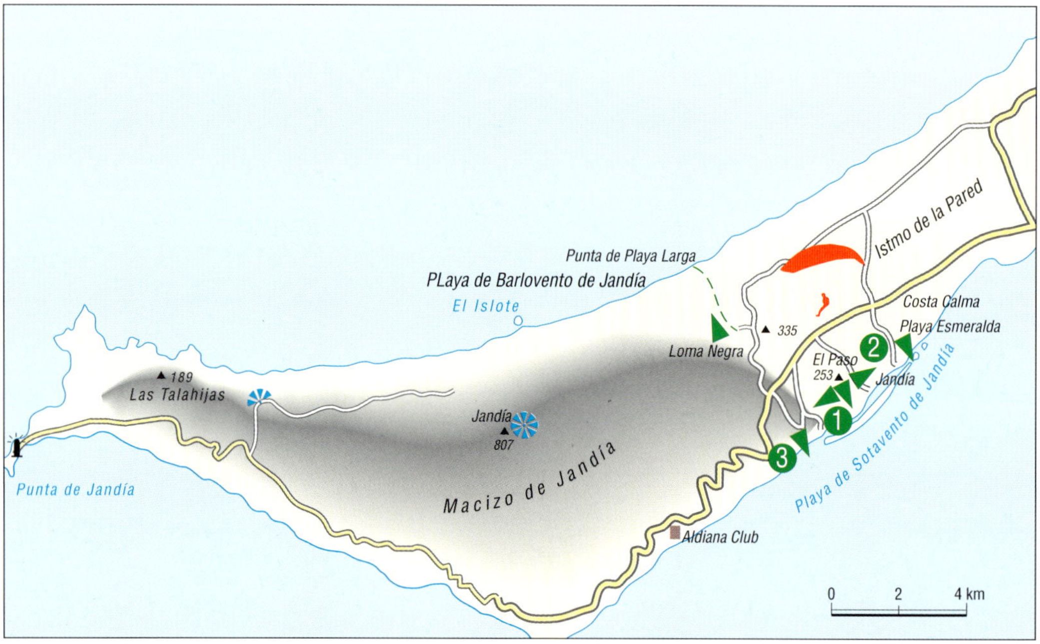

Loma Negra 300 m

Endlose Dünen laden zum Wintersoaren im Süden von Fuerteventura ein.

Charter- und Linienflüge nach Puerto del Rosario.
Mietwagen: z. B. Occa Rent-a-Car, Tel. (00 34-(9)28) 85 10 94.
Mit der Fähre: Regelmäßige Fähren nach Lanzarote. Info: z. B. Ferry Betancuria ab Corralejo nach Playa Blanca (Lanzarote), Tel. (00 34-(9)28) 54 10 02.
Kontakt/Organisation von Fliegerurlaub:
• Flugschule »Kaspar Greber«, A-6863 Egg/Vorarlberg, Tel. / Fax (00 43-55 12) 33 22. Kaspar ist Experte und hat seit 1987 die Fluggebiete regelmäßig besucht, ja, er war praktisch der erste dort.
Unterkunft/Camping:
Allgemeine Auskünfte:
• Patronato del Turismo, Avda. Primera de Mayo, 33, Puerto del Rosario, Tel. (00 34-(9)28) 85 10 24, Fax – 85 18 12.
Es gibt keine regulären Campingplätze, wildes Zelten wird geduldet.
Unterkünfte ansonsten:
• »Sol Jandía Mar«, Playa de Jandía, Tel. (00 34-(9)28) 87 63 25, Fax – 87 63 22
• »Parque-Hotel Solyventura«, Costa Calma, Tel. (00 34-(9)28) 54 71 65, 54 71 51, Fax – 54 71 66 oder Sekretariat D in Leverkusen, Tel. (00 49-2 14) 2 10 81
• »Risco del Gato«; zum Abschalten ideal: Tel. (00 34-(9)28) 54 71 75, Fax – 54 70 30
• Hotel »Los Gorriones«, Costa Calma, Tel. (00 34-(9)28) 54 70 25, Fax – 54 70 00
• Etwas günstiger: »La Abeja« (nettes Lokal und Bungalowanlage). Reservierung über »Maryvent«, Tel. / Fax (00 34-(9)28) 54 70 92, täglich außer Dienstag, 18.30–21.30 Uhr
Treffpunkt:
• »Ricos Playa Cocktail Bar« in Jandía, »La Abeja« in Costa Calma.
Ärztedienst: Tel. ((9)28) 54 15 43 (Jandía), – 54 70 95 (Costa Calma).
Karte: Fuerteventura 1:150 000, Art-edition Reiner Loos, Las Palmas de Gran Canaria.

Alternativen:
Auf Lanzarote oder den anderen Inseln: siehe Seite 132–137 und 138–153.

Sonstiges:
• Surfen; Surfcenter: Tel. (00 34-(9)28) 54 74 83
• Tauchen: Club Aquamarin, Tel. (00 34-(9)28) 54 01 28
• Ausflug auf die Isla de los Lobos
• Segeltrips mit der »Pedra Sartana« (Hafen: Morro Jable)
• MTB: Verleih bei Bahia Sports in Playa Jandía
• Hochseefischen
• Kamelsafaris in die Dünenberge
• Jeepsafaris, Eselsafaris
• Strände ohne Ende, Dünen, Wasser, Weite: zu Fuß oder per Jeep, z. B. nach Playa Barca, Risco del Paso, Playa de Cofete.

53 Los Giles 210 m

Küstenfliegen vor den Wolkenkratzern von Las Palmas.

Knapp eine Viertelstunde von Las Palmas entfernt liegt an der Nordküste die am häufigsten beflogene Zone der Insel. Etwas für schnelle Abstecher, weist am häufigsten brauchbare Verhältnisse auf. Die Steilküste ist hier auf 600 Meter Länge soarbar.

Start

N, NE, E, leicht, ca. 210 m. Hier wird auch öfter geschult.
Zufahrt: Von Las Palmas folgt man der »Autovia del Norte« Richtung Agaete bis Matadero (Costa Ayala) und zweigt dort nach Los Giles ab. Kurz vor dem Dorf geht bei einem Kuhstall nach links (Norden) eine Piste weg. Hier parken. **Nichts im Auto lassen!** Die Piste führt nach 200 m zum Startplatz bei einer Hangarruine.

Landeplatz

Ca. 30 m. Direkt unterhalb des Startplatzes zwischen Meer und Straße bei Haus.
Es kann auch am Strand von Las Canteras gelandet werden, jedoch nur außerhalb der Hauptbadezeiten und nur nach Vorabsprache mit den einheimischen Piloten (2-Meter-Bandfrequenz: 143.210) oder Alvaro Castellano, Tel. ((9)28) 273429.

HU

Ca. 180–210 m.

Flug

Meist dynamisches Fliegen mit vereinzelten schwachen Thermiken. Es sollte unbedingt bei dem meist herrschenden Wind (20–30 km/h) mit Starthelfer gestartet werden!
Kommt der Wind schräg von links, ist es besser, von Las Coloradas zu fliegen, dem Hügel auf der anderen Seite der Las-Canteras-Bucht.

Schwierigkeiten/Gefahren

Starkwind.

Streckenmöglichkeiten

Kleines Soaringgebiet ohne Streckenflug.

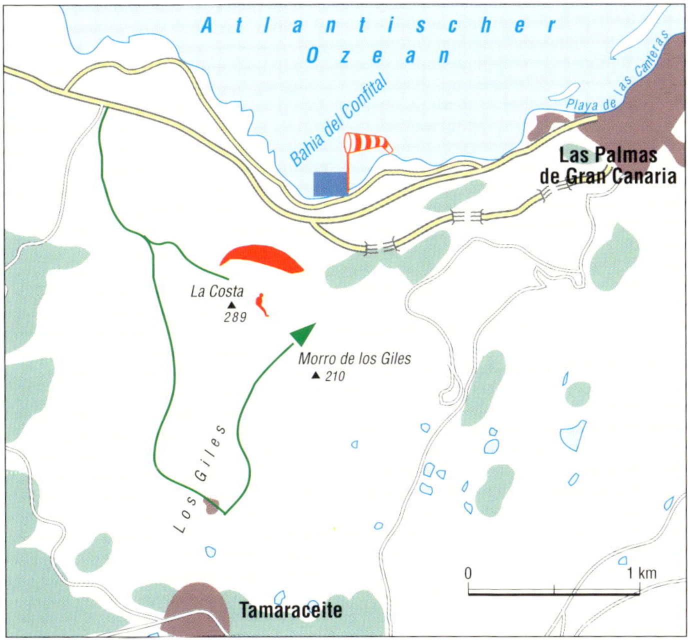

Talort: Las Palmas de Gran Canaria.
Anreise: Flugzeug nach Las Palmas de Gran Canaria.
Fährverbindungen mit allen Nachbarinseln.
In Gran Canaria kann man Mietwagen über »La Caja Tours«, Herrn Ibrahim Francisco, Tel. (00 34-(9)28) 44 26 82, organisieren.
Club/Treffpunkt:
Die meisten einheimischen Piloten trifft man am Wochenende sicher in Los Giles.
Ansonsten kann Alvaro Castellano stets Auskünfte geben und Kontakt vermitteln, da er die Flugschule leitet: Tel. (00 34-(9)28) 44 21 02.
Flugschule:
- »Escuela de Parapente Alpispa«, Tel. (00 34-(9)28) 27 34 29, Habana 23 A, E-35010 Las Palmas de Gran Canaria.

Hier gibt es auch die Möglichkeit, Tandemflüge mit einem erfahrenen Lehrer zu machen.
Unterkunft/Camping:
- Oficina de Turismo Las Palmas de Gran Canaria, Tel. (00 34-(9)28) 26 46 23, Fax – 22 98 20.
- »La Caja Tours« organisiert auch Unterkünfte, Ibrahim Francisco, Tel. (00 34-(9)28) 44 26 82.

Wetter:
Centro Meteorológico de Tafira, Tel. ((9)06) 36 53 35.
Flughafenwetter über 2-Meter-Band 126.200 erreichbar.
Karte: IGN 1:50 000, Blatt Las Palmas de Gran Canaria, Nr. 1121.

Alternativen:
- **Las Coloradas** (N, NW, leicht) auf der Isleta nördlich von Las Palmas
- **Los Pechos** (S, leicht) über San Bartolomé
- **Silva** (N, NE, leicht) an der Nordroute bei den Cuevas (Höhlen) del Cenobio del Valerón (über dem größeren Tunnel)
- **Caldera de los Marteles** (siehe Seite 142).

Sonstiges:
- Baden, MTB, Klettern, Wandern im Inselinneren
- Ausflug zum höchsten Punkt (Pico de las Nieves, 1949 m); sehr schöne Panoramastraße
- Kultur: Stadtkerne von Las Palmas, Agaete, Telde, Cáldar etc.

Die Küste bei Los Giles auf Gran Canaria.

54 Caldera de los Marteles 1506 m

Das schönste Fluggebiet auf der Insel Gran Canaria, im Nordosten gelegen, mit großer Ausgangshöhe und damit interessant für Streckenflüge. Wegen der Orientierung und der kleinen Landeplätze ein Flug für erfahrene, selbständige Piloten. Am Startplatz hat man oft ein Adlerpärchen als Vorflieger.

Start

N, NE, E, leicht, ca. 1500 m, sanft geneigter Hang.
Zufahrt: Las Palmas – Telde – Cazadores bis Caldera de los Marteles. Dort führt eine leichte Piste durch Wald nach 200 m zu einem Haus (links). Dahinter befindet sich der Startplatz.

Landeplätze

In Tenteniguada, ca. 700 m, und bei **Valsequillo, ca. 500 m.** Unbedingt vorher besichtigen! Zu erreichen über Straße von Telde (814 m) nach Vega de San Matteo.
Die einheimischen Piloten (Funk 143. 210) sind bei der Orientierung behilflich!

HU

800–1000 m.

Flug

Voraussetzung: Schwache Winde aus N/NE mit maximal 10 bis 15 km/h. Solange kein Höhenwind herrscht, ist ein schöner Thermikflug zu erwarten. Die erste »Pumpe« steht 50 m rechts des Starts, eine weitere bei den Felsen links unterhalb. Die besten Flugbedingungen gibt es zwischen 12 Uhr und 14 Uhr.
Die Landeplätze sind klein und kurz. Leitungen beachten!
GZ 6 Minimum zum Landeplatz.

Schwierigkeiten/Gefahren

Allgemeines: Der Südwesten der Insel ist wegen seiner tiefen Gräben und schwierigen Zugänglichkeit nicht exploriert. Im Osten und Südosten liegen der Flughafen und die starkwindigen Bereiche der Insel. Dorthin besser nicht fliegen oder nur mit Kenntnis des Windes! Die Flughafenzone darf unter keinen Umständen berührt werden. Sie erstreckt sich 7 km nach Westen, 15 km nach Norden und 20 km nach Süden. Notlandungen im Bereich von Gräben und Klüften am besten auf den Rippen vollziehen!
Flug ausschließlich für geübte Piloten mit selbständiger Gerätebeherrschung unter allen Umständen. Gegebenenfalls muß mit »angelegten Ohren« eingelandet werden. Im Landebereich ausgesprochen viele Leitungen!

Streckenmöglichkeiten

Nach Osten zur Küste (auf den Wind achten!). Nach Norden Richtung Santa Brigida – San Mateo – Teror – Tamaraceite – San Felipe bis nach Las Palmas. Nach Westen etwas schwieriger, aber machbar.
Beste Zeit in der passatschwachen Phase von Oktober bis April.

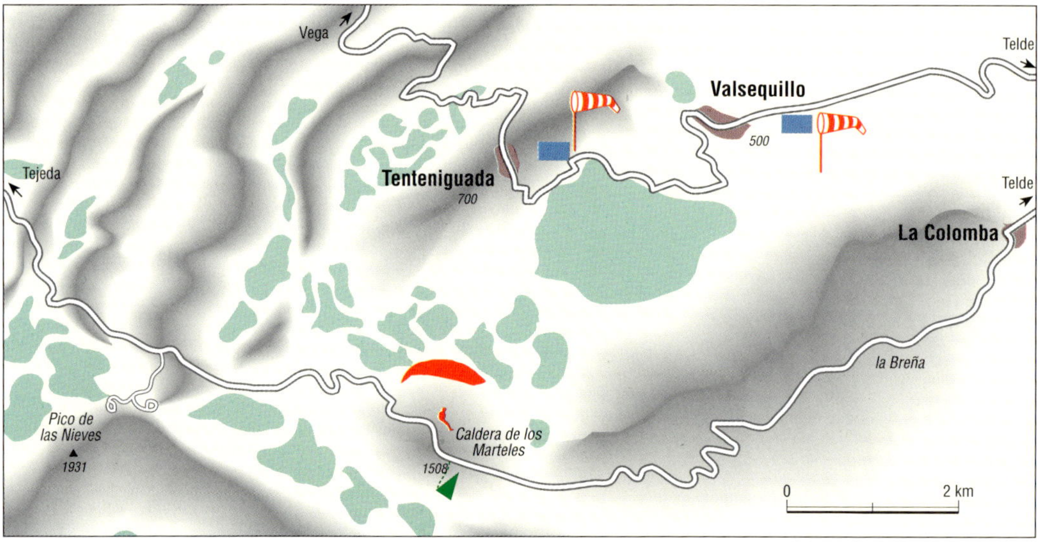

Schweben über der Vulkanlandschaft von Gran Canaria.

Talort: Las Palmas de Gran Canaria bzw. Telde, 116 m.
Anreise:
Mit dem Flugzeug: Regelmäßige Linien- und Charterflüge nach Las Palmas de Gran Canaria. Fährverbindungen zu allen Nachbarinseln.
Mietwagen: Bekommt man bei »Caja Tours«, Ibrahim Francisco, Tel. (00 34-(9)28) 44 26 82.
Von Las Palmas folgt man nach Süden der N 812 nach Telde. Von dort Straße zum Start sowie zu den Landeplätzen.
Club/Treffpunkt: Die lokalen Piloten kann man über 2-Meter-Band (143.210) erreichen. Ein sehr hilfreicher Ansprechpartner ist Alvaro Castellano, der Gebietseinweisungen und Tandemflüge macht: Tel. (00 34-(9)28) 44 21 02.
Flugschule:
• »Escuela Parapente Alpispa«, Tel. (00 34-(9)28) 27 34 29, Habana 23 A, 35010 Las Palmas de Gran Canaria.
Unterkunft/Camping:
• Oficina de Turismo Las Palmas: Tel. (00 34-(9)28) 26 46 23, Fax – 22 98 20.
• »Caja Tours« organisiert für Piloten auch Unterkunft: Ibrahim Francisco, Tel. (00 34-(9)28) 44 26 82.
Wetter: Informationen über das Centro Meteorológico, Tel. ((9)06. 36 53 35. Auf 2-Meter-Band 126.200 erreicht man das Flughafenwetter (aktuell).
Karte: IGN 1:50 000, Gran Canaria, Blatt Nr. 1.126 (Ingenio).

Alternativen:
• **Los Giles** (siehe Seite 140)
• **Los Pechos** (SW, S, SE, leicht) über San Bartolomé
• **La Picoñera de Tejeda** (W, mittel)
• **Mirador** (W, mittel)
• **Pico Viento de Cáldar** (E-N-W), sehr schön (Cross), aber nur an schwachwindigen Tagen fliegen
• **La Laja** (E, NE und SE, zwei Hügel) an der Carretera Sur beim Salto el Negro über der Tankstelle.

Sonstiges:
• Baden an der Playa del Inglés
• Abfeiern in Las Palmas (Nightlife)
• Ausflug zum Pico de los Nieves (1949 m), höchster Punkt der Insel; Straße
• Kultur: Besichtigung von Galdar (Ausgrabungen aus der Guanchenzeit), Agaete, Tejeda, Agüimes (schöne Häfen und Strände); Markt und Stadtzentrum von Las Palmas
• Ausflüge auf der Insel, viele interessante Landschaftsformen.

55 Izaña 2300 m

Hoch über dem Norden der größten Kanareninsel und zu Füßen des Pico de Teide fliegt man bei günstigen Bedingungen weit hinab bis zum Strand. Wegen der raschen Wolkenbildung gilt trotzdem: früh starten!
In Teneriffa ist seit einigen Jahren wachsendes Interesse am Fliegen zu spüren, was vier Clubs beweisen. Es gibt etwa 250 Piloten. Verschiedene Fluggebiete mit unterschiedlichen Bedingungen, geeignet von Oktober bis Mai, warten auf den Gast.
Letztes Jahr wurden für Bergungskosten von verunglückten Fliegern (ausschließlich Gastpiloten!) etwa 3 Millionen Peseten ausgegeben. Deshalb: Wer auf Teneriffa ohne Probleme fliegen will, kontaktiere die Einheimischen, bevor es in den Graben geht.

Start

① **S, leicht, neben der Straße auf ca. 2252 m,** Nähe Kilometer 34, mit Windfahne, groß.
② **NW-NE, leicht,** 10 m unterhalb der Straße, Nähe Kilometer 33, ca. 2200 m.
③ **N, NE, mittel, sehr flach, ca. 2140 m,** unweit von Kilometer 32, links von der engen Straßenkurve 50 m ansteigen nach Osten.
Zufahrt: Straße (Nr. 824) von La Laguna zum Observatorio bzw. Parque Nacional Pico de Teide. Die Kilometermarkierungen bei den Startplätzen gelten für diese Straße von La Laguna aus.

Landeplätze

Nach Süden:
① **Ca. 310 m.** Etwa 1 km südlich von Güimar, bevor die 822 bei La Ladera in einer Linkskurve die Flanke des Barrancos quert, steht ein weißes Haus mit Mauer etwa 20 m vor einer Straßenbrücke. Dieses Haus hat die sieben kanarischen Inseln als Steinsymbole auf seiner Mauer. Neben dem Haus Landeplatz mit Windsack. Wenn der Wind auffrischt am Meer (Schaumkronen) unbedingt hier landen!
② **Strand von Puerto de Güimar.** Achtung: unbedingt vorher abchecken, was der Wind am Meer macht (Stärke?); es gab bereits diverse Unfälle durch auffrischenden Wind!
Zufahrt: Straße von Güimar hinab zum Hafen Puerto de Güimar.
Nach Norden:
③ **Puerto de la Cruz.** Man landet im östlichen Teil der Playa Jardin bzw. Playa de Punta Brava ab dem Castillo und Piscina (Fort, Schwimmbad). Hier hat der Pilot etwa 500 m Auslauf zum Landen. Idealer Deltalandeplatz. Immer im Wind. Problemlos. Wegen Badegästen nicht weiter vorne westlich landen.
Landeplatz **vor dem Flug** besichtigen! (Das gilt auch und insbesondere für die Süd-Landeplätze.)

HU

Zwischen 1830 m und 2252 m; GZ 5 Minimum.

Flug

Großartiger Höhenflug, bei dem Gastpiloten ab und zu Dummheiten machen. Ausschließlich nach Einweisung durch einheimische Piloten zu empfehlen, da zu viele Dinge beachtet werden müssen. Absolut tabu für Gelegenheitsflieger (außer Nordflug nach Einweisung, früh am Morgen im Winter).
In der Regel handelt es sich um einen morgendlichen Gleitflug, da sehr rasch die Passat-(Alizee-) Bewölkung aufzieht und das Meer Schaumkronen bekommt (sehr ungesund für unsere Sportart zum Anlanden).
Der Flug nach Süden Richtung Güimar besitzt mit der Ladera, einer langgezogenen Nordflanke südlich von Güimar einen soarbaren Hang mit Morgenthermik und sanfter Abenddynamik. Wer hier weiter hinabfliegen will, sollte am Strand vor 10 Uhr landen. Danach frischt der Passat nämlich zum Fürchten auf.
Eine Einweisung durch Club/Flugschule der Einheimischen halte ich aus Fairplay-Gründen für obligat!

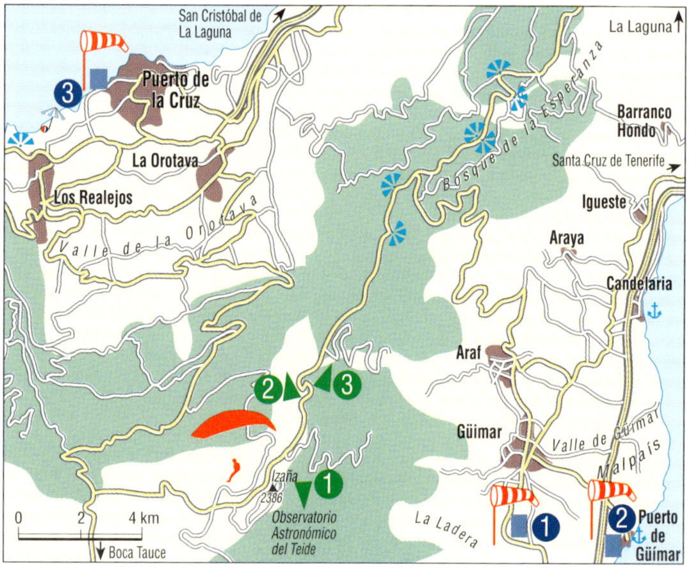

Streckenmöglichkeiten

Reicht die Strecke hinab ans Wasser nicht? Wollt ihr euch verblasen lassen? Es kommt nur der Flug nach Süden in Betracht, aber das Problem liegt in der Passatbewölkung und den fehlenden Landemöglichkeiten bei viel Wind.

Talort: Beliebig. Wer Strand, Geselligkeit und einen vielseitigen Ort liebt, dürfte in Puerto de la Cruz am besten aufgehoben sein.
Anreise: Flüge nach Santa Cruz de Tenerife, ein bedeutender Flughafen, auch was Weiterflüge nach Südamerika betrifft.
Mietwagen: Molina Rent-a-Car, Tel. (00 34-(9)22) 23 25 05; Go Rent-a-car, Tel. (00 34-(9)22) 61 11 16; Oasis, Tel. (00 34-(9)22) 24 71 70; Orlando, Tel. (00 34-(9)22) 24 02 06.
Club/Treffpunkt:
Es gibt vier Clubs bzw. Flugschulen auf Teneriffa. Am ehesten trifft man Piloten an den Wochenenden auf dem Izaña oder in Valle de San Lorenzo, wo viel geschult und geübt wird (siehe Fluggebiet Taucho). Ansonsten kann man Guillermo de Armas (spricht englisch) kontaktieren: Tel. (00 34-(9)09 56 81 14 (Handy) oder Pedro Deniz, Tel. (00 34-(9)22) 20 22 96. Oder Club »Izaña«, Tel. (00 34-(9)22) 28 43 07.
In Realejos hat Emilio Paez die Bar »El Gruce« und einen Gleitschirm-Shop sowie die Flugschule und den Club »Norte«, wo man sich vor und nach dem Fliegen auf La Corona trifft: Tel. (00 34-(9)22) 34 12 28.
Unterkunft/Camping:
Allgemeine Informationen:
• Oficina de Turismo, Santa Cruz de Tenerife, Tel. (00 34-(9)22) 60 58 00, 60 57 81.
• In Puerto de la Cruz: Tel. (00 34-(9)22) 38 46 27.
Hotels in Puerto de la Cruz, z. B.
• »La Chirea«, Tel. (00 34-(9)22) 38 20 08
• »Sunny Hill«, Tel. (00 34-(9)22) 38 14 50
• »Alemán«, Tel. (00 34-(9)22) 38 14 50
• »Miramar«, Tel. (00 34-(9)22) 38 48 18.
Karte: Die Karten im Maßstab 1:50 000 sind unglaublich veraltet. Identifikationen nur mit zusätzlicher Hilfe der modernen Straßenkarten 1:150 000, Blatt Güimar, IGN 1111, Blatt 1103 (Icod de los Vinos). Auf dem Stand von 1995: Freytag & Berndt, Teneriffa 1:75 000.

Alternativen:
• **La Corona** (N, NE) über Los Realejos
• **Mesa Mota** (S, leicht) über La Laguna; gut zum Üben
• **Arafo** (NE, mittel) über Güimar
• **Los Phatos** (NW, schwierig)
• **Mesa del Mar** (W, leicht).

Sonstiges:
• Baden, Sightseeing (Zentren von Santa Cruz, Laguna und Puerto de la Cruz)
• Nightlife in Los Cristianos
• Besteigung des Pico de Teide (3715 m; höchster Punkt Spaniens und der Kanaren); Berghütte Refugio de Altavista, Tel. (00 34-(9)22) 24 20 90
• Klettern an den Roques de Garcia beim Teide
• Orotava-Tal
• Höhlendorf Chinamada
• Anaga-Berge im Norden
• MTB: es gibt zahlreiche Pisten.

Mesa del Mar auf Teneriffa. Im Hintergrund der Pico de Teide.

56 Taucho 850 m

Taucho bildet das beste Fluggebiet der Insel Teneriffa. Es liegt im trockenen Süden. Landschaftlich ist es vielleicht weniger reizvoll, aber fliegbarer als manche luvseitigen Ecken.
Geschützt vom Passatwind entwickeln sich hier (Lee-)Thermiken, die sehr stark und turbulent sein können. Bei Drucklegung dieses Buches war der neue Startplatz erst im Bau und der alte Idealstartplatz (auf 910 m) verboten (nach einem Streit zwischen Gastpiloten und einem Hirten, der sie aufgefordert hatte, ihren Müll mitzunehmen). Daher verlasse ich mich auf die Informationen meiner Freunde bezüglich des Ausweichstartplatzes: er ist auf jeden Fall nur für erfahrene, selbständige Piloten gedacht. Wer es mit Anleitung bevorzugt, der wende sich an Rafael von der Flugschule in Valle San Lorenzo (Fluggebiet Jama).

Start

① **NW-SW, mittel, ca. 850 m,** flach, steinig, dann abbrechend, wird zur Zeit zu einem großflächigen Startplatz im Auftrag der Gemeinde Adeje ausgebaut.

Zufahrt: Route 822 von Los Cristianos kommend Richtung Norden (Guia de Isora) bis Casas Los Menores. Dort auf kleiner Straße hinauf nach Taucho. Man fährt eng durch den ersten Dorfkern und parkt den Wagen im zweiten Dorfkern weiter östlich bei einem Haus mit Palme, von wo ein Weg abzweigt, der abwärts (südwestlich) nach 500 m den Startplatz erreicht. Ab dem Sommer 1997 soll dies alles markiert sein.
② **Las Moraditas**, ca. 700 m, SW, S, bei einem Haus mit Anbaufläche eine (nicht einfache) Startmöglichkeit. Diesen Start nur mit den einheimischen Piloten zusammen aufsuchen!

Landeplätze

① **Estanque de la Atalaya** (großer, kreisrunder Wasserspeicher), direkt oberhalb der Route 822, ca. 280 m. Gelandet wird daneben gegenüber (getrennt durch Fahrweg). Hauptlandeplatz.
② **Adeje, ca. 250 m.** Freie Betonfläche kurz vor dem Ortseingang, zwischen der westlichen Abzweigung von der 822 und dem Ort.
③ **230 m;** Flächen als Ausweichlandemöglichkeiten unterhalb der westlichen Abzweigung nach Adeje von der 822.
Hinweis: Die Landeflächen können sich ändern. Bitte auf jeden Fall die aktuellen Landeflächen vorher inspizieren (siehe Club).

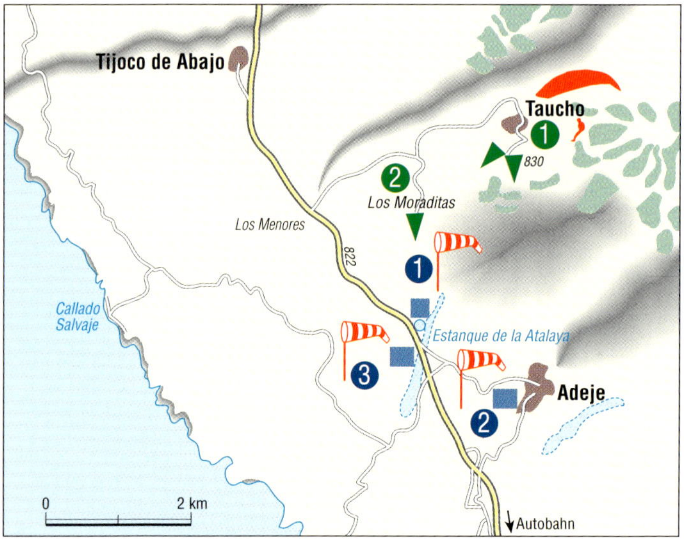

HU

Maximal 620 m.

Flug

Das Gebiet ist für Gelegenheitspiloten nicht geeignet, da sehr stark thermisch. Schon ab den Morgenstunden gibt es Ablösungen, die in der Mittagszeit in der Regel 6 bis 7 m/sec erreichen. Sämtliche Kanten, Rinnen und sonstigen Hindernisse verursachen enorme Turbulenzen. Man folgt nach der ersten Startüberhöhung ohne weiteres Richtung Süden Roque de los Brezos – Conde und kann sich entlang der Hänge und Barrancos (Gräben) halten, sollte jedoch nicht ins Relief geraten!
Hier sollte auf keinen Fall im Sommer geflogen werden, da die dann vom Passatwind überlagerte Leethermik noch um ein Vielfaches unangenehmer sein kann.
Die beschriebenen Landeflächen sind relativ gut erreichbar und einlandbar. Es gibt die Möglichkeit, am Meer zu landen, jedoch sollte man dazu den Wind kennen.

Schwierigkeiten/Gefahren

Starke Turbulenzen, schwieriges Startgelände, Orientierung, Leitungen und Kaktus (nicht zu tief kommen!).

Streckenmöglichkeiten

Bis nach Los Cristianos kann geflogen werden (Süden) und auch eventuell nach Norden entlang der

Gräben und Hänge Richtung Guia de Isora und weiter.

Talort: Los Cristianos oder Adeje oder irgendein nettes Dorf zum Übernachten (z. B. Guia de Isora).

Anreise:
In der Regel per Flugzeug bis zum Aeropuerto Tenerife Sur. Die meisten Piloten nehmen sich Urlaub als Paket inkl. Flug, Unterkunft und Mietwagen ab ihrem Heimatland.
Wer es trotzdem in Kauf nehmen will, sich selbst zu organisieren, zahlt häufig mehr und muß in der Hochsaison damit rechnen, keinen Platz und/oder kein Mietauto zu bekommen.
Jedoch kann, wer bescheiden und abseits der Küste unterkommen will, immer etwas finden. Informationen über Privatunterkünfte, Camping und andere ländliche Formen der Unterbringung gibt das Cabildo Insular in Santa Cruz, zu Händen Sr. Guimerar, Fax (00 34-(9)22) 60 57 81.

Achtung Piloten:
Wegen der zahlreichen Unfälle von Gastfliegern ist beabsichtigt, ab Winter 1997/98 bei der Einreise das Vorweisen der Pilotenlizenz und der gültigen Haftpflichtversicherung obligatorisch zu machen.

Club/Treffpunkt:
Die Escuela de Parapente »Valle de San Lorenzo«, ist sehr hilfsbereit. Dort, in der Nähe von Taucho, trifft man in der Regel immer auch Flieger. Kontakt: am besten Rafael im Supermercado »Mar y Flor« in Las Galletas an der Südspitze Teneriffas, Tel. (00 34-(9)22) 78 50 38 (morgens anrufen); er kann auch Gebietseinweisungen machen.
Ansonsten Guillermo de Armas, Tel. (00 34-(9)09 56 81 14 (Handy), der die Fluggebiete sehr gut kennt.

Unterkunft/Camping:
Wie bereits erwähnt, ist die billigste Variante das Komplettpaket Flug/Unterkunft/Mietauto ab dem Heimatland.

Bei Taucho im Süden Teneriffas.

Allgemeine Informationen erhält man bei:
- Oficina de Turismo, Los Cristianos, Tel. (00 34-(9)22) 73 01 33.
- Centro de Informaciones y Turismo Tenerife, Tel. (00 34-(9)22) 38 46 27.

Es gibt eine Unzahl von Möglichkeiten, auch individuell unterzukommen (außerhalb der Hochsaison); im Landesinneren stets leichter als an der Küste; z. B. in Adeje:
- Hotel Apartamentos »Las Flores«, Tel. (00 34-(9)22) 73 00 78
- »Apartamentos Sylvia Valle«, Tel. (00 34-(9)22) 79 25 05.

In Guia de Isora:
- Pension »Palerma«, Tel. (00 34-(9)22) 86 54 21.

Karte: IGN 1:50 000 Blatt Granadillas de Abona etc., Nr. 1118/1124 (von 1965). Auf dem Stand von 1995: Freytag & Berndt, Teneriffa 1:75 000.

Alternativen:
- **Jama/Valle de San Lorenzo** (S, leicht)
- **Los Cristianos** (W, SW, mittel); am Guaza, östlich von Los Cristianos
- **Tamaimo** (NW, schwierig)
- **Los Gigantes** (W, NW, schwierig); Flug zur Playa de los Gigantes
- **Garachico** (N, mittel) über Los Silos
- **Izaña** (siehe Seite 144).

Sonstiges:
- Barranco del Infierno (Höllenschlucht) bei Adeje
- Baden, Bummeln und Nachtleben in Los Cristianos
- Besuch des Nationalparks Pico de Teide
- Nordwestecke der Insel »Macizo de Teno«: Dörfer, Schluchten und einsame Strände
- Icod: Drago Milenario und Cueva del Viento.

57 Jedey 656 m / Las Indias 710 m

Die grüne Insel, die Isla Bonita, die steilste Insel der Welt – wie auch immer man sie nennen mag –, ein Paradies für Wanderer und Entdecker auf den Spuren der Guanchen, der sagenhaften Ureinwohner, ist sie auf jeden Fall! Fliegen ist hier, ich betone es besonders, zweitrangig. Einige kleine Flugmöglichkeiten existieren, geschützt durch die hohen Berge, vor allem auf der passatabgewandten Westseite. Das Hauptfluggebiet liegt über Puerto Naos/Puerto de Tazacorte.

Start

Jedey: W, SW, mittel, ca. 656 m. Ein Hügel (Vulkanhang) 5 Minuten westlich vor der Straße Los Llanos de Arridane nach Fuencaliente (832) beim Weiler Jedey, ziemlich in Fallinie von Puerto Naos.
Las Indias: W, mittel, vom Parkplatz an der Straße sowie W, mittel, etwa 100 m der Straße weiter folgen (nach Süden).
Jedey und Las Indias können soarend miteinander verbunden werden. Man folgt derselben Straße (832) wie zum Jedey-Hügel etwa 14 km weiter Richtung Fuencaliente bis zum markanten Parkplatz mit Windfahne.

Landeplätze

① **Strand von Puerto Naos.** Straße von Jedey über Todoque nach Puerto Naos.
② **Lavafeld am Meer** in Höhe Punta del Hombre. Es führt von Las Indias eine Straße hinab bis Punta Banco. Westlich dieser Straße wird gelandet.

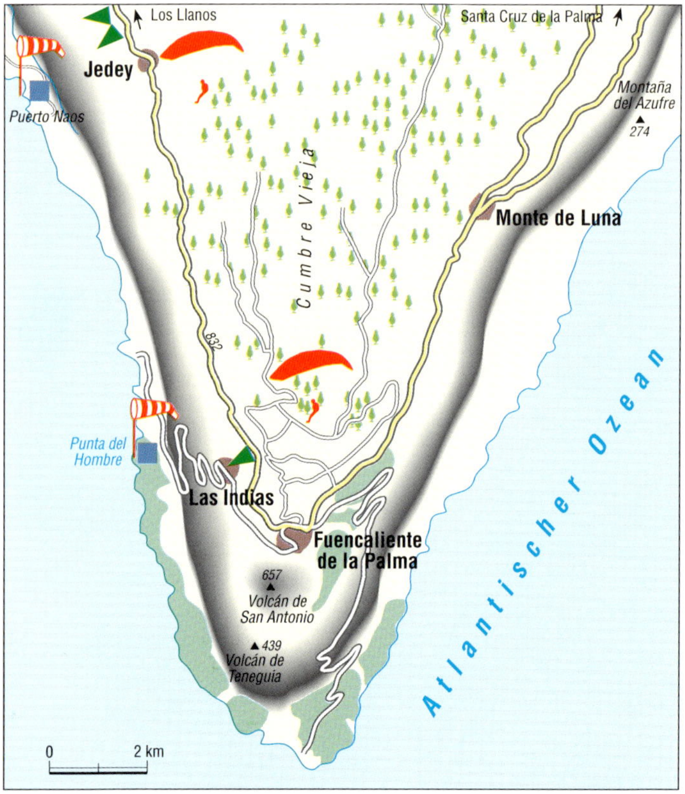

HU

656 m (Jedey) und 710 m (Las Indias).

Flug

Jedey: Zunächst flach über Bananen und Häuser zur 300 m hohen Flanke. Dort kann dann gesoart werden. GZ 5 Minimum. Piloten mit Rückwärtsstarterfahrung sollten hier fliegen.
Las Indias: Die gesamte Flanke bis hoch nach Jedey kann abgeflogen werden. Vorsicht beim Weiterflug nach Süden: Scherwinde und Rotoren können an der Südspitze der Insel auftreten. Die Landemöglichkeiten vorher inspizieren.

Schwierigkeiten/Gefahren

Keine alternativen Landemöglichkeiten. Startplatz und Flug für Geübte!

Schwarzer Vulkansand ist typisch für die Südspitze von La Palma.

Streckenmöglichkeiten

Bei geeigneten Bedingungen kann nach Süden/Norden Richtung Fuencaliente/Las Indias respektive Jedey geflogen werden. Vorsicht: die Landemöglichkeiten sind sehr begrenzt.
Bei schwachem SW kann bis Puerto de Tazacorte geflogen werden (mit genügend Höhe) und eventuell an der Felsflanke des Mirador de Time noch gesoart werden (nur für absolute Könner). Landung bei Tazacorte am Ausgang des Grabens aus der Caldera.

Talort: Puerto Naos. Badeort mit Hotels. Eventuell Puerto de Tazacorte (hier wird auch gelandet), etwas ruhiger.
Zufahrt von Santa Cruz nach Puerto Naos auf die Westseite der Insel auf der Straße 812 Richtung Los Llanos.
Anreise:
Mit dem Flugzeug: Regelmäßige Charter- und Linienflüge nach Santa Cruz de la Palma (spektakuläre Seitenwindlandungen). Info: »Iberia« in Santa Cruz, Tel. (00 34-(9) 22) 41 13 45/46.
Mietwagen: z. B. Buenviaje, Av. Maritima, Santa Cruz de la Palma, Tel. (00 34-(9) 22) 41 14 05, Fax – 41 52 11 (spricht deutsch/englisch). Diverse andere Vermieter in Santa Cruz, alle sind an der Avenida Maritima:
- Autos Taburiente, Tel. (00 34-(9) 22) 41 43 27
- Autos La Palma, Tel. (00 34-(9) 22) 41 24 49
- Autos Jorma, Tel. (00 34-(9) 22) 41 43 38, Autos Hergo, Tazacorte Tel. (00 34-(9) 22) 48 04 77.

Mit der Fähre: Fährverbindungen von Teneriffa: Compañía Trasmediterranea in Santa Cruz, Plaza de España, Tel. (00 34-(9) 22) 41 24 15, 41 11 21, 41 12 02.
Unterkunft/ Camping:
- Oficina Insular de Turismo, Tel. (00 34-(9) 22) 41 20 46, – 41 11 0, – 41 56 43; Öffnungszeiten: Mo – Fr. 8 – 13 Uhr, 17 – 19.15 Uhr
- Apartamentos/Pension »Los Volcanes«, Fuencaliente, Tel. (00 34-(9) 22) 44 41 64
- Apartamentos »Hermosilla«, Los Llanos, Tel. (00 34-(9) 22) 48 57 41
- Hotel »Valle Aridane«, Los Llanos, Tel. (00 34-(9) 22) 46 26 00, Fax – 46 25 71
- In Tazacorte: Hotel »Martin«, Tel. (00 34-(9) 22) 48 08 25; Pension »Acosta«, Tel. (00 34-(9) 22) 48 05 51, in Puerto Naos diverse Unterkünfte (Club- und Hotelanlagen)
- Campingmöglichkeit über Forstverwaltung ICONA, Tel. (00 34-(9) 22) 41 15 83, – 41 19 43

Club/Treffpunkt:
Es gibt zwei Clubs auf La Palma. Am leichtesten Bekanntschaft schließt man am Strand von Puerto de Tazacorte oder Puerto Naos, wenn die Piloten landen. Oder im Restaurant am Mirador del Time über Puerto de Tazacorte.
- Club de Parapente »Balayo«, Tel. (00 34-(9) 22) 44 40 34
- Club »Parapalma«, Tel. (00 34-(9) 22) 18 13 79
- José Tomás Machin, Avda. Venezuela, 30, Barriada Virgen del Pino, E-38750 El Paso, La Palma, Tel. (00 34-(9) 22) 49 72 82

Organisation von Fliegerurlaub: Sunflight Reisen, Gerhard Platajs, Von-Brandl-Straße 42, D-83410 Laufen/Salzach, Tel. (0 86 82) 99 17, Fax – 9 59 40 (anfragen).
Beste Zeit: Zum Fliegen von Oktober bis März.
Karte: Mapa Militar de España 1:50 000, Blatt 35–38 (Santa Cruz de la Palma), Blatt 35–39 (Fuencaliente).

Alternativen:
- Pico de Birigoyo, siehe Seite 150
- Mirador del Time (W, SW, mittel) über Tijarafe, Landung Puerto de Tazacorte
- Risco de la Concepción (NE, SE, leicht) über Santa Cruz; Landung: Playa de Bajamar
- Volcán San Antonio (SW-SE, leicht) bei Fuencaliente
- Las Tablas (S, SE, mittel) bei Fuencaliente; ebenso El Rodadero, Trocha.

Sonstiges:
- Wanderung durch die Caldera de Taburiente, eine eindrucksvolle Vulkanschlucht, einer der größten Krater der Welt
- Urwald Bosque de Los Tilos im Norden der Insel
- Guanchenzeugnisse und Steige durch die Felsklippen der Westküste bei Tijarafe zu einsamen Stränden
- Roque de los Muchachos, 2426 m; Observatorium und höchster Punkt der Insel
- Musik, Kunsthandwerk, Petroglyphen. Lesen Sie dazu »La Palma – Schritt für Schritt (Paso a Paso)«, Kollektiv Raiz, Eigenverlag, erhältlich auf der Insel.

58 Pico de Birigoyo 1808 m

Eindrucksvolles Flugerlebnis: vom Vulkankegel bei günstigen Verhältnissen ein Gleitflug zum Strand bei Puerto Naos oder Santa Cruz, bei optimalen Verhältnissen Thermikflüge weit über die Insel La Palma entlang der eindrucksvollen Landschaft, vorausgesetzt, der Nordostpassat erlaubt es.

Start

① **W, NW, leicht,** auf der Kuppe des Birigoyo. Vulkanfeld mit Platz für ein paar Schirme.
② **E, SE, mittel, ca. 1760 m,** etwas tiefer und weniger groß, steinig.
Zufahrt: Von El Paso fährt man Richtung Tunnel nach Santa Cruz. Vor dem Tunnel Abzweigung (Schild) zum Rifugio del Pilar nach rechts. Etwa 100 m vor der Hütte biegt man rechts auf eine Piste ab, die wenig unterhalb des Gipfelkegels endet. Von dort gelangt man in ca. 10 Minuten zum Start.

Landeplätze

① **Im Westen** der Strand von Puerto Naos (siehe Fluggebiet Jedey).
② **Im Osten** der Strand von Santa Cruz (Playa de Bajamar) bzw. etwas südlicher als Alternative Playa de Cancajo. Hier größte Vorsicht wegen Flughafen und Flugzeugen. Der Flug nach Osten wird seltener unternommen.

HU

1808 m.

Flug

Relativ einfach, wenn die Windbedingungen stimmen. Am besten nach Westen mit Landung am Strand. Der Flug nach Osten wird selten unternommen und ist von der Orientierung her schwieriger.

Schwierigkeiten/Gefahren

Orientierung, Wind, frühe Wolkenbildung möglich. Im Winterhalbjahr von Oktober bis März geeignet.

Streckenmöglichkeiten

Durch das Relief der Insel begrenzt. Man kann bis Fuencaliente im Süden fliegen.

Talort: Als idealer Ausgangspunkt empfehlen sich Puerto Naos und Puerto de Tazacorte, weil dort auch die Landungen der anderen Flüge im Westen erfolgen (Jedey, El Time etc.)

Anreise:

Mit dem Flugzeug: Regelmäßige Charter- und Linienflüge nach Santa Cruz de la Palma (spektakuläre Seitenwindlandungen). Von dort mit Mietwagen oder Bus auf die Westseite (Hauptrichtung Los Llanos, N812). Info: »Iberia« in Santa Cruz, Tel. (0034-(9)22) 411345/46.

Mietwagen: z.B. Buenviaje, Av. Maritima, Santa Cruz de la Palma, Tel. (0034-(9)22) 411405, Fax – 415211 (spricht deutsch/englisch). Diverse andere Vermieter in Santa Cruz, alle sind an der Avenida Maritima:

- Autos Taburiente, Tel. (0034-(9)22) 414327
- Autos La Palma, Tel. (0034-(9)22) 412449
- Autos Jorma, Tel. (0034-(9)22) 414338, Autos Hergo, Tazacorte Tel. (0034-(9)22) 480477.

Mit der Fähre: Verbindungen von Teneriffa: Compañía Trasmediterranea in Santa Cruz, Plaza de España, Tel. (0034-(9)22) 412415, 411121, 411202.

Club/Treffpunkt:

Es gibt zwei Clubs auf La Palma. Am leichtesten Bekanntschaft schließt man am Strand von Puerto de Tazacorte oder Puerto Naos, wenn die Piloten landen. Oder im Restaurant am Mirador del Time über Puerto de Tazacorte.

Der höchste Flug auf La Palma führt an die Westküste nach Puerto Naos.

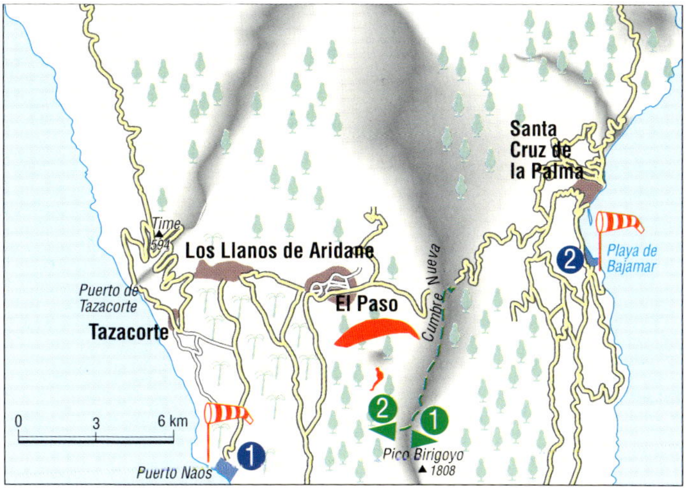

- »Club de Parapente Balayo«, Tel. (0034-(9)22) 444034
- »Club Parapalma«, Tel. (0034-(9)22) 181379
- José Tomás Machin, Avda. Venezuela, 30, Barriada Virgen del Pino, E-38750 El Paso, La Palma, Tel. (0034-(9)22) 497282

Unterkunft/Camping:

- Oficina Insular de Turismo, Tel. (0034-(9)22) 412046, – 41110, – 41564; Öffnungszeiten: Mo–Fr. 8–13 Uhr, 17–19.15 Uhr
- Apartamentos/Pension »Los Volcanes«, Fuencaliente, Tel. (0034-(9)22) 444164
- Apartamentos »Hermosilla«, Los Llanos, Tel. (0034-(9)22) 485741
- Hotel »Valle Aridane«, Los Llanos, Tel. (0034-(9)22) 462600, Fax – 462571
- In Tazacorte: Hotel »Martin«, Tel. (0034-(9)22) 480825; Pension »Acosta«, Tel. (0034-(9)22) 480551, in Puerto Naos diverse Unterkünfte (Club- und Hotelanlagen)
- Campingmöglichkeit über Forstverwaltung ICONA, Tel. (0034-(9)22) 411583, – 411943

Organisation von Fliegerurlaub:
Sunflight Reisen, Gerhard Platajs, Von-Brandl-Straße 42, D-83410 Laufen/Salzach, Tel. (08682) 9917, Fax – 95940.

Karte: Mapa Guia »La Palma« 1:50000, IGN España.

Alternativen:

- **Jedey/Las Indias** (siehe Seite 148)
- **Cumbre Nueva** (E, W, mittel), der Grat weiter nördlich, zu Fuß erreichbar
- **Risco de la Concepción** (NE, SE, leicht) über Santa Cruz; Landung: Playa de Bajamar

Sonstiges:

- Vulkanwanderungen entlang der Höhen
- Baden, MTB
- Besuch der Caldera de Taburiente oder Roque de los Muchachos
- Diverse Ausflüge, siehe auch Fluggebiet Jedey.

59 Dos Hermanas 1350 m –

Wir befinden uns am westlichsten Ende der »Alten Welt«, der äußersten kanarischen Insel. Hierher verlor sich bisher kaum einer mit Fluggerät, aber dennoch, es ist möglich: Sechs Startplätze laden im weniger windstarken Winterhalbjahr von Oktober bis April zum Entdecken ein, seit 1994 gehen auch die »Herreños« in die Luft. Eine Insel für ruhigen Individualurlaub, für beschauliches Wandern und Entdecken, abseits vom großen Rummel.
Die Straße von Valverde nach Frontera überquert in eindrucksvoller Weise den großen Kessel »El Golfo«. Bei ihrem höchsten Punkt und wenig darunter kann, je nach Passatbewölkung, gestartet werden.

Start

① **Dos Hermanas, N, NW,** leicht, ca. 1350 m, große Lavakiesfläche am höchsten Aussichtspunkt der Straße, wenige Meter unterhalb; toplandbar.
② **Salida 1200 m,** N, NW, leicht, direkt neben der Straße am Aussichtspunkt bei 1200 m.
③ **Salida 800 m,** N, mittel, kurzer Start an der Straße, nur bei genügend Wind; wird benutzt, wenn die höher gelegenen Plätze in Wolken sind. Man muß praktisch auf der Straße auslegen und über die kurze Kiesrinne anlaufen (bei genügend Gegenwind).

Landeplätze

① **Östlicher Ortsrand von Tigaday, ca. 295 m.** Achtung: viele Leitungen, eingeschränktes Areal. Zufahrt: Straße nach Frontera und von dort nach Tigaday; liegt oberhalb einer Kreuzung.
② **Offizieller Landeplatz, ca. 145 m;** liegt knapp östlich längs der Straße nach Las Puntas kurz (nördlich) nach der Kreuzung mit der Strecke Sabinosa – Frontera.

HU

Zwischen 600 m und 1200 m; je nach Start- und Landeplatz.

Flug

Beeindruckender Flug über dem Halbrund von El Golfo, achten auf Wolkenbildung und Starkwind. Nur für absolut selbständige Piloten empfehlenswert!

Schwierigkeiten/Gefahren

Wind- und Wolkenbildung, Landeplätze.

Streckenmöglichkeiten

Gesamtes Halbrund ist auf 15 km abfliegbar.

Talort: Da die Entfernungen auf der Insel relativ kurz sind, ist man von jedem beliebigen Ausgangspunkt rasch am Fluggebiet. Es empfehlen sich Unterkünfte in Sabinosa und Frontera.
Anreise:
Mit dem Flugzeug: Flüge von Europa nach Valverde sowie Flüge von Teneriffa nach El Hierro. Der Flughafen ist klein, das Fliegen nicht immer möglich, unter Umständen eine äußerst rauhe Angelegenheit.
Mietwagen: In Valverde z. B.:
- Auto Cruz Alta, Tel. (00 34-(9)22) 55 03 49
- Avis, Tel. (00 34-(9)22) 55 01 92.

Mit der Fähre: Von Teneriffa (Los Cristianos) oder La Palma (Santa Cruz) verkehren regelmäßig Fähren (ca. 8 Stunden).
Compañía Trasmediterranea:
- Valverde, Tel. (00 34-(9)22) 55 01 29, – 55 09 05 (Hafen)
- Los Cristianos, Tel. (00 34-(9)22) 79 61 78

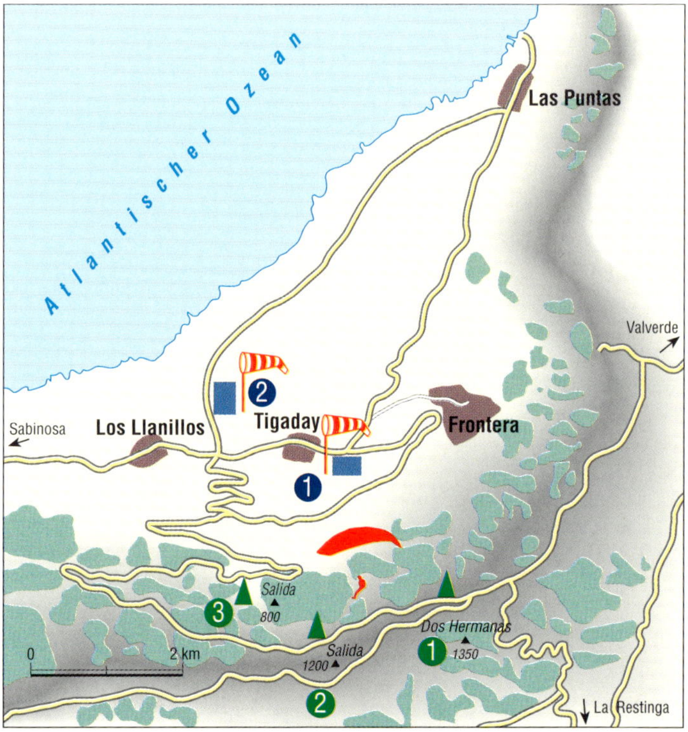

200 m – 800 m

El Hierro – die westlichste kanarische Insel ist zwar nicht die größte, aber eine der schönsten Inseln für Gleitschirmpiloten.

- Santa Cruz, Tel. (00 34-(9)22) 41 24 15, 41 11 21, 41 12 02.

Club/Treffpunkt:
- Club »El Submarino«, Pedro González Canomanuel, Aptdo. de Correos Nr. 80, E-38900 Valverde/El Hierro, Tel. (00 34-(9)22) 55 95 07, – 55 04 21.
- Club »Guelillas«, Juan, Tel. (00 34-(9)22) 55 10 05, 55 12 40. Die etwa 30 Piloten fliegen meistens an den Wochenenden.

Unterkunft/Camping:
Keine Campingplätze; wildes Zelten nicht erlaubt.
- Oficina de Turismo, Calle Licenciado Bueno, Valverde, Tel. (00 34-(9)22) 55 03 02, – 55 03 36.

Frontera:
- Apartamentos »Jucar« (Nähe Landeplatz), Tel. ((9)22) 55 93 01
- Apartamentos »Frontera«, Tel. (00 34-(9)22) 55 92 46, 55 92 21
- Club »Punta Grande«: in irrer Lage, das angeblich kleinste Hotel der Welt. Unbedingt vorher anrufen und reservieren: Tel. (00 34-(9)22) 55 90 81
- Pension »Candelaria«, Tel. (00 34-(9)22) 55 90 95
- Apartamentos »La Brujita«, Tel. (00 34-(9)22) 55 93 27 (Aussicht, Bungalows, Swimmingpool).

Valverde:
- Hostal »Residencias Casanas«, Tel. (00 34-(9)22) 55 02 54
- Hotel »Boomerang«, Tel. (00 34-(9)22) 55 02 00
- »Parador«, Tel. (00 34-(9)22) 55 80 36 (exklusiv)

Karte: IGN 1:50 000, Blatt 1127 (El Hierro).

Alternativen:
- **Pino Verde** (SE, leicht) am Grat 3 km westlich des Malpaso
- **Casita de Llano** (S, SE) westlich von Taibique
- **Montaña Quemada** (SW, einfach); Landung Hoya de Tacorón

Sonstiges:
- Wanderungen und MTB-Touren
- Los Letreros; Kultstätte der Altkanarier
- Mirador de la Peña
- Schwefelquelle »Pozo de la salud«
- Kolonialdörfer Guinea, Albarrada, Montañetas
- Baden am Charco Azul
- Cuevas de Don Justo (eines der größten vulkanischen Höhlensysteme der Welt).

Marokko

Das Land von Tausendundeiner Nacht mit seinen unterschiedlichen Landschaften und Klimazonen hat stets die Abenteuerlust und die Sinne gepackt. Es schließt mein Mittelmeerbuch im Westen ab und bildet zugleich das einzige afrikanische Land darin.
Als Schwellenland mit Drittweltcharakter im Hinterland bildet es auch eine Ausnahme.
Es gibt, außer bei Rabat (Plages des Nations und Bou-Regneg), keine offiziellen Fluggebiete, geschweige denn Behörden, die sich wirklich darum scheren. Mag der Tourist mitbringen, was er will und es betreiben, solange wir darin eine Einnahmequelle sehen, ist es gut, lautet die theoretische, lapidare Auskunft. Freundlich-gelassen ist man den Fliegern ab Grenze/Flughafen gegenüber eingestellt.

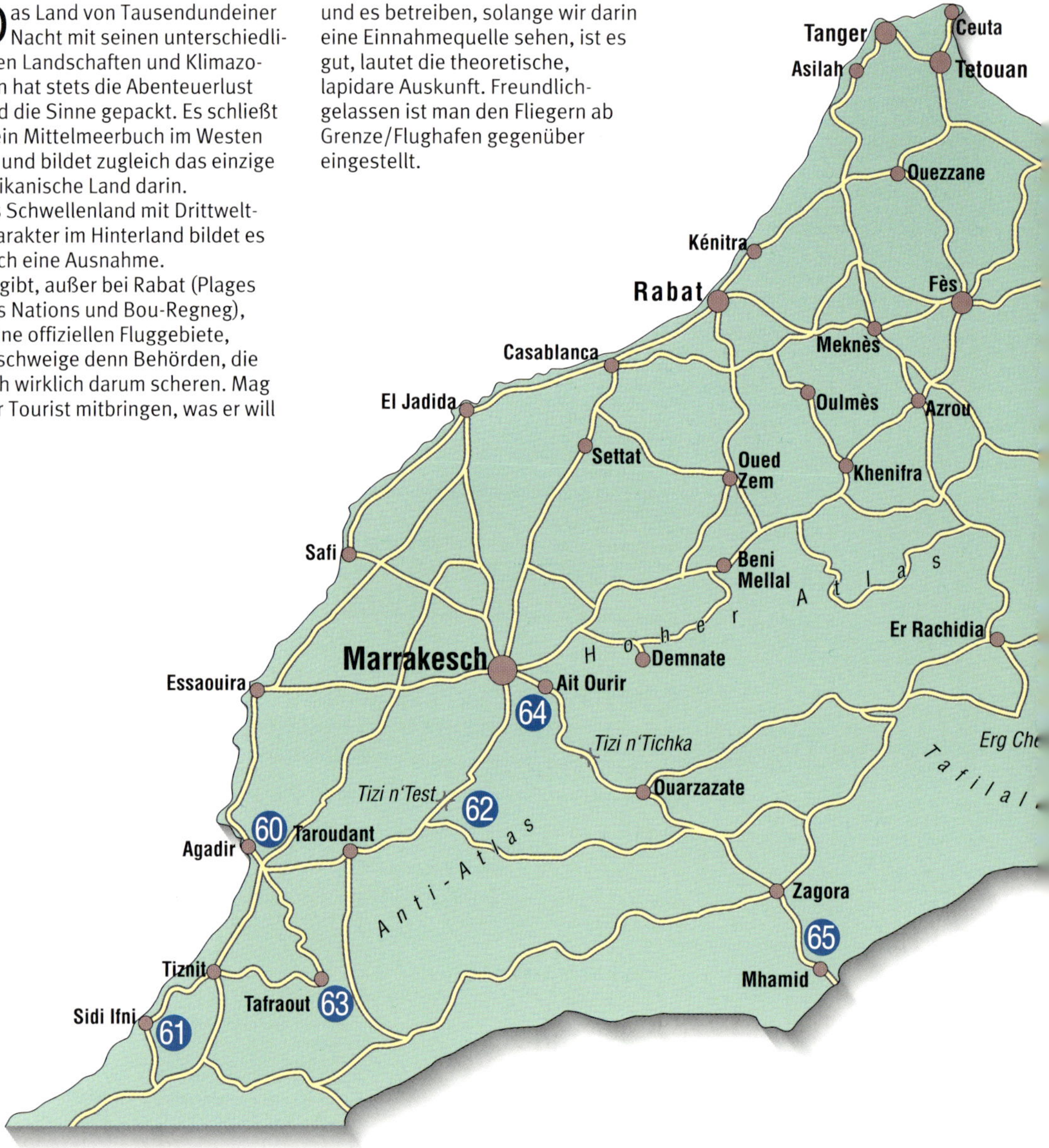

Es gibt kaum marokkanische Piloten. Eine Handvoll Drachen-, ja möglicherweise zwei Gleitschirmflieger um Rabat, meist im Ausland lebende Marokkaner, die den Sport vermutlich in Frankreich gelernt haben.
Um so besser muß sich der Pilot, der seinem Hobby in den weiten, unwirtlichen Bergen, Halbwüsten- und Wüstengebieten, insbesondere des Südens und Zentrums, nachgehen will, ausrüsten und organisieren.
Es versteht sich von selbst, daß trotz aller Faszination ein Gelegen-

heitsflieger aus Sicherheitsgründen sein Hobby nicht auf eigene Faust in diesem Land betreibt. Zu komplex ist die Meteorologie, zu schwierig gestaltet sich die medizinische Versorgung bei einem Unfall. Und es hat leider bereits einige Präzedenzfälle in den vergangenen Jahren gegeben. Damit der Interessierte eine klare Vorstellung vom Fliegen bekommt, seien nachfolgend einige wichtige Fluggelände, die regelmäßig besucht werden, so genau wie möglich beschrieben.
Ich selbst organisiere seit sieben Jahren auf Anfrage komplett ausgerüstete Ein- und Zweiwochen-Touren mit Landrover zu den Fluggebieten.
Anfragen über Tel. / Fax (0049-8363) 94443.

Einige Adressen:
Topographische Karten: Division de la Carte, 31, Av. Moulay Al Hassan, Rabat (Maroc),
Tel. (00212-7) 705311, 705192, Fax – 765885.
Wetter:
Centre de Marrakech: Tel. (00212-4) 430409, Fax – 430566
Centre de Quarzazate: Tel. (00212-4) 882320.

Im marokkanischen Dadestal reicht die Kulisse von Palmenhainen bis zu den schneebedeckten Drei- und Viertausendern des Hohen Atlas.

60 Kasbah von Agadir 340 m

Agadir ist eine laute, reizlose, teure Badestadt, manchmal (Ostern, Weihnachten) voller Pauschalurlauber, und hat mit Marokkos Hinterland und der Gastfreundschaft seiner einfachen Menschen wenig zu tun.
Aber weil man in den meisten Fällen hier in Agadir anlandet und, wenn man sich nicht sogleich direkt vom Flughafen aus ins Landesinnere begibt, doch hier zumindest den Ankunfts- und/oder Abflugstag verbringt, sei die Kasbah als (seltenes) Ausweichfluggebiet beschrieben – wohlgemerkt, ausschließlich für selbständige Piloten!

Start

① **W, mittel**, direkt vom Parkplatz vor dem Kasbah-Eingang Richtung Strand. GZ 5 Minimum. Nicht bei Nordwind (vorher vergewissern!) und Schirokko. Die Leute machen Piloten Platz, wenn man sie darum bittet.
② **N, schwierig**. Durch die Kasbah hochsteigen und zur anderen Seite über dem kleinen Kessel. Unterhalb windet sich die Teerstraße zur Kasbah empor. Anmerkung: Da hier häufig Nordostpassatwinde ab den Mittagsstunden entlang der Küste wehen, liegt dieser Startplatz sozusagen in der Hauptwindrichtung. Jedoch sollte nur bei mindestens 10 km/h Wind gestartet werden, maximal 25 km/h, und auch für Starthelfer gesorgt werden. Ist der Kessel unter der Burganlage thermisch aufgeheizt, können gute Startüberhöhungen geflogen werden.

Landeplatz

Am besten landet man am Strand. Da es keinen offiziellen Landeplatz gibt, ist man bei ungünstigen Windverhältnissen vom Nordstartplatz aus dem Verkehr und dem Fischereihafen ausgeliefert. Die große dreieckige Parkinsel neben der Hauptstraße ist auf dieser Seite der einzige Ausweichlandeplatz (Vorsicht auf Straßenverkehr: es gab bereits einen Toten!) und ist vom Start aus gut zu erkennen.

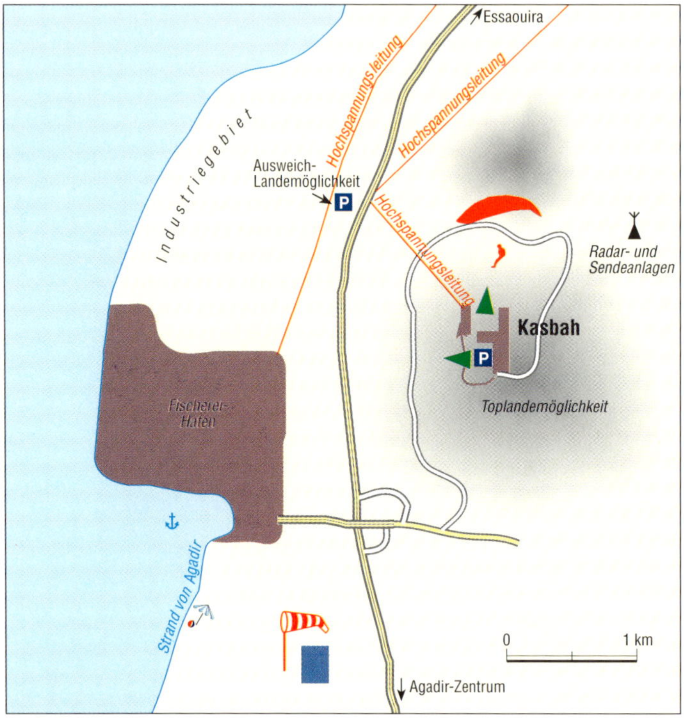

HU

Zwischen 280 m und 340 m; je nach Landeplatz.

Flug

Bei Thermik von Westen an windstillen Tagen (selten) heizt sich die Flanke der Kasbah auf dieser Seite am besten auf (Nachmittagsflug). Es wurden von mir schon bis zu 700 m überhöht. Dann ist die südlich an den Parkplatz anschließende Fläche geeignet fürs Toplanden. Bei Nordstart kann man an der Burgkante sehr gut entlangsoaren (Platz reicht für maximal drei Fluggeräte auf beiden Seiten!). Mit Höhe erreicht man auch von dort aus den Strand, wenn man keine Experimente unternimmt.

Schwierigkeiten/Gefahren

Nordwindexponiert (Starkwind); Großstadt und Verkehrsnetz im Landebereich. Nicht unbedingt für Gelegenheitsflieger oder bei stärkerem Wind.

Streckenmöglichkeiten

Keine. Große Überhöhungen sind äußerst selten. Man muß den Berg sehr gut kennen, um diese zu erfliegen.

Anreise: Agadir ist per Charterflug erreichbar. Die Kasbah ist über Agadir deutlich auszumachen. Wenn man kein Mietfahrzeug hat, läßt man sich von seiner Unterkunft mit dem Taxi zum Startplatz bringen. (Preis vorher aushandeln!). Ansonsten folgt man der Nationalstraße P8 nach Norden Richtung Essaouira, bis unterhalb der Kasbah die Straße hinauf abzweigt (gegenüber Eingang Fischereihafen).

Unterkunft/Camping:
Wenn man nicht in der Touristenstadt mit ihren Betonburgen untergebracht sein will, gibt es mehrere Alternativen:

- Hotel »Aferni«, sehr ruhig, mit Swimmingpool, aber kein Alkohol, Tel. (00212-8) 840730 (DZ ca. DM 70,–)
- Hotel »La Petite Suède«, Tel. (00212-8) 840779, Fax – 840057. Der Besitzer Ahmed Abdou ist sehr hilfsbereit und vermietet auch Autos (DZ ca. DM 35,–)
- Kleine und günstige Hotels im Viertel Talborcht.
- Camping Municipal liegt an der Nationalstraße, etwa 1km von der Kasbah.

Alternativen:

- **Cap Rhir** (NW und SW, mittel); man steigt vom Leuchtturm direkt hoch auf die Kante, ca. 30 Minuten. Vorsicht: Nordwind ab Mittag. Ca. 35 km nördlich von Agadir.
- **Pointe Imessouane** (SW, mittel) zu Fuß zum Start ca. 20 Minuten von der Straße, gewaltige Küstenklippe, nur an windstillen Tagen, sonst gefährlich (Nordwind!). Ca. 60 km nördlich von Agadir.
- **Safi/Bedouzza** (W, NW, mittel), Steilküste 25 km nördlich von Safi zum Entlangsoaren.
- **Rabat/Oulja** (S, leicht), XC-Gelände über dem Bou-Regneg, zusammen mit »Plage des Nations« das erste Fluggebiet Marokkos, wo auch die wenigen einheimischen Piloten sich gelegentlich aufhalten.

Sonstiges:

- Besichtigung des Souss-Deltas (am schönsten nach Regenfällen im März, April), von Inezgane oder dem großen Markt von Agadir *(Marché Municipal)*. Einkaufen kann man Gewürze, Silberschmuck, Handarbeiten, Tajinetöpfe.
- Nightlife (die beste Musik im Central, ab 24 Uhr), gut und günstig ißt man abends und auch tagsüber am Place Talborcht (Taxi fragen), Pizza und Frühstück: Café de Paris/La Tour de Pin in der Avenue Hassan II
- Wagen mieten und nichts wie weg…

So hoch über der Kasbah ist man selten. Blick auf die Badestrände von Agadir und den Fischereihafen.

61 Legzira 290 m

Schöner, einsamer und unvergeßlicher Küstenflug nördlich der bezaubernden Stadt Sidi Ifni, die bis 1969 zur spanischen Westsahara gehört hat. Es ist nicht gesagt, daß man sogleich ideale Verhältnisse erwischt. Mal bläst der Nordostpassat, mal sinkt man einfach hinab. Gute Thermik und dynamischer Westwind lassen das Genießerherz jedoch höherschlagen: ein Flug für Marokko-Einsteiger! Auf jeden Fall ruhigen Gewissens hier beginnen oder nach der harten Atlas- und Saharatour hier die Reise beenden.

Start

W, leicht und SW, leicht bei Gegenwind.
Zufahrt: 6 km vor Sidi Ifni zweigt bei zwei leerstehenden Häusern nach links (östlich) die Piste in die Scharte und von dort auf den Berg mit der spanischen Ruine ab (etwa 1 km nach der Abzweigung der Piste zum Strand von Legzira). Wo die Piste in einer letzten, steilen Kurve das Plateau bei den Ruinen erreicht, liegt der Hauptstartplatz 50 m weiter nördlich über der markanten Rinne.

Landeplätze

① **Kreuzung** von Straße und Piste zum Strand von Legzira, ca. 60 m.
② **Strand von Legzira.** Direkt vor dem Hotel Legzira (Windfahne).

HU

Zwischen 230 m und 290 m.

Flug

Man hält sich am Vormittag bei Wind/Thermik von Süden eher auf dieser Seite und später auf der nördlichen des markanten Kopfes, der den Hauptstartplatz und die Flanke, über welche die Piste schräg ansteigt, begrenzt. Bei Nordwind herrscht Seitenwind, durch Thermik unterbrochen. Fliegen kann man dann zwar, aber nur noch Profis. Man hangelt sich nach Norden an das Eck hoch, um sich dort eventuell halten zu können. Manchmal an ruhigen Tagen gute Thermik über dem flachen Küstenplateau. Herrscht Talwind aus Nord, erreicht man nicht den Strand.

Schwierigkeiten/Gefahren

Außer Schirokkowind, der sich bereits am Morgen als staubaufwirbelnder Sturm ankündigt, oder starkem Nordwind keine. Bei Meeresstarkwind aus W/SW (häufig im Januar/Februar) geht man tiefer zur Kante direkt über Legzira auf 45 m Meereshöhe und kann dort soaren.

Streckenmöglichkeiten

Selten. Überwiegend ein Soaringvergnügen.

Talort: Sidi Ifni.
Anreise: Von Agadir über Tiznit nach Sidi Ifni, ca. 2½ bis 3 Stunden Fahrt.
Unterkunft/Camping:
• Hotel »Bellevue«, direkt in Sidi Ifni an der Steilküste (eigener Startplatz Bellevue für Könner bei W-Wind), Tel. (00212-8) 875072, –875242.
Hier gibt es auch Bier und Wein. Fliegerspezialpreise, nette Zimmer.
• Hotel »La Suerte Loca«, Individualistentreff, inzwischen etwas heruntergewirtschaftet, aber mit Flair. Die Familie Essaidi, insbesondere Ahmed, spricht auch englisch und spanisch. Letzterer kennt alle Fluggebiete und ist sehr hilfsbereit, sie zu zeigen: Tel. (00212-8) 875350.

Alternativen:
• **Legzira-Küste** (W, SW), ab 20 km/h soarbar, leicht, topland-

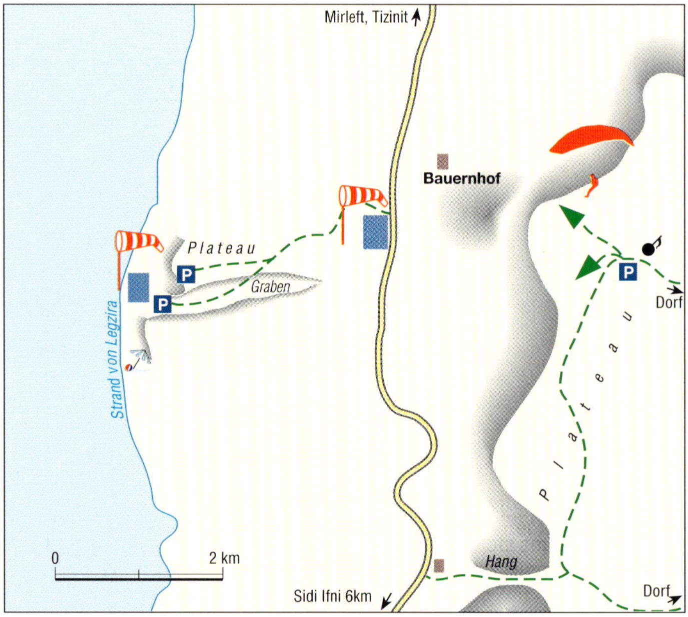

Westwindsoaring über Sidi Ifni vor dem Hotel Bellevue.

bar direkt über Hotel Legzira (Piste).

- **Le Boulalam** (SW, leicht), der Gratrücken mit dem Sender über Sidi Ifni; man startet etwa 800 m weiter südlich vom Sender in einer leichten Einsattelung (Piste von Sidi Ifni).
- **La Rouia** (SW, W, leicht), 6 km südlich von Sidi Ifni, aber über die Boulalam-Piste und das Hinterland erreichbar (oder zu Fuß vom Steinbruch in 3/4 Stunde Aufstieg).
- **Bellevue** (W, schwierig), ab 15 km/h soarbar; nur für Profis. Man startet im obersten Eck unter der spanischen Balustrade (der Startplatz soll 1997 verbessert werden).
- **Sidi Moussa d'Aglou** (W, SW, leicht); man startet vom Grat etwa 1 km südlich des Fischerdorfes, Landung am Strand.
- **Sanddünen von Bou-Sherif** (alle Richtungen; leicht).

Sonstiges:

- Stadtzentrum von Sidi Ifni (spanischer Art-Deko-Stil der zwanziger Jahre); Fischmarkt (gegen 16 Uhr interessant, wenn die Fischer heimkommen) und Samstagsmarkt.
- Felsentore von Legzira, etwa 1,5 km vom Landeplatz aus dem Strand folgen, beste Zeit für Fotos kurz vor Sonnenuntergang – ein romantisches »Muß« in Marokko.
- Wüstenpiste nach Foum-Assaka und Plages Blanches: einmalige Westsaharalandschaft. Wer Glück hat, kann Gazellen und Geparden beobachten. Gastfreundliche Saharaoui-Nomaden.
- Mountainbiketouren ins Hinterland, Trekking: alles sehr lohnend.

62 Le Relais de Télévision 2543 m, Le Virage 1900 m (Tizi n' Test)

Wenn man von Agadir über den Hohen Atlas kommt, nimmt man die faszinierende Fahrt in endlosen Kehren auf unbefestigter Straße durch das Hochtal zum Tizi n' Test-Paß in Kauf.
Das Fluggebiet ist seit den achtziger Jahren wiederholt von Franzosen beflogen worden, wobei stets vom Fernsehrelais aus gestartet wurde. Der Vorteil lag in der absoluten Höhe, der Nachteil im früher einsetzenden starken Hangaufwind. Für Delta jedoch immer noch die beste Lösung, dort zu starten.
In den letzten Jahren, als die Gleitschirme besser geworden sind und die Technik, einen Bart hochzudrehen, haben sich die tiefer gelegenen Startmöglichkeiten einfach angeboten. 1991 startete ich als erster vom Restaurant und zwei Jahre später vom heutigen Idealstartplatz – der Kurve auf 1900 m Höhe.
Das Fluggebiet gehört effektiv zu den anspruchsvollsten und lohnendsten dieses Buches, das Highlight eines Marokkotrips; sollte aber ausschließlich in Verbindung mit einer absolut selbständigen Gruppe und/oder einem kompetenten Betreuer besucht werden!

Flug über der Paßstraße des Tizi n' Test Richtung Souss.

Start

① **Fernsehrelais, 2543 m.** Start nach S, SW, mittel.
Piste vom Paß bis zu den Hütten. Weiter zu Fuß zum Starthang daneben. Diverse Möglichkeiten. Die Leute vom Relais sind sehr hilfsbereit. Faszinierender, gewaltiger Höhen- und Streckenflug, die Landemöglichkeiten sollten vorher genau besprochen sein.
Achtung: Ab 10 Uhr kann bereits starker thermodynamischer Hangwind herrschen. Starthelfer

Le Restaurant 2020 m/

unbedingt notwendig! Die Basis kann an manchen Tagen bis weit über 4000 m hinaufreichen.
② **Restaurant 2020 m.** Start nach SW, schwierig.
Das markante, halbverfallene Restaurant, um welches sich die Straßenkurve zieht, bietet eine Nachmittagsstartmöglichkeit für Profis. Der Schirm muß auf der Straße ausgelegt werden und sodann in den Steilhang darunter gestartet werden. Für Drachen etwas leichter.
③ **Le Virage (Kurve) 1900 m.** Start W – SE, leicht.
Die markante Paßschulter auf der östlichsten Hangseite wird von der Straße an ihrer ebensten Stelle geschnitten (sehr gut von der Anfahrt aus zu erkennen). Kurz vorher befindet sich in einer eingeschnittenen Kurve ein kleines Haus (Café). Nach weiteren 500 m Richtung Westen wird an der Kurve geparkt. Der weite Hang oberhalb bietet Startmöglichkeiten für mehrere Schirme ab dem Vormittag (rechts der Kante) und am Nachmittag (links der Kante direkt über der großen Talrinne). Es kann hanggelandet werden, ideal 100 Höhenmeter tiefer auf einem breiten Absatz – anlanden von Ost nach West.

Landeplätze

Da es keine vorgeschriebenen Landeflächen gibt, seien hier die bestmöglichen beschrieben:
① **Ca. 1300 m.** Weite Flächen, hindernislos, unterhalb der Straßenkurve am Beginn des Eingangs zum Hochtal des Tizi n' Test, leicht zu erkennen, wo eine Piste zur Straße hochkommt. Hier können auch Drachen problemlos einlanden. Etwa 1 km weiter einwärts kommt das Dorf (die einzige Siedlung an der Straße). Am besten vor dem Flug hier an den Leitungsmasten (die Leitung ▷

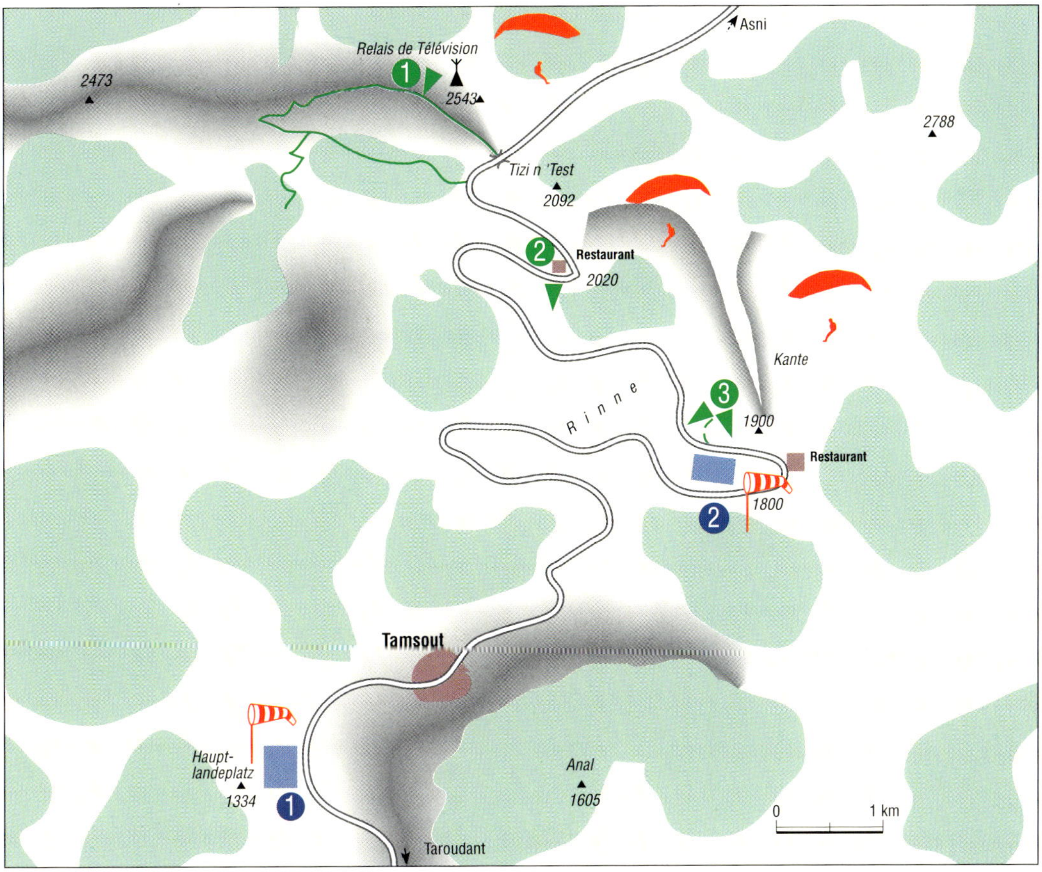

62 Le Relais de Télévision 2543 m Le Virage 1900 m (Tizi n' Test)

existiert nicht mehr) einen Windsack aufhängen. Der Wind kommt meist taleinwärts, aber dieser Bereich weist auch Thermik auf, die Verwirbelungen erzeugt.
② **Ca. 1800 m.** Kleines Hangfeld unterhalb Startplatz 3; wie oben besprochen, jedoch nicht für Delta. Weiter zahlreiche ebenen Flächen oberhalb bzw. unterhalb der Paßstraße im Hochtal.
③ Wenn man in die Souss-Ebene hinausfliegt, landet man am besten neben der Kreuzung mit der Abzweigung nach Tafinegoult, 750 m.
Achtung: Im Gleitflug kann ausschließlich vom Fernsehrelais aus Landegelände erreicht werden! Von sämtlichen anderen Startplätzen aus muß vorher Höhe erflogen werden.

HU

Zwischen 100 Hm und 1800 Hm, je nachdem, wo man startet und landet. Wenn man vom Relais in die Souss-Ebene hinausfliegt, landet man auf 300 m Meereshöhe.

Flug

Siehe Start.

Schwierigkeiten/Gefahren

Hochgebirgsflüge in einem Dritte-Welt-Land: Die europäische Risikobereitschaft sollte stark eingeschränkt werden, da es keinerlei Hilfe und Versorgung bei Unfall gibt. Nur bestausgerüstete, mit dem Gelände vertraute Teams dürfen hier fliegen. Niemals alleine fliegen! Immer Nachricht hinterlassen!
Die Wetterbedingungen können sehr trickreich sein, es gibt keinen zuverlässigen Wetterbericht. Höchste Vorsicht ist geboten bei einsetzendem Südwind (Schirokko) und Nordwind (Wellen ähnlich Föhn) sowie starker Labilisierung. Die Thermik kann hier mitunter so extrem werden, daß ein Gleitschirm nur noch im Fullstall heruntergelangt.

Streckenmöglichkeiten

Exzellentes Übungsgelände für Streckenflüge aller Art, vorausgesetzt, alles stimmt; am idealsten sind Talrundflüge und Flüge hinaus in den Souss, weil die Rückholung bei Atlasstrecken ein Problem darstellt.

Talort: Die nächste Stadt ist Taroudant oder Asni.
Beste Jahreszeit: Von Oktober bis April jederzeit; jedoch ungünstige Wetterlagen im Januar, Februar und März möglich.
Unterkunft/Camping: Nur sehr primitive Unterkünfte in der Nähe (Dorf; Restaurant). Man sollte für ein Camp mit Zelt und Schlafsack ausgerüstet sein. Gutes Trinkwasser an der Paßstraße bei den Wasserfällen.
Das nächste Hotel befindet sich in Oulad Berhil (primitiv) bzw. in Taroudant: Hotel »Saadien«, Tel. (00212-8) 852589, Fax – 852118; sehr empfehlenswert, mit Swimmingpool; DZ ca. DM 40,–.
Organisierte Touren:
Ich organisiere ca. dreimal im Jahr Marokkotouren. Anfragen über Sunflight Reisen, Gerhard Platajs, Von-Brandl-Straße 42, D-83410 Laufen/Salzach. Tel. (08682) 9917, Fax – 95940. Oder Tel./Fax (0049-8363) 94443 (O. Guenay).
Karte: Michelin Nr. 969 Maroc 1:600000, Detailkarte oder Spezialkarte vom Toubkal-Massiv.

Alternativen:
- **L' Bour** (S, mittel, ½ Stunde zu Fuß), über einem Dorf an der Tizi-n' Test-Straße Richtung Marrakesch, etwa 30 km nach dem Paß.
- **Imlil** (NW, leicht), ¾ Stunde zu Fuß zum Dorf Aremd; Soaringgrat, Landung im Flußbett.
- **Jebel Toubkal** (W, leicht), hochalpiner Flug vom höchsten Punkt Nordafrikas: 2600 m HU nach Imlil: Anstieg eventuell mit Mulis zur Neltner-Hütte (5 Stunden) und von dort anderntags auf den Gipfel (4 Stunden); sehr früh aufbrechen!
- **Aguergour** (W, NW, leicht, häufig Starkwind), nur mit Four-wheel-drive-Fahrzeug erreichbar, von Asni über Moulay Brahim (Piste). Start oberhalb des Dorfes Richtung Lalla Takerkoust-Stausee; toplandbar.

Sonstiges:
- Bergtouren in der Nähe des Passes.
- Wer Halbedelsteine und Mineralien sammelt, findet hier eine Fundgrube und kann den Straßenhändlern auch günstig Material abfeilschen – sie freuen sich!
- Besuch von Taroudant: der Souk und die Altstadt sind übersichtlicher als Marrakesch (lohnend Einkauf von Gewürzen, kleinen Souvenirs etc.).
- Fahrt nach Imlil zum Toubkal: Bergtouren, Paratrekking etc.
- Kajaktouren im Nfiss ab Asni aufwärts (März – Mai).

Nach dem Start vom »Restaurant« auf 2000 Meter.

Le Restaurant 2020 m/

63 Tagdicht 1680 m / Le Fifilou Doussdirm 1340 m (Tafraout)

Rund um den Hochgebirgsort Tafraout liegen die faszinierendsten Felslandschaften Südmarokkos und eine ganze Reihe von Fluggebieten, die ich in den Jahren 1991 bis 1995 erschlossen habe. Von hier wurde im April 1992 auch die längste Strecke in Marokko (172 km) geflogen. Die Fluggebiete sind allesamt anspruchsvoll und schwer zu finden. Sie sollten nur unter kompetenter Betreuung und als Gruppe beflogen werden. Leider hat es hier bereits mehrere schwere Unfälle und auch einen Toten gegeben, weil mit den meteorologischen Bedingungen zu leichtsinnig umgegangen wurde. Tagdicht z. B. ist ein ausschließliches Vormittagsfluggebiet, Doussdirm dagegen vormittags im Lee vom Paßwind. Der Fifilou täuscht durch einen Rotor bei Nordwind Aufwind vor, und der Col des Mines ist ohne Geländekenner (genau wie Tagdicht) nicht zu identifizieren. Letzerer ist bei guten Bedingungen unter Anleitung auch für Genußflieger erlaubt.
Alle Exkursionen mit Gleitschirm sollten vorher an- und abgemeldet werden, und zwar entweder bei Ibrahim vom Hotel »Tafraout«, bei Abdullah vom »Maison Touareg« oder im Hotel »Les Amandiers«. Alle sind mit dem Gleitschirmfliegen vertraut, Ibrahim und Abdullah kennen den Weg zu den Startplätzen von Tagdicht, Fifilou und Doussdirm.
Anreise: Entweder von Agadir in ca. 2½ Stunden (S 509) direkt auf landschaftlich einmaliger Straße oder von Tiznit über Col du Kerdous.

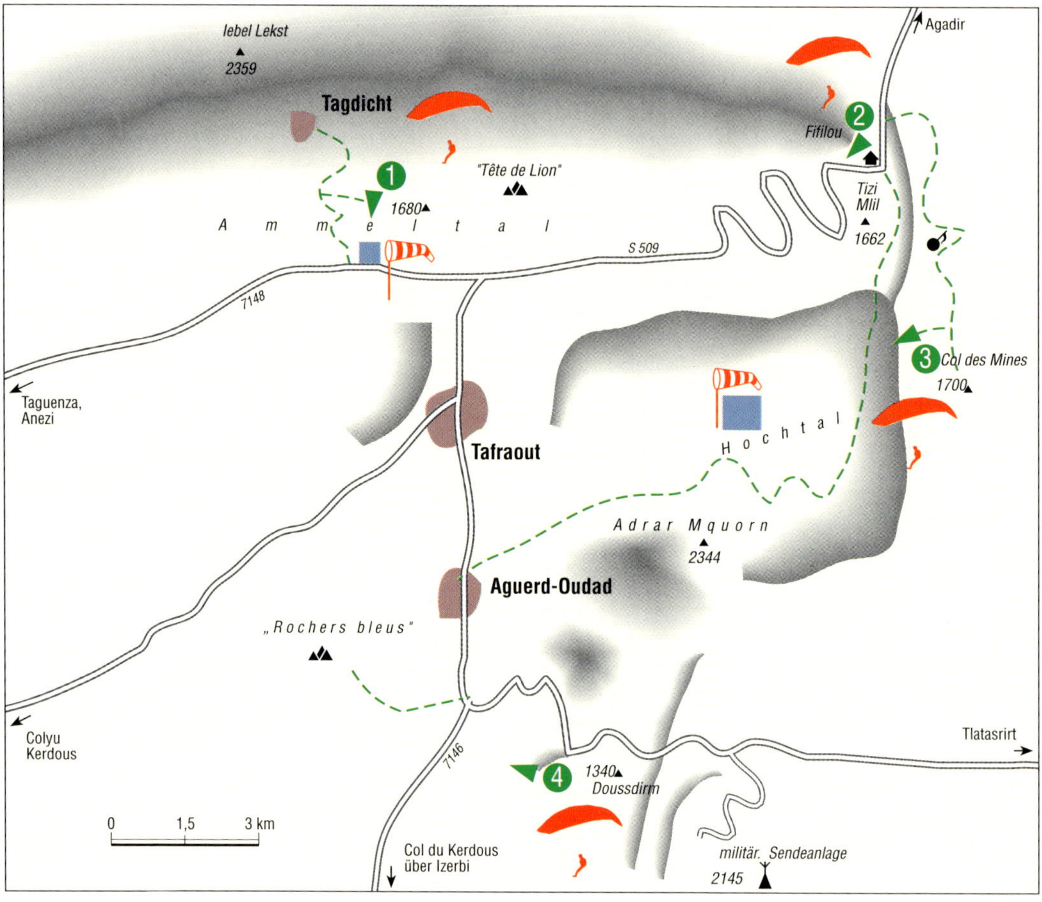

.660 m / Le Col des Mines 1700 m /

Flug am Col des Mines im Anti-Atlas.

Tagdicht

Im Dezember 1991 von mir erschlossen und hergerichtet. Absolutes Thermik- und Streckenrevier in einmaliger Landschaft. Schwache Piloten nur unter Anleitung und nur am Morgen. Der Startplatz ist schwer zu finden und muß zu Fuß erreicht werden. Das Couloir, durch das man aufsteigt, leitet ab dem Mittag aus der darunterliegenden Schlucht starke Ablösung seitlich gegen den Startplatz und bildet vor diesem einen Rotor.

Start

S, mittel, auf ca. 1680 m gelegen. Zu Fuß in 1 Stunde ab Tagdicht-Piste (Schlucht) durch eine große, steil ansteigende Rinne zum linker Hand auf einem Absatz gelegenen Startplateau. **Achtung:** Nicht nach Mittag starten wegen der Seitenwindrotoren aus der Schlucht!

Landeplatz

Ca. 900 m im Ammeltal. Keine ausgewiesenen Landeplätze. Am besten landet man neben der Straße (sind Felder eingesät, nicht auf diesen landen). Wind meist aus Ost am Vormittag, aus West nach Mittag, mittags turbulente Ablösungen aus unterschiedlichen Richtungen.

HU

780 m.

Schwierigkeiten/Gefahren

Sehr anspruchsvoll und bei schlechten Bedingungen sofort lebensgefährlich (Felsenthermik), bereits ein Toter und ein Schwerverletzter. **Niemals alleine fliegen gehen;** auschließlich als **organisierte Gruppe bei guten Bedingungen** – dann ist dieser Flug ▷

63 Tagdicht 1680 m / Le Fifilou Doussdirm 1340 m (Tafraout)

ein unvergeßliches Erlebnis. Grundsätzlich höhenwindanfällig. Nur an schwachwindigen Tagen ohne Höhenwind geeignet.

Streckenmöglichkeiten

Gesamter Kamm nach Osten/Westen, Flüge nach Süden Richtung Tafraout, Adrar Mquorn.

Beste Zeit: Für ruhige Flüge November und Dezember, im Januar/Februar/März können Starkwindlagen oft Flüge verhindern. März/April/Mai und September/Oktober gut für Strecke, im Hochsommer zu turbulent.
Anreise: Von Tafraout Richtung Ammeltal (Agadir) und bei der Kreuzung geradeaus ins Ammeltal weiter. Nach 2 km kommt rechts vor der Ortschaft die Abzweigung der Piste nach Tagdicht, die man hinauf in die Schlucht bis in Höhe des nach Osten ansteigenden Couloirs (hinter dem ersten Grat) fährt. Dann zu Fuß weiter.

Le Fifilou 1660 m und Le Col des Mines 1700 m

Zwei nicht sehr weit voneinander gelegene Startplätze im Bereich des Tizi' Mlil-Passes östlich über dem Ammeltal (Richtung Agadir) bzw. über dem südlich anschließenden Seitental. Beide sind am Nachmittag befliegbar.

Fifilou

Start

W, mittel, nur für gute Piloten. Direkt neben dem Häuschen unterhalb des Paßeinschnittes, bevor man, von Tafraout kommend, die Paßhöhe erreicht. Schöner Blick auf das Ammeltal.

Col des Mines

Start

W, leicht, über dem südlichen Seitental. Von der Paßhöhe zweigt nach SE oberhalb der Felsen eine Piste ab (nur mit Four-wheel-drive). Man folgt ihr etwa 2 km. Sie steigt um eine Hausruine (ehemalige Minengebäude) an und erreicht einen Sattel im Süden. Dort zu Fuß weiter nach Westen, etwa 200 m Richtung Tal und etwa 50 Hm absteigen zu einem idealen Starthang.

Landeplätze

In beiden Fällen beliebig im Tal, wobei Le Fifilou schwierig ist. Es muß entlang der Felskette das Tal hochgeflogen werden, bis man landbares Terrain erreicht, sonst Hanglandung.
Der Col des Mines ist einfach. Man kann toplanden oder im weiten Becken des Hochtales darunter.
HU: Col des Mines 500 m; Fifilou zwischen 200 m und 600 m, je nach Wahl der Landung.

Schwierigkeiten/Gefahren

Der Fifilou ist eine Notlösung für gute bis sehr gute Piloten, die schnell noch den Schirm auspacken wollen. Er ist sehr höhenwindanfällig und bei Nordwind tödlich (der Nordwind täuscht hier Aufwind vor).
Der Col des Mines ist die wesentlich bessere Alternative, ab dem frühen Nachmittag ideal angeströmt, jedoch auch bei Höhenwind, egal woher, sofort gestört. Beide Gebiete eignen sich an rein thermischen Tagen mit leichter Talwindaktivität am besten.

Streckenmöglichkeiten

Am Fifilou versucht man den Kamm, welcher das Ammeltal beherrscht, hinauszufliegen (W) oder zum Col des Mines nach Süden aufzuschließen. Am Col des Mines besteht neben exzellentem Talwindsoaring auch die Möglichkeit, nach Osten und Süden in den Anti-Atlas abzuhauen (Rückholung extrem schwierig).

Beste Jahreszeit: Gilt wie bei Tagdicht.
Anreise: Von Tafraout Richtung Agadir bis zum Tizi' m Lil. Wie eingangs beschrieben weiter.

Doussdirm 1340 m

Der unauffällige Hügel unterhalb der hochgelegenen Sendestation (militärisches Sperrgebiet) über den sogenannten »Blauen Steinen« und einer weiten Ebene voller Granitboulderblöcke überschaut eine faszinierende Landschaft. Er bietet nicht nur exzellentes Soaring am Nachmittag und Abend, sondern zuzeiten auch den Einstieg in den »Bart des Propheten«.

Start

W, mittel, geräumte Startfläche wenige Meter westlich unterhalb der Kuppe. Startbar ab 10 km/h Wind, sonst heikel (Felsen unterhalb). Etwa 15 Minuten zu Fuß von der ersten Straßenkurve oberhalb der Hügelkette (rechts SW aufwärts ansteigen).

Landeplatz

Ca. 1060 m. Man landet im Bereich der Kreuzung auf ebenen Flächen neben der Straße (abends Wind aus westlicher Richtung).
HU: Ca. 280 m.

1660 m / Le Col des Mines 1700 m /

Schwierigkeiten/Gefahren

Relativ offenes Relief, daher keine Windfallen. Bei Starkwind geht es halt einfach nicht, und man wartet ab. Den SW-vorgelagerten Kopf besser umfliegen (Talwind-Lee).

Streckenmöglichkeiten

Meist Soaring; gelegentlich bis Agad-Oudad und Tafraout thermischer Anschluß, gelegentlich bis hinauf zum Adrar Mquorn.

Beste Jahreszeit: Ganzjährig möglich; im Sommer sicher unangenehm *(Dustdevils)*, Bergwind setzt mit Sonnenuntergang am Startplatz ein.
Anreise: Von Tafraout Richtung Agad-Oudad/Rochers bleus 5 km bis zur Abzweigung nach Tlatazrirt und hinauf über die Hügelkette, bis man dahinter an der ersten Linkskurve parken kann. Von hinten auf den gerade darüberliegenden Rücken hochsteigen.
Unterkunft/Camping:
- Hotel »Les Amandiers«: nobles, burgartiges Gebäude mit Swimmingpool, einzige Alkoholquelle (Bar) in der Umgebung, Fliegerrabatt auf Zimmer, wenn man meinen Namen nennt. Piloten sind hier Könige – das Personal ist begeistert. Tel. (00212-8) 800088, Fax – 800343; Preis ca. DM 60,– für DZ.
- Hotel »Tafraout«: einfach, aber sauber, mit Etagendusche, ca. DM 10,– pro Person. Der Besitzer, Ibrahim Arkarkour, ist sehr hilfsbereit und kennt viele Startplätze selber. Gute Geländekarte an der Rezeption. Tel. (00212-8) 800121.
- Camping »L'Étoile du Sud« in Tafraout.

Alternativen:
- **Col du Kerdous** (N, leicht bis mittel), Flug oberhalb des Hotels am Kerdous-Paß neben der kleinen Asphaltstraße
- **Sidi Ifni** (siehe Seite 158)
- **Jebel Ighi Wadou** (SE, leicht); ¾ Stunde Aufstieg, exzellenter Streckenberg, schwierig zu finden: von der Straße Tata-Igherm, etwa 12 km südlich Tizgui-Ida Ouballou, beim Schild »B. N. R. P. Angarf« auf Piste nach Westen abzweigen (beim vorgelagerten, kleinen Felskopf vorbei) und durch den trockenen Oued zum Fuß des Berges (etwa 1 km). Schräg ansteigen zum flachen Gipfelabsatz, in dessen Mitte sich der Startplatz Richtung Tata befindet.

Sonstiges:
- »La Maison Touareg«: Eine nette Familie aus dem Erg Chebbi/Merzouga, die tolle Berberabende mit Essen organisieren kann, Landrover vermietet, die Gegend kennt (Führer zu den Startplätzen) und sehr schöne Teppiche verkauft, die man gesehen haben sollte – Fliegerrabatt selbstverständlich. Man wende sich an Ali, Abdullah oder Said, alle sprechen etwas deutsch und englisch. Tel. (00212-8) 800210, 800352.
- Besuch des Ammeltales (zahlreiche alte, sehr schöne Dörfer und im Frühling (März, April) Wasserfälle; Mandelbaumblüte um Tafraout im Februar.
- Blaue Steine: »Rochers Bleus« eines belgischen Künstlers, etwas surrealer Kitsch, aber die Umgebung ist reizvoll.
- Klettern: auf die Felsen rund um die Blauen Steine. Der große Turm, genannt »Agadir von Agad-Oudad«, besitzt eine bemerkenswerte Tour mit einem Schacht im Inneren, durch den man schrubben muß, um auf den höchsten Punkt zu kommen (Führer im Dorf).

Nach dem Start bei Doussdirm.

64 Tassourt 927 m

Der langgezogene, markante Gratrücken erhebt sich am Rande der großen Ebene von Marrakesch, von Ait-Ourir aus nach Südosten ziehend. Auch wenn er sich gegen den Atlaskamm wie ein Spielzeughügel ausmacht, hat er im Spiel des Windes einiges zu bieten.

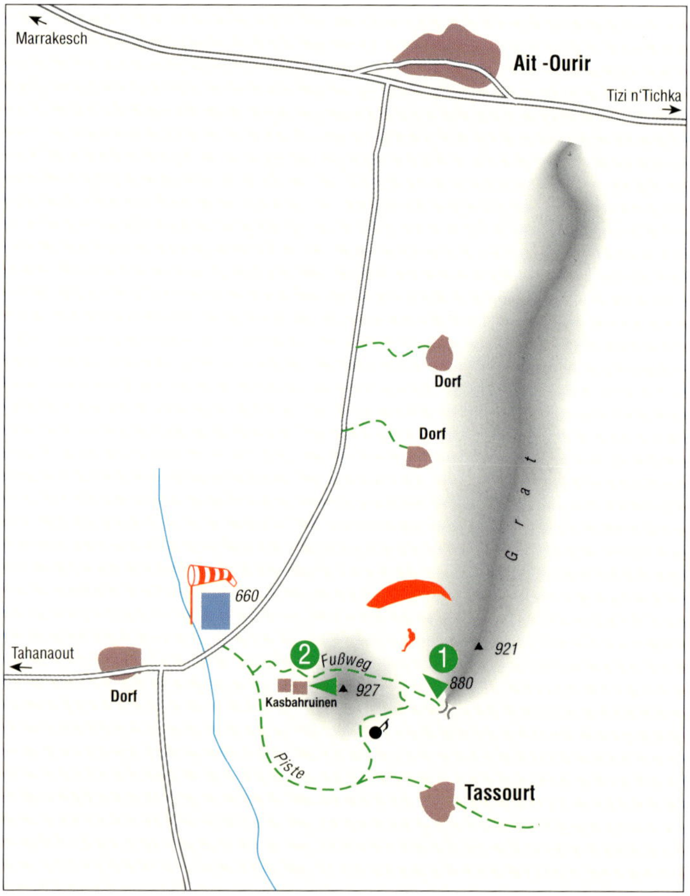

Start

① **N, NW, leicht, 880 m.** Der ideale Startplatz liegt genau in der Senke, die der abstehende, höchste Punkt mit dem langgezogenen Grat bildet, sozusagen ein kleines Becken, worin sich die anströmende Luft sammelt. Sehr gut geeignet zum Hanglanden. Bei stärkerem Wind an der Scharte wird tiefer gestartet.
Zugang: Etwa 30 Minuten Aufstieg ab Parkstelle des Fahrzeuges.
② **SW, mittel, 927 m.** Direkt vom höchsten Punkt des separaten Gratkopfes Richtung Kasbahruinen. Sehr flach. Dieser Startplatz ist selten angeströmt (eher am Abend).

Landeplatz

Man landet idealerweise auf der von der Straße Ait-Ourir – Amanouz kurz vor dem Fluß abzweigenden Piste (diese führt hinauf nach dem Dorf Tassourt) oder in der Nähe davon vor der Teerstraße.

HU

Zwischen 300 m und 350 m.

Flug

Um hinaus zum Landeplatz zu gelangen, muß ziemlich am Hang entlang nach links (Westen) geflogen werden. Der Hang bildet genügend Aufwind. Man kann hier sofort an seinem Ende gut Höhe machen. Wer es nicht schafft, kann überall hanglanden und wieder zurück zum Startplatz steigen: auf ein Neues! (Ideales Übungsgelände.)

Schwierigkeiten/Gefahren

Starkwind. Ansonsten fast immer ideal. Trotzdem sollte man hier nur als Gruppe zum Fliegen gehen!

Streckenmöglichkeiten

Absolutes Soaringparadies bei guten Windverhältnissen. An thermischen Tagen geht am linken Ende der Rinne (westlich) eine gute Thermik ab, die bis zu 1500 m Startüberhöhung bringen kann. Flüge in die Ebene, aber auch entlang des Grates (westlicher Wind nötig) oder nach hinten, Richtung Atlas, sind möglich. Funkverbindung und Rückholer nötig!

Anreise/Zugang:
Von Marrakesch der Straße zum Tizi' n Tichka-Paß folgen (Richtung Ouarzazate) und bei Ait-Ourir (der Gratrücken ist bereits südlich der Straße erkennbar) auf die schmale, schnurgerade Teerstraße abbiegen, welche nach Amanouz führt. Kurz vor der Senke (Flußlauf) zweigt zu den Kasbahruinen unterhalb des abstehenden Kopfes am Gratende eine Piste ab.

Nach wenigen hundert Metern parken und in Richtung Burg den Hang schräg aufwärts ansteigen und um den Kopf am Hang entlang nordwärts herumqueren (oder über ihn direkt drübersteigen), bis man zur Scharte zwischen ihm und dem langen Grat gelangt, wo sich der beste Start befindet (ca. ½ Stunde).
Vom Tizi' n Test kommend folgt man gleich nach Tahanaoute der Straße Nr. 6034 Richtung Oukaimden/Vallée d' Ourika, biegt in diese Richtung auf die S 513 und gleich wieder links auf die Straße 6703 und deren Verlängerung 6702 (Richtung Ait-Ourir) ab und erreicht nach Amanouz den Gratfuß, wie beschrieben.

Unterkunft/Camping:
In Ait-Ourir gibt es einfache Hotels. Will man in Verbindung mit Fliegen auch Marrakesch mitnehmen, empfehle ich ein einfaches Hotel in der Nähe des zentralen Platzes, aber in einer ruhigen Seitenstraße:
- »La Gazelle«, Tel. (00212-4) 441112, Zimmer ca. DM 10,– pro Person.
- Es kann auch, der Piste folgend, in der nachfolgenden Senke bei den Bäumen am Fuß des Grates gezeltet werden.

Beste Jahreszeit:
September bis April; im Sommer zu heftige Winde und Turbulenzen.

Alternativen:
- **Aguergour** (W, leicht) über Lalla-Takerkoust.
- **Oukaimden** (SE, leicht; W, mittel, turbulent), Start von der Skistation auf ca. 3200 m, Kontakt: Jean Minet, Tel. (00212-4) 459116.
- **Azrou** (N, NW, mittel), Fluggebiet im Mittleren Atlas bei Ain Leuh. Bewaldeter Grat bei Feriencamp 80 km südlich Fes Richtung Er Rachidia.
- **Sour** (S, einfach); das Owens Valley von Marokko auf der Südseite des Atlas gleich hinter dem Tizi' n Tichka; man folgt etwa 30 km der Piste Richtung Sour. Am Fuß des Hauptkamms fällt nach einem gleichmäßig ansteigenden Hang ein gestufter Hügel im Kamm auf. Start auf 2200 m, Basishöhen bis 4700 m. (Anstieg ca. ½ Std.)
- **Jebel Tazerkount** (NW–SW, mittel): neues Fluggebiet bei Affourer. Kontakt: Atlas Aktiv Tour, Tel. (0049-751) 769340, Fax – 7693414.

Sonstiges:
- Besuch der Altstadt von Marrakesch (Jama al Fnaa und Souk, Koutoubia-Moschee, Gräber etc.). Empfehlung: sich gleich einen Führer schnappen, mit ihm Preis aushandeln und erklären, daß man nichts kaufen will (Vorsicht Falle!). Es empfiehlt sich, das abendliche Treiben am großen Platz von einem der Cafés aus zu beobachten.
- Bergsteigen und MTB im Hohen Atlas.
- Skitouren im Atlas von Januar bis Mai.
- Kajak von März bis Mai auf verschiedenen Flüssen (Nfiss, Tesssaout etc.).
- Besteigung des Jebel Toubkal ab Imlil (2 Tage; Mulis, Berghütte Neltner); Bergausrüstungsverleih in Imlil.
- Ausflug in den Mittleren Atlas (Midelt, Cirque de Jaffar, Azrou).
- Zum Tizi n' Tichka und Besichtigung von Telouet und Ait-Benhaddou.

Start auf dem Gratrücken über dem Dorf Tassourt.

65 Tizi Beni Selmane 850 m

Nur eine Station auf einem weiten Tafelabbruch in der Unendlichkeit der Halbwüste und Steppe und dennoch leicht erreichbar mit jedem Fahrzeug. Wir sind 600 km südöstlich von Agadir. Im Januar 1996 habe ich das Fluggebiet entdeckt und beflogen. Die enormen Thermiken kommen selten zum Tragen, denn meist ist es hier zu stabil. Man flieht hierher vor Schlechtwetter im Norden oder weil man eine Wüstentour entlang des Oued Draa in Mhamid beendet hat. Da der Höhenunterschied gering ist und die Bärte meist eng sind, rentiert sich Soaring erst ab mindestens 15 km/h regelmäßiger Brise. Der erste Drachenflug steht noch aus!

Start

850 m, N, NW, mittel.
Zufahrt: Vom Paßeinschnitt nimmt man die abzweigende Piste nach links (östlich) hinauf zum gut sichtbaren Relais. Startfläche vor dem Relais auf 100 m möglich. Kein geräumtes Gelände. Für Piloten, die das Bodenhandling ihres Schirms im Schlaf beherrschen. Gut toplandbar.

Landeplatz

Ca. 660 m. Direkt unterhalb am besten neben der Piste, wo man vom etwaigen Rückholdienst leicht wieder eingesammelt werden kann.

HU

Ca. 190 m.

Schwierigkeiten/Gefahren:

Saharaklima: Sonnenschutz und gutes Schuhwerk (Skorpione, Steine). Beim Landen und Schirmzusammenlegen auf Schlangen achten!

Achtung: Unfallrisiko vermeiden, der nächste brauchbare Arzt ist in Ouarzazate, 200 km entfernt! Nicht bei Schirokko zu fliegen versuchen. Dieser Saharawind kündigt sich durch schwüle Hitze und Staub an. Bei starkem Nordföhneinfall ebenfalls Fliegen unmöglich (Böen).

Streckenmöglichkeiten

Gesamter Grat nach Osten, dem Talbecken folgend (Talwinde aus NW) oder nach Süden ins Flachland aufdrehen (selten erfolgversprechend, aber solche Tage soll es auch hier geben).

Anreise: Flug nach Agadir (ab Deutschland jeden Dienstag mit LTU, Condor etc.). Von Agadir über Taroudant – Ouarzazate – Zagora Richtung Mhamid zum Tizi (Col) Beni Selmane.
Unterkunft/Camping: Man kann vor Ort campen – kein Problem. Die

Gratsoaren im Januar am Tizi Beni Selmane.

Streckenflug über der weiten Halbwüste im südlichen Marokko, bei Tata.

nächsten (primitiven) Unterkünfte finden sich weiter südlich in Mhamid.
In Zagora empfehle ich das Hotel »La Fiboule«, Tel. (00212-4) 847318; mit Schwimmbad; nicht zu teuer, ansonsten nichts wie weg von Zagora.
Beste Jahreszeit: Oktober bis April (im April können die Tagestemperaturen 45 Grad erreichen).
Organisierte Touren: Ich organisiere Marokko-Touren dreimal jährlich für kleine Gruppen; Anfragen über Sunflight Reisen, Gerhard Platajs, Von-Brandl-Straße 42, D-83410 Laufen/Salzach, Tel. (08682) 9917, Fax – 95940. Oder Tel./Fax (0049-8363) 94443.

Alternativen:

- **Jebel Zagora** (W, SW, schwierig), Four-wheel-drive-Piste hinauf, Landung in Zagora, nur für sehr gute Piloten mit Starthelfer, kein Platz zum Anlaufen!

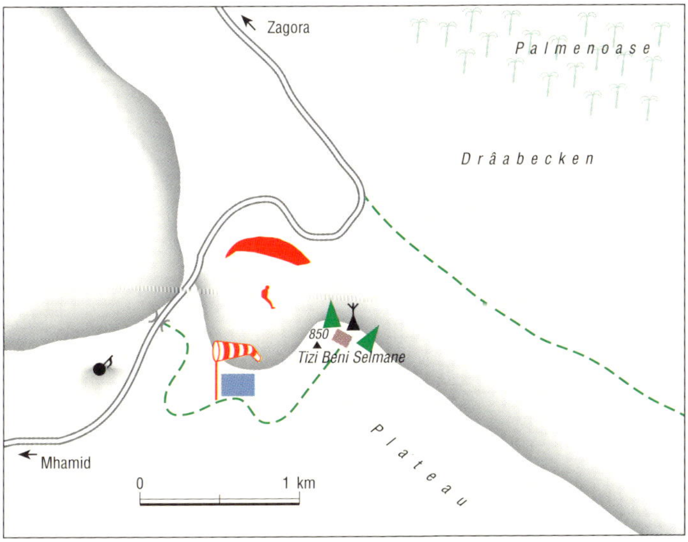

- **Tizi'n Tinififft** (N, NW, schwierig) zwischen Ouarzazate und Agdz; mehrere Möglichkeiten, der Wind muß stimmen!
- **Jebel Tadrart** (W, NW, mittel); östlich über dem Paß zwischen Zagora und dem Tizi Beni Selmane. Zu Fuß in ca. ½ Stunde auf die Gratkante und dort entlang bis zum bestmöglichen Startplatz.

Bibliographie

Es werden die verwendeten Bücher und Zeitschriften genannt. Auf Spezialliteratur wird beim jeweiligen Fluggebiet hingewiesen.

Exma. Diputación Provincial de Granada (Hrsg.): *Guia de Vuelo Parapente Granada,* Granada 1993

Oliver Guenay: *Die schönsten Fluggebiete der Alpen,* Bruckmann Verlag, München, 2. Aufl. 1996

Werner Strube: *Flugführer Spanien für Gleitschirm- und Drachenflieger, Band Süd,* West-Verlag, Horb 1996

Elba – Trekking, Freeclimbing, Mountainbiking, Vannucci, Livorno 1995

Ella Strieder: *Sardinien,* Peter Meyer Reiseführer, Katzenelnbogen 1991

Thomas Schäfer: *Sizilien,* Verlag Michael Müller, Erlangen 1991

A. Berio, G. Corbellini, R. Cortis: *Itinerari sulle montagne della Sardegna,* C.A.I., Regione Sardegna 1993

Tim Jepson: *Italien,* RV-Verlag, Reihe Viva-Guide, München 1995

Dubravko Horvatić: *Kroatien,* Turistkomerc, Zagreb 1992

A. Nazor, M. Zilić: *Die kroatische Adria,* Mate-Verlag, Zagreb 1996

Klaus Bötig: *Griechenland – Festland,* Reihe Marco Polo, Mairs Geographischer Verlag, Ostfildern, 3. Aufl. 1995

M. Studemund-Halévy: *Gomera – Hierro – La Palma,* Reihe Merian Live, Gräfe & Unzer, München 1993

Gabriela Kunze: *Mallorca,* Reihe Marco Polo, Mairs Geographischer Verlag, Ostfildern, 8. Aufl. 1996

Patrick Müller: *Ibiza mit Formentera,* Reihe Marco Polo, Mairs Geographischer Verlag, Ostfildern, 3. Aufl. 1995

H. W. Schütte: *Fuerteventura,* Reihe Marco Polo, Mairs Geographischer Verlag, Ostfildern, 6. Aufl. 1996

Francis Verdonk: *Lanzarote,* Reihe Marco Polo, Mairs Geographischer Verlag, Ostfildern, 5. Aufl. 1996

Stefan Emmerich: *Gran Canaria,* Reihe Marco Polo, Mairs Geographischer Verlag, Ostfildern, 7. Aufl. 1995

Roland Mischke: *Costa del Sol,* Reihe Marco Polo, Mairs Geographischer Verlag, Ostfildern, 1. Aufl. 1996

Peter Grimm: *La Palma,* Wanderführer, J. Berg Verlag München, 1992

Collectivo Raiz: *La Palma – Schritt für Schritt,* Editorial Globo, La Laguna (La Palma), 16. Aufl. 1992

Reiseführer Marokko, Reihe DuMont Visuell, DuMont-Verlag, Köln 1993

Georg Henke: *Wanderungen in der Westtürkei.* Bruckmann Verlag, München 1994

Kroatische Zentrale für Tourismus: *Kroatien – ein kleines Land für einen großen Urlaub,* Zagreb 1996

Zeitschriften

Parapente, erscheint monatlich bei Edition Perfils, P.O. Box 794, E-25080 Lleida

Delta & Parapendio, erscheint monatlich bei Editoriale Olimpia, Redaktion: Via Cacciatore 9, I-22049 Valmadrera (LC)

Cross Country, erscheint zweimonatlich, Route du Val Suzon, F-21380 Messigny

Fly & Glide, erscheint monatlich, Top Special Verlag, Chiemgaustraße 109, D-81549 München

DHV-Info, Mitgliederzeitschrift des DHV, erscheint jährlich, Hrsg. DHV, Postfach 88, D-83701 Gmund

Gleitschirm, erscheint zehnmal jährlich bei Gleitschirm-Verlag, Reichsgasse 61, CH-7002 Chur

VISTA, Hvrastki Magazin, Hrsg. Za Turizam Rekreaciju, erschien bis 1996 sechsmal jährlich.

Kleines Pilotenwörterbuch

Deutsch	Englisch	Französisch	Italienisch	Spanisch
Abstieg	descent	descente	discesa	descenso
Anfängerschirm	beginner's paraglider	voile d'initiation	vela d'iniziazione	vela de iniciación
aufdrehen	to thermal up	pomper	salire con la termica	thermiquear
Aufstieg	ascent	monteé	salita	ascenso
Baum	tree	arbre	albero	arból
bedeckt	overcast	couvert	coperto	cubierto
Beinstrecker	foot rest	cale-pied	pedalino	pedal
Berg	mountain	montagne (mont)	montagna (monte)	montaña
beschleunigen	to accelerate	accélérer	accelerare	acelerar
in Betrieb	working	ouvert	aperto	abierto
bewölkt	cloudy	nuageux	nuvoloso	nuboso
böig	gusty	rafalé	a raffiche	racheado
Bremsen	brake lines	commande de freins	tiranti del freno	frenos
Drache	hangglider	deltaplane	deltaplano	ala delta
Einklapper	tuck, collapse	fermeture	chiusura	plegada
Eintrittskante	leading edge	bord d'attaque	borda d'attacco	borde de ataque
eng	narrow	étroit	stretto	estrecho
Feld	field	champ	campo	campo
Felsen	rock	rocher	rocca	roca
Feuerwehr	fire police	pompiers	pompieri	bomberos
Fläche	surface	surface	superficie	superficie
Flügelende	wing tip	bout d'aile	estremità alare	puntas de ala
Fluggebiet	flying site	sîte de vol	sito di volo	zona de vuelo
Fluglehrer	flight instructor	moniteur	istruttore	instructor
Flugschule	flying school	école de vol libre	scuola di volo libero	escuela de vuelo
Fluß	river	rivière, fleuve	fiume	rio
Fremden-verkehrsamt	tourist office	office du tourisme (syndicat d'initiative)	ufficio informazioni (azienda di promozione turistica)	oficina de turismo
Funkgerät	radio	radio	radio	radio
gefährlich	dangerous	dangereux	pericoloso	peligroso
Gegenwind	headwind	vent de face	vento di fronte	viento de cara
geschlossen	closed	fermé	chiuso	cerrado
Geschwindigkeit	speed/velocity	velocité	velocità	velocidad
Gewicht	weight	poid	peso	peso
gewittrig	thunderstormy	orageux	burrascoso	tormentoso
Gleitschirm	paraglider	parapente	parapendio	parapente
Gleitschirm auslegen	to unfold the glider	déplier le parapente	estendere il parapendio	extender el parapente
Gleitzahl	glide ratio	finesse	finessa	fineza
Grat	ridge	arête	cresta	cresta
Handschuhe	gloves	gants	guanti	guantes
Hang	slide, slope	pente	pendio	ladera
Haupttragegurte	riser	élevateur	bretelle	banda

▶

Kleines Pilotenwörterbuch

Deutsch	Englisch	Französisch	Italienisch	Spanisch
heiter	clear	ciel clair	senza nuvole	cielo claro
Helm	helmet	casque	casco	casco
Hilfe	help	aide	aiuto	ayuda
Hindernis	obstacle	obstacle	ostacolo	obstáculo
Hochleister	performance glider	voile de performance	vela di alta prestazione	vela perfo
Hochplateau	high plateau	haut-plateau	alto piano	meseta
Hochspannungs-leitung	high voltage	ligne à haute tension	linea di alta tensione	línea de alta tensión
Hubschrauber	helicopter	hélicopteur	elicottero	helicóptero
Kabel	cable	câble	cavo	cable
kalt	cold	froid	freddo	frío
Karabiner	carabiner	mousqueton	moschettone	mosquetón
Kehre	turn, band	lacet	giro	giro
Kreuzverspannung	cross bracing	croisillons	tiranti incrociati	cruzado
kurz	short	court	corto	corto
Landung	landing (area)	atterrissage	atterraggio	aterrizaje
lang	long	long	lungo	largo
Lee	leeward side	sous le vent	sotto vento	sotavento
Leinen	suspension lines	suspentes	fascio funiculare	suspensiones
leicht	easy	facile	facile	fácil
links	left	à gauche	a sinistra	izquierda
Luv	windward side	côte au vent	orza	viento de frente
Naht	sewing/stitching	couture	cucitura	costura
Negative/Vrille	negative spin	vrille à plat	vite	barrena plana
Notfall	emergency case	cas d'urgence	caso di emergenza	emergenzia
Notlandung	emergency landing	atteraut forcé	atterraggio di emergenza	aterrizaje forzoso
Ohren anlegen	making big ears	faire les oreilles	mettere le orecchie	poner orejas
Paß	saddle	col (pas)	passo, colle	collado
problemlos	without difficulties	sans problèmes	senza problemi	sin problema
rechts	right	à droite	a destra	derecha
Regen	rain	pluie	pioggia	lluvia
regnerisch	rainy	pluvieux	piovoso	lluvioso
Rettungsschirm	reserve chute	parachute de secour	paracadute di emergenza	paracaída de emergenzia
Rinne	couloir	couloir	canalone	embudo
Rotor	rotor	rouleaux	rotore	rotor
Rucksack	rucksack	sac à dos	sacco	mochila
Rücken	back	dos	dosso	espalda
Rückenwind	tailwind	vent d'arrière	vento di dietro	viento de cola
Schlucht	gorge	gorge	gola	garganta
Schnee	snow	neige	neve	nieve
Schraubglied	maillon-screw carabiner	maillon	moschettone a ghiera	maillon
schwierig	difficult	difficile	difficile	diffícil
See	lake	lac	lago	lago
Segel	wing	voile	vela	vela

Kleines Pilotenwörterbuch

Deutsch	Englisch	Französisch	Italienisch	Spanisch
Seilbahn	cable car	téléphérique	funivia, telecabina	teleférico
Seitenwind	crosswind	vent à travers	vento laterale	viento de lado
Sitzgurtzeug	seat harness	sellette	seggiolino	silla
Sonne	sun	soleil	sole	sol
Sonnenbrille	sun glasses	lunettes solaires	occhiali da sole	gafas
Stall	stall	décrochage	stallo	pérdida
Start	take off	décollage	decollo	despuege
steil	steep	raide	erto	empinado
Steilspirale	spiral dive	spirale engagée	spirale	espiral
Straße	road	route	strada	carretera
Straßenkarte	road map	carte routière	carta stradale	mapa de carreteras
Streckung	aspect ratio	allongement	estensione	alargamiento
Tal	valley	vallée	val (valle)	valle
Tuch	fabric	tissue	tessuto	tela
Vorschriften	rules	règlement	prescizioni	reglamento
Wald	forest	forêt	foresta	bosque
warm	warm	chaud	caldo	caliente
Weg	path	chemin	cammino	camino
weit	wide	large	ampio	amplio
Wettervorhersage	weather forecast	prévisions	previsioni del tempo	previsión
Wiese	meadow	pré	prato	prado
Wind	wind	vent	vento	viento
Wind, schwacher	smooth wind	vent faible	vento moderato	viento flocho
Wind, starker	strong wind	vent fort	vento forte	viento fuerte
Windsack	windsack	manche à air	manica di vento	manga de viento
Wolken	clouds	nuages	nuvole	nubes
Zelle/Kammer	cell	caisson	cassone	cajón
Zufahrt, Zugang	access	accès	accesso	acceso
Zuladung	charge	charge à l'air	caricamento	cargao alar
Kann man hier fliegen?	Is it possible/allowed to fly in this area?	Est-ce qu'on peut voler ici sans problème?	È possibile di volare qui senza autorizza-zione?	Aquí se puede volar sin problemas?
Vielen Dank für Ihre Hilfe!	Many thanks for your help!	Merci beaucoup pour votre assistance!	Tante grazie per la vostra assistenza!	Gracias por su ayuda!
Was muß ich beachten?	What do I have to care for?	Qu'est-ce qu'il faut regarder?	Che cosa devo osservare?	Qué hay que vigilar?
Wir wollen gerne wiederkommen!	We would like to come back here again!	On voudrait bien revenir ici!	Vogliamo con piacere rivenire un' altra volta!	Volvemos con mucho gusto!
Wo gibt es einen Campingplatz/eine Unterkunft?	Where can I find a camping/a guest house?	Où est-ce qu'on peut trouver un camping, une gîte/une auberge?	Dove c'è un' albergo/un campeggio?	Donde hay un camping o alojamiento?
Wo liegt das Fluggebiet ...?	Where can I find the flying site ...?	Où est-ce que je peux trouver le sîte de...?	Dove si può trovare la zona di volo di...?	Como podemos encuentrar la zona de vuelo de...?

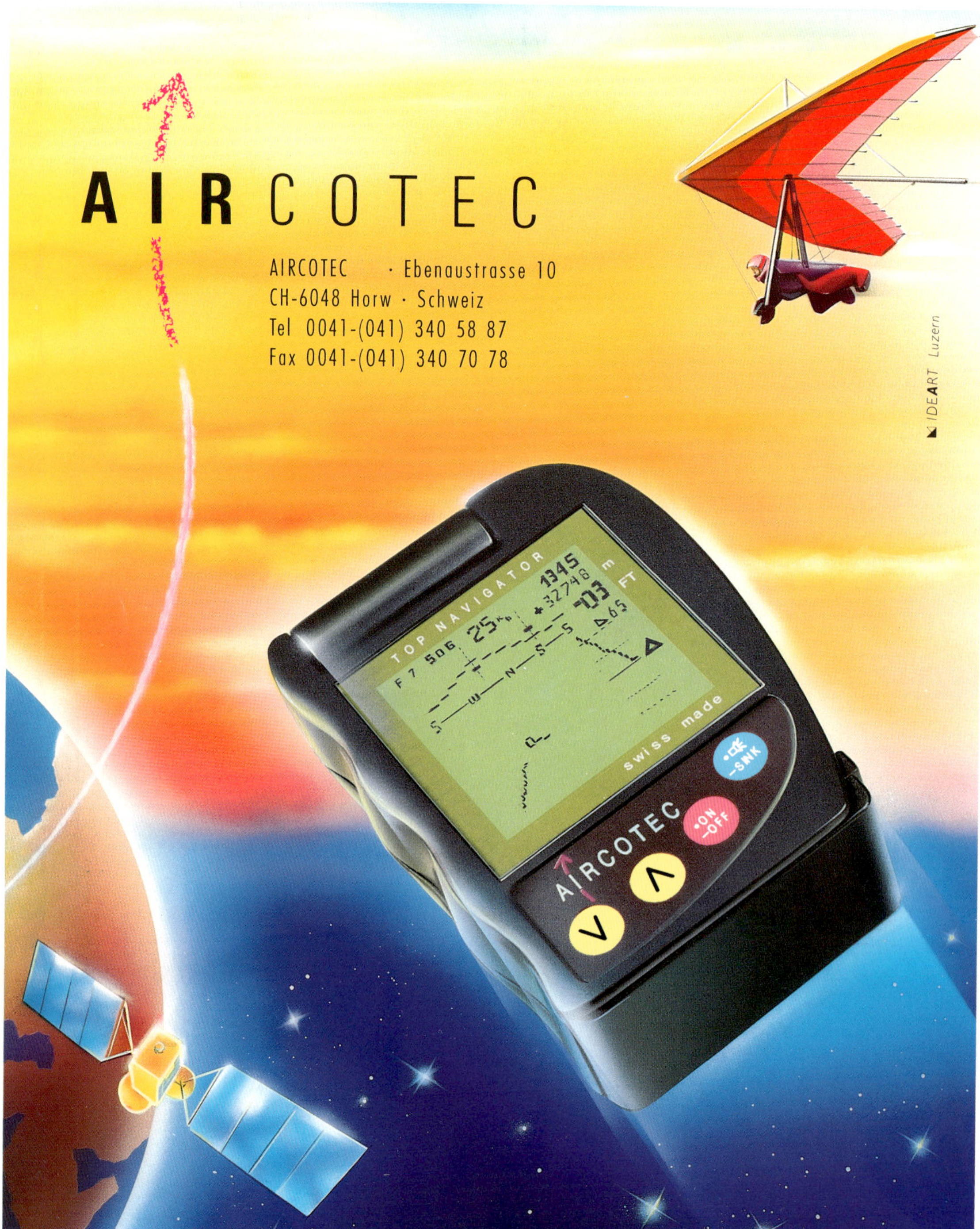
AIRCOTEC
AIRCOTEC · Ebenaustrasse 10
CH-6048 Horw · Schweiz
Tel 0041-(041) 340 58 87
Fax 0041-(041) 340 70 78
IDEART Luzern
TOP NAVIGATOR
swiss made
AIRCOTEC
ON OFF